GUIDE PRATIQUE
DE LA

VIDÉO AMATEUR

ROLAND LEWIS

GUIDE PRATIQUE
DE LA

VIDÉO AMATEUR

ROLAND LEWIS

Fascination
7, rue Abel-Hovelacque
75013 PARIS

MISE EN PAGE	Carole Devaney
DIRECTEUR DE L'ÉDITION	Peter Bridgewater
ICONOGRAPHIE	Zilda Tandy
RESPONSABLE ÉDITION	Ruth Binney
DIRECTEUR ARTISTIQUE	John Bigg
ASSISTANT	Anne Kilborn
ILLUSTRATIONS	Rob Shone
	Annie Ellis
	Ivan Hissey
	Steve Wheele
PRODUCTION	Janice Storr

Nous remercions les personnes suivantes pour leur précieuse collaboration
John Creedy
Recherches et participation à la rédaction
Eugene Trundle
Collaboration technique
Barry Fox
Conseiller technique

Nous remercions également les réalisateurs cinéastes qui nous ont autorisés à citer — en divers endroits de l'ouvrage — leurs pertinentes remarques.

Traduction française : René Bouillot
Adaptation française : René Bouillot & Pierre Montel

ISBN 2-283-75114-4
Dépôt légal : janvier 1991
Imprimé en Espagne

L'AUTEUR

Au cours de ses vingt années d'expérience professionnelle en tant que réalisateur de films, Roland Lewis a abordé tous les aspects de la production cinématographique : de l'écriture du scénario au montage, de la mise en scène au travail d'opérateur. Il a réalisé aussi bien des films de fiction que des documentaires ; il a travaillé sur des programmes d'actualité, d'enseignement et de formation, des films publicitaires et musicaux.

Roland Lewis est actuellement Maître de Conférences à l'Ecole Polytechnique de Londres Centre où il enseigne la vidéo, le cinéma et la télévision aux étudiants. Il a également enseigné la vidéo à des associations culturelles et aux enfants des écoles. Il rédige des articles dans les revues spécialisées et agit comme expert-conseil pour la production de livres et de films.

SOMMAIRE

INTRODUCTION

La vidéo donne la vie à l'album de famille ; c'est la télévision personnelle à la disposition d'une nouvelle génération d'enthousiastes. Avec un camescope, chacun peut enregistrer la vie en couleur et en son réel, puis la "rejouer" sur son téléviseur. Aucune attente n'est nécessaire entre la prise de vues et la présentation des images sonores. Comme la cassette audio, la cassette vidéo ne coûte pas cher et peut servir plusieurs fois. Si vous n'êtes pas content du résultat, vous recommencez : voilà tout.

Ce guide enseigne les bases du langage visuel : la grammaire et la syntaxe de la vidéo. Il explique les éléments de la composition, la couleur, les mouvements de caméra, l'exposition, la mise au point et la profondeur de champ. Il donne toute sa signification au montage et montre comment l'assemblage de plans successifs engendre la continuité visuelle. Il vous dévoile toute une gamme de techniques créatives qui donneront mieux qu'un vernis de professionnalisme à vos images.

Le livre vous apprendra comment vous exprimer par la vidéo : il décrit les techniques de création plus que les caractéristiques techniques des camescopes. Il se veut avant tout un ouvrage de référence, une source d'idées pour chaque nouveau projet que vous entreprendrez. Les premiers chapitres établiront les bases de votre culture vidéographique. Puis, vous améliorerez progressivement vos réalisations en vous inspirant des thèmes plus ambitieux traités dans les chapitres suivants. Explorez les nouvelles possibilités offertes par le travail en équipe : vous découvrirez à quel point il élargit votre horizon et augmente votre satisfaction.

Réaliser en vidéo, c'est surtout apprendre à voir... et à écouter. Vous pouvez commencer à développer votre sens du visuel en regardant la télévision d'une manière nouvelle. Vous y observerez les principes de base selon lesquels les plans sont assemblés et comment les différentes scènes sont liées entre elles; vous pourrez étudier le style et le rythme du montage ; vous apprécierez la manière dont la musique, le commentaire et les effets sonores sont utilisés pour donner plus d'impact au visuel.

En pratiquant, vous apprendrez à penser visuellement. Ce livre exercera votre regard à découvrir toutes les potentialités d'une scène et à tirer le maximum d'un sujet ; cela, en "prévisualisant" la scène dans votre esprit, avant d'appuyer sur la touche d'enregistrement. Vous saurez analyser le but de telle ou telle prise de vues, c'est-à-dire ce que vous voulez communiquer au spectateur. Donnons quelques exemples. Voulez-vous filmer des jeux d'enfants à une fête d'anniversaire ? Avez-vous assez de recul pour filmer toute la scène ? Désirez-vous exprimer la joie de grand-maman ? Etes-vous assez près d'elle pour saisir l'expression sur son visage ? Si c'est une conversation que vous voulez enregistrer, avez-vous correctement placé le micro pour saisir des phrases complètes et claires et non seulement des bruits indistincts ?

Ce livre vous montrera comme obtenir de bons résultats par le planning et la préparation. Pour un mariage par exemple, c'est en sachant par avance ce que l'on va filmer, quand et comment, que l'on peut créer un document irremplaçable pour les archives familiales. Si vous opérez sans fil conducteur, vous risquez d'aboutir à une cassette longue et ennuyeuse, dans laquelle manqueront, peut-être, les moments forts d'une journée si mémorable.

Ne réservez pas votre camescope aux événements importants. Utilisez-le, à chaque fois que possible comme un bloc-notes ou un journal intime rendant compte des événements concernant votre entourage. Passionnez-vous pour la vidéo créative ; expérimentez, innovez... et amusez-vous !

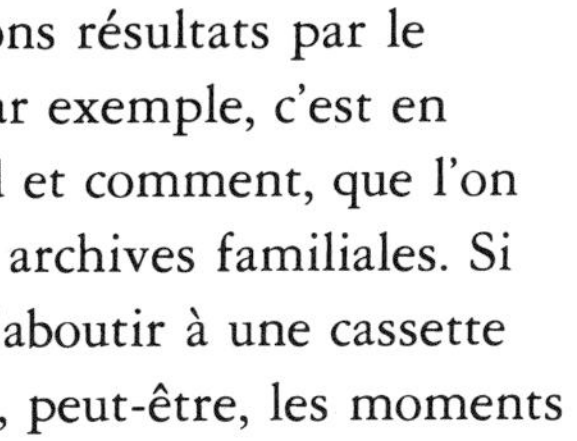

UTILISATION DE L'ÉQUIPEMENT

Mieux on connaît son matériel, meilleurs sont les résultats. Dans les pages suivantes sont expliquées les caractéristiques et les techniques d'utilisation communes à la plupart des appareils vidéo. Lisez soigneusement les modes d'emploi et déterminez les limites et les possibilités de votre camescope par des essais systématiques. Les exemples pratiques vous permettront de maîtriser les notions de base, de développer les automatismes nécessaires et d'acquérir une grande confiance en vous.

LES FONCTIONS DU CAMESCOPE • 1

Elément fondamental de l'équipement du vidéaste, le camescope combine, dans un boîtier compact et léger, les fonctions d'une caméra électronique et d'un magnétoscope. Il est alimenté en énergie par une batterie d'accumulateurs ou à partir du courant secteur. Il dispose d'un viseur électronique — minuscule moniteur vidéo — qui permet aussi de relire les enregistrements et de vérifier la qualité de ce que l'on vient de filmer. Il existe différents modèles de camescopes, mais la plupart d'entre eux fonctionnent de façon analogue à l'appareil schématisé ci-contre.

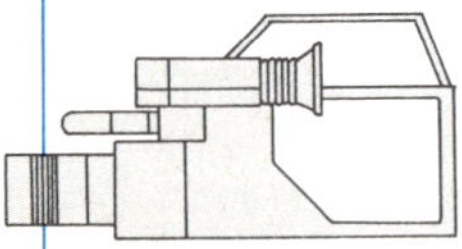

Tous disposent d'un objectif zoom permettant de faire varier les dimensions du sujet pour préparer le cadrage ou en cours de tournage. La position "macro" permet de prendre de tout petits sujets en gros plan.

Tous les camescopes ont un micro incorporé qui enregistre le son en même temps que les images. Le niveau sonore est réglé automatiquement. Pendant la prise de vues, on peut en contrôler la qualité grâce à un écouteur.

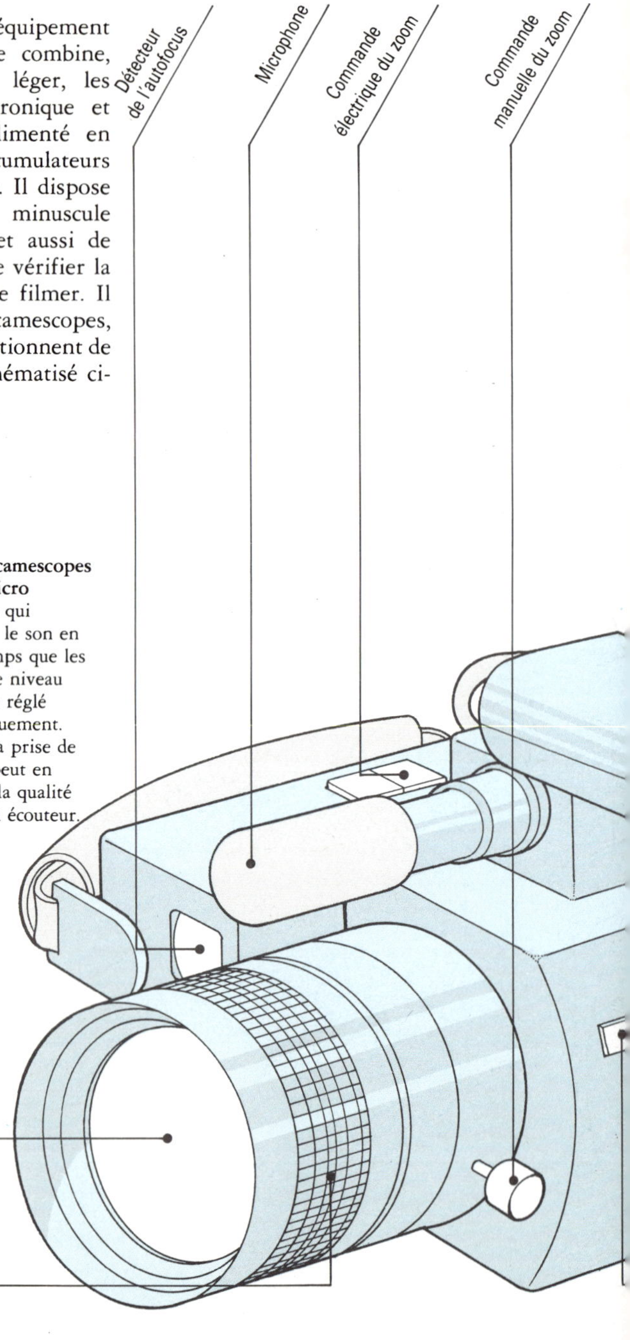

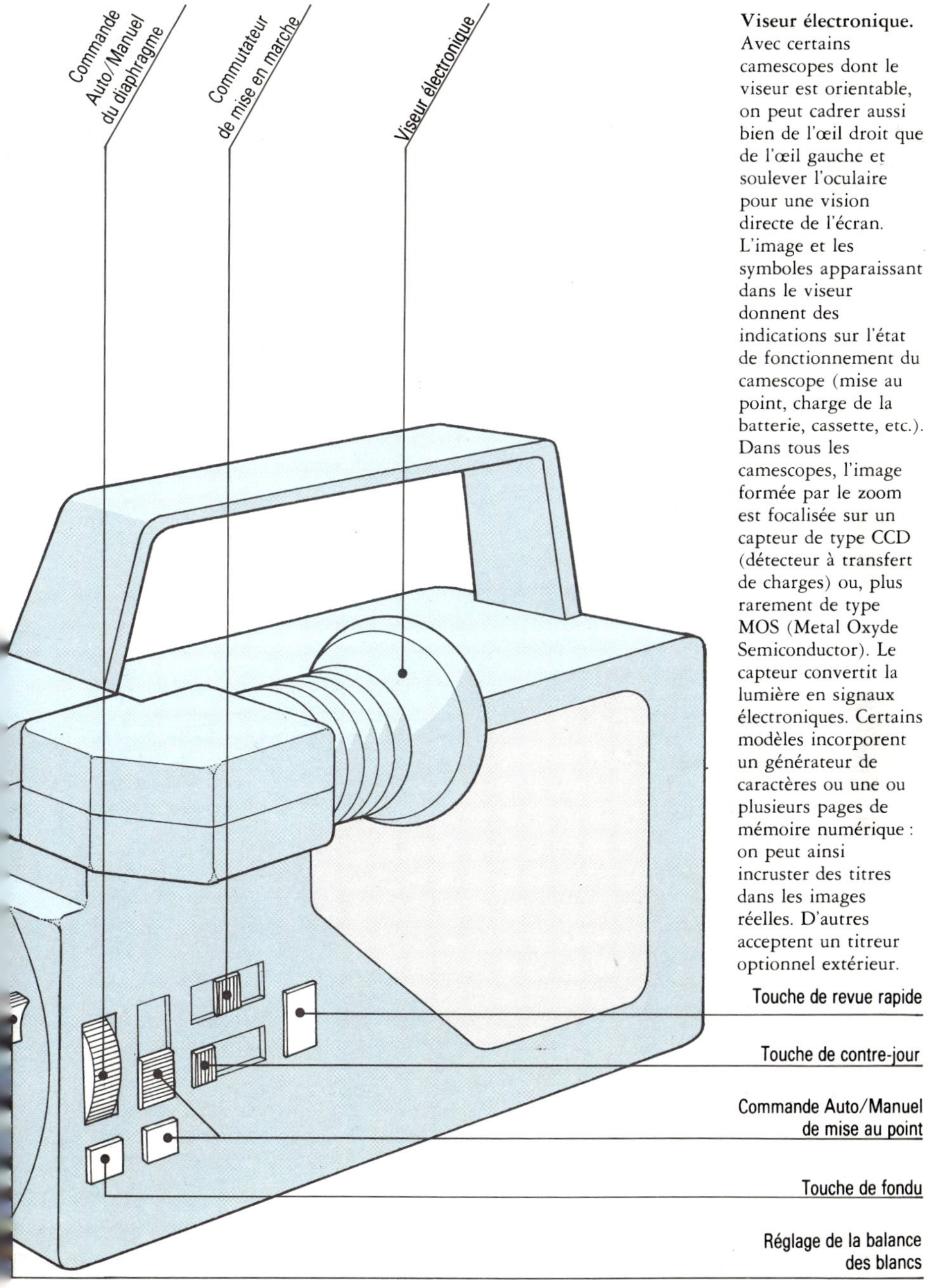

Viseur électronique. Avec certains camescopes dont le viseur est orientable, on peut cadrer aussi bien de l'œil droit que de l'œil gauche et soulever l'oculaire pour une vision directe de l'écran. L'image et les symboles apparaissant dans le viseur donnent des indications sur l'état de fonctionnement du camescope (mise au point, charge de la batterie, cassette, etc.). Dans tous les camescopes, l'image formée par le zoom est focalisée sur un capteur de type CCD (détecteur à transfert de charges) ou, plus rarement de type MOS (Metal Oxyde Semiconductor). Le capteur convertit la lumière en signaux électroniques. Certains modèles incorporent un générateur de caractères ou une ou plusieurs pages de mémoire numérique : on peut ainsi incruster des titres dans les images réelles. D'autres acceptent un titreur optionnel extérieur.

LES FONCTIONS DU CAMESCOPE • 2

Il est essentiel de bien connaître son équipement. Étudiez ces pages et le mode d'emploi de votre camescope afin de comprendre le but et les possibilités offertes par chaque commande.

Vous ne pourrez saisir un événement inattendu que si — au moment de tourner — vous placez instinctivement vos doigts sur les bonnes touches. Vous ne raterez aucune occasion si vous savez contrôler le diaphragme, la mise au point et la balance des blancs. Pour opérer sans aucune perte de temps, laissez le camescope en mode "tout-automatique".

Par des essais, déterminez exactement le type de cadrage obtenu selon que le zoom est réglé sur sa focale la plus courte ou la plus longue. En position "Wide" du zoom, vérifiez dans le viseur quel est l'aspect d'un personnage situé à 2 m ; ou quel est l'angle maximal que vous pouvez embrasser dans votre salon. En position "Télé", déterminez jusqu'à quelle distance peut se trouver un personnage pour être suffisament détaillé.

A chaque fois que vous tournez, le camescope enregistre aussi bien le son que les images. La portée efficace du micro étant limitée, ceci peut vous inciter à filmer les sujets d'assez près.

Sur le terrain, l'autonomie de tournage dépend de la capacité de la batterie. L'emploi abusif de certaines fonctions (rebobinage de la bande, moteurs du zoom, etc.) l'épuise plus rapidement. Déterminez quelle durée de tournage vous pouvez assurer avec une seule batterie.

Prévoyez systématiquement des batteries de rechange. Lorsqu'en voyage vous ne pouvez pas recharger chaque nuit les batteries, il vous reste deux solutions : utiliser une ceinture-batterie (qui porte l'autonomie à 5-6 heures) ou charger les batteries à partir de l'allume-cigare d'une automobile (adaptateur spécial).

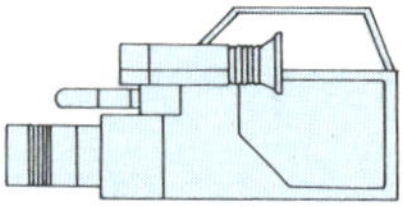

Le diaphragme contrôle la quantité de lumière atteignant le capteur. Il est généralement automatique, mais peut parfois être réglé manuellement en cas de conditions difficiles d'éclairage.

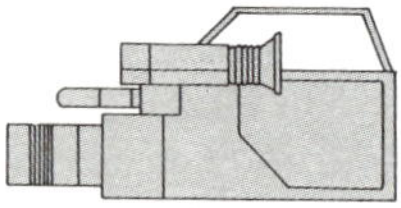

Le réglage de balance des blancs assure la fidélité des couleurs, selon la qualité de la lumière (température de couleur). Le réglage est automatique, mais peut souvent être débrayé au profit de réglages fixes "jour" ou "tungstène".

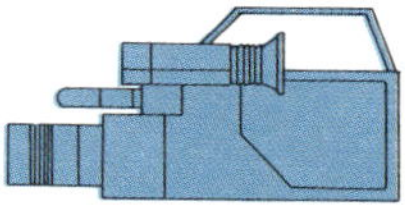

La touche de contre-jour augmente l'exposition et détaille un sujet se profilant dans un environnement très lumineux (personnage devant une fenêtre, par exemple). L'arrière-plan devient très clair.

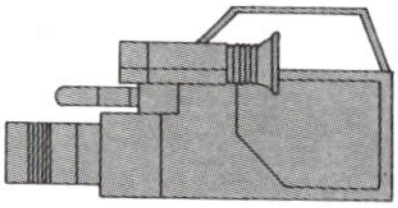

La commande de fondu fait automatiquement disparaître ou apparaître la scène sur un fond uni, respectivement à la fin ou au début d'un plan. L'intensité du son varie proportionnellement. Selon le modèle, le fondu se fait "au noir" ou "au blanc".

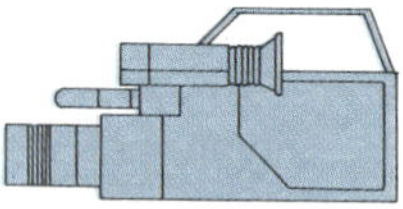

La commande manuelle de gain vidéo (Low Light) est peu répandue. Elle augmente la sensibilité du camescope en faible lumière, mais en augmentant le "bruit" vidéo (aspect granuleux de l'image).

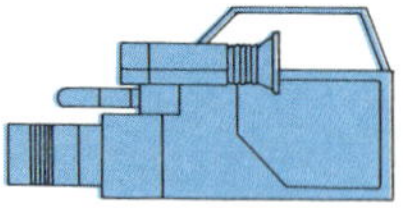

Le système autofocus (différents principes selon les modèles) assure automatiquement la mise au point pendant le tournage. On peut le débrayer à tout moment et faire la mise au point manuellement en agissant sur la bague des distances du zoom et en observant l'image dans le viseur.

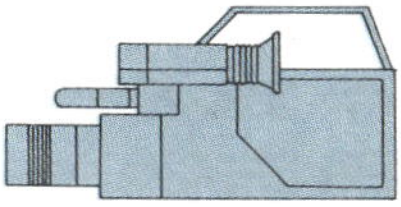

En mode enregistrement (Record), c'est-à-dire lorsque vous pressez la commande arrêt/marche du camescope, la scène cadrée s'enregistre sur la bande magnétique de la cassette. Le compteur indique la durée de l'enregistrement.

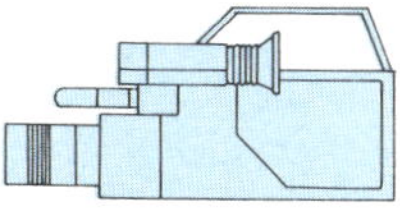

En mode pause la bande est arrêtée, mais le tambour continue à tourner. Ne restez pas trop longtemps en pause, car cela risque d'endommager la bande et d'encrasser les têtes vidéo. La lecture en mode pause donne une image arrêtée.

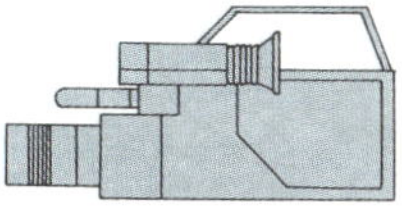

Le montage automatique d'un plan au plan suivant est obtenu par le retour arrière d'une courte longueur de la bande lorsqu'on passe en pause. Au plan suivant, l'enregistrement ne commence que lorsque la bande est revenue au point de montage. Ceci évite tout défaut de l'image entre deux plans.

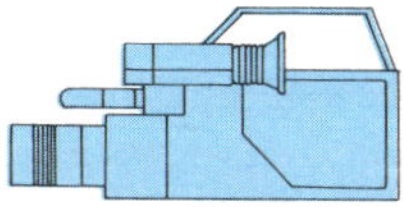

Le dispositif "revue rapide" permet le contrôle immédiat dans le viseur des quelques dernières secondes à la fin du plan qui vient d'être tourné. Puis la bande se "recale" en place pour le plan suivant.

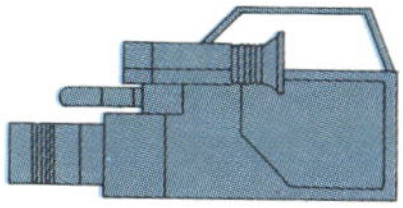

La fonction insertion autorise le remplacement, dans une bande déjà enregistrée, d'une scène par une autre, sans altération aux points de montage. Selon le "format"(voir ci-contre) l'insertion image efface ou conserve le son original.

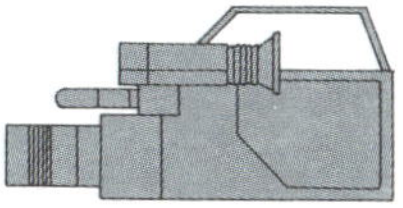

La fonction doublage audio permet, si le son a été enregistré sur une piste longitudinale (cas du VHS par exemple), de remplacer le son original par un autre message sonore, sans toucher à l'image.

LES "FORMATS" VIDÉO

Quel que soit le "format" du camescope, l'enregistrement s'effectue de manière semblable. Le cœur du système est un tambour tournant, légèrement incliné sur son axe, portant des têtes d'enregistrement/lecture. Lorsque la bande défile sur le tambour, les têtes convertissent le signal vidéo issu du capteur en signal magnétique qui "imprime" les informations sur la bande. Chaque image s'inscrit sous la forme de deux trames, juxtaposées sur des pistes parallèles très obliques (pistes "hélicoïdales") par rapport au sens de défilement.

Le son est enregistré, soit sur une piste longitudinale séparée, soit en même temps que les pistes vidéo (son hi-fi). Des signaux de pilotage et de synchronisation sont également enregistrés (piste longitudinale, ou piste hélicoïdale, selon le format).

Les camescopes actuels fonctionnent dans les formats suivants :

- **Les camescopes VHS et S-VHS** utilisent la bande de 1/2 pouce de large dans une cassette de mêmes dimensions que celles utilisées dans les magnétoscopes de salon.
- **Les camescopes VHS-C et S-VHS-C** utilisent la même largeur de bande, mais dans une cassette compacte (qui peut être "lue", grâce à un adaptateur, sur le magnétoscope de salon).
- **Les camescopes Video-8 et Hi-8** utilisent la petite cassette 8 mm. Le son est toujours de qualité hi-fi.
- **Les camescopes de type S-VHS et S-VHS-C** permettent (souvent) d'enregistrer le son à la fois en stéréo hi-fi sur les pistes hélicoïdales et toujours en monophonie sur la traditionnelle piste longitudinale du système VHS.

OUVERTURE

L'objectif d'une caméra vidéo, comme celui d'un appareil photo, est équipé d'un diaphragme iris. Un jeu de lamelles métalliques détermine une ouverture réglable, contrôlant la quantité de lumière qui atteint le capteur image de la caméra : autrement dit l'exposition. Il fonctionne comme l'iris de notre œil dont le diamètre varie selon l'intensité de la lumière.

Tous les camescopes ont un diaphragme automatique, dont l'ouverture se régle selon les conditions d'éclairage du sujet (exposition automatique): automatisme très utile dans beaucoup de situations, car il permet de se concentrer uniquement sur le sujet, l'action et la composition de l'image.

Lorsque le camescope cadre un sujet éclairé de façon homogène, le diaphragme auto règle l'exposition correcte, donnant une excellente reproduction du contraste et des couleurs. Le diaphragme auto est dans une certaine mesure capable de s'adapter à des scènes contrastées. Si, par exemple, vous effectuez un panoramique passant d'une zone ensoleillée à une zone d'ombre, le diaphragme se règle en continu en fonction de la luminosité. En revoyant ce panoramique sur le téléviseur, vous constaterez parfois des variations brutales de la luminosité de l'image ou "pompage".

De même, un personnage assis à l'ombre d'un parasol dans un environnement ensoleillé peut tromper le diaphragme automatique: ce dernier "voit" une scène globalement lumineuse et, par conséquent, provoque la sous-exposition du sujet principal plus sombre. Même type de problème lorsque le sujet est éclairé par l'arrière (en contre-jour). C'est le cas en intérieur d'une personne se profilant devant une fenêtre ou en extérieur lorsque le soleil est situé derrière le sujet.

Pour résoudre ce problème, la plupart des camescopes disposent d'une touche de contre-jour qui — lorsqu'on la presse — ouvre le diaphragme afin de donner une exposition suffisante pour le sujet principal. Il s'ensuit que l'environnement très lumineux est fortement surexposé.

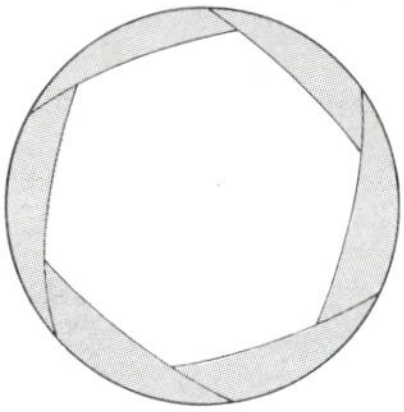

Surexposition. Diaphragme à pleine ouverture : image trop lumineuse, disparition des détails de l'arrière-plan, contraste insuffisant et couleurs délavées.

AVERTISSEMENT D'EXPOSITION

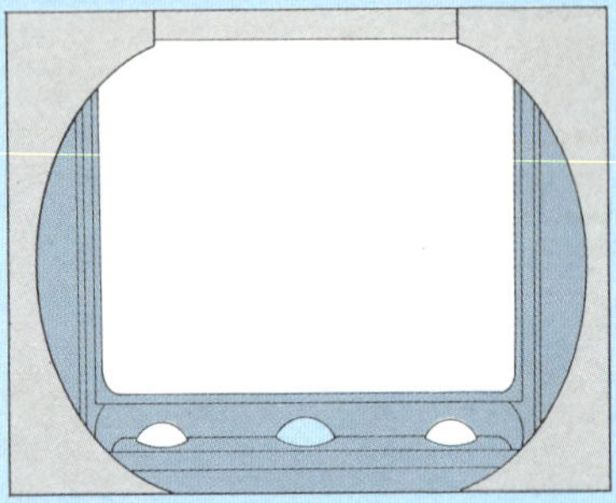

Dans le viseur de certains camescopes, un voyant signale un problème d'exposition (généralement : lumière trop faible pour la prise de vues). C'est un guide utile lorsqu'on règle le diaphragme manuellement. Cette information — ainsi que de nombreuses autres — est généralement indiquée par des symboles ou textes incrustés dans l'image.

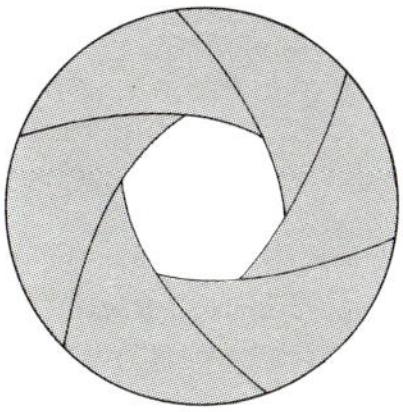

Exposition correcte : l'iris étant convenablement réglé, l'ensemble du paysage est agréablement traduit: contraste, netteté et fidélité des couleurs.

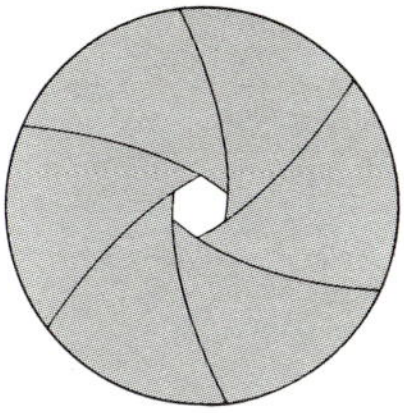

Sous-exposition. Diaphragme trop fermé : perte de détails dans les ombres (le village a disparu), couleurs désaturées, apparition du "bruit" vidéo.

Ces problèmes d'exposition du sujet principal se résolvent facilement si le camescope est pourvu d'un diaphragme réglable : en passant en mode "Manuel" vous pouvez ajuster librement dans le viseur la luminosité de la zone significative de l'image.

Si vous effectuez un panoramique passant d'une zone ensoleillée à une zone d'ombre, réglez manuellement le diaphragme pour avoir une exposition correcte pour le début, ou pour la fin du plan. Si le contraste est très important, il est préférable de filmer la scène en deux plans successifs, en réglant manuellement l'exposition pour chacun d'eux.

Certains camescopes sont dotés d'un système d'avertissement d'exposition dans le viseur (à gauche). Quelques-uns disposent d'un sélecteur permettant d'augmenter le gain vidéo : ce qui augmente la luminosité de l'image en cas de faible lumière ambiante (*voir page 36*).

CONNAÎTRE SON CAMESCOPE

Evaluez les capacités de votre camescope à répondre aux problèmes d'exposition. Contrairement à un appareil photo, la valeur réelle du diaphragme (f/8 par exemple) n'est pas indiquée par le camescope. Vous ne connaissez que l'ouverture maximale (f/1,6, par ex.) gravée sur la monture du zoom. Le viseur électronique ne donnant qu'une image noir et blanc, procédez à un grand nombre de prises de vues d'essais et examinez les résultats en couleur sur votre téléviseur. Pratiquez ces exercices :

1. Filmez des sujets diversement éclairés pour vérifier comment répond le diaphragme auto (et la touche de contre-jour s'il y a lieu).
2. Filmez les mêmes scènes en réglant manuellement le diaphragme et comparez les résultats.
3. Procédez à des essais avec diverses scènes peu éclairées.

PROFONDEUR DE CHAMP

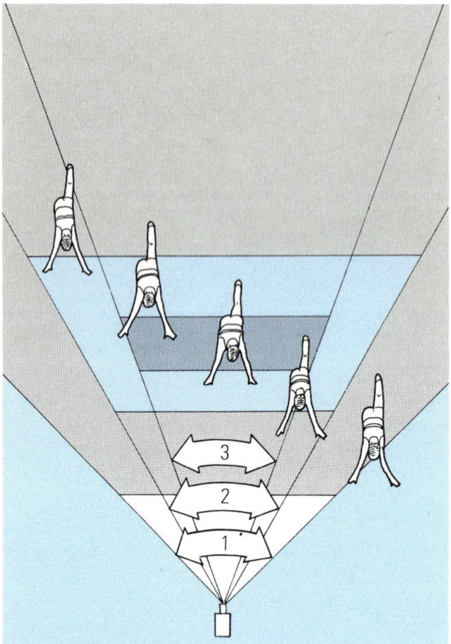

VARIATION DE LA FOCALE

Pour un même réglage de mise au point, la PdC varie en même temps que l'on modifie la focale du zoom.

Zoom réglé sur la plus courte focale (1) et mise au point sur le coureur du milieu, la PdC est à son maximum. Lorsqu'on augmente la focale (2), la PdC diminue. Le coureur le plus proche n'est plus inclus dans la zone de netteté. Zoom réglé sur la plus longue focale (3), la PdC est minimale et seul le coureur du milieu est parfaitement net. Dans tous les cas, la PdC s'étend à peu près deux fois plus vers l'arrière du sujet mis au point qu'à l'avant de celui-ci.

En d'autres termes, la PdC augmente proportionnellement à l'angle de champ.

On appelle profondeur de champ (PdC) la distance séparant le premier plan net du dernier plan net d'une même scène. Elle varie selon les règles générales suivantes. Elle est :

- D'autant plus étendue que le diaphragme est plus fermé. Elle est donc grande en extérieur par plein soleil et très limitée dans un intérieur peu éclairé.
- D'autant plus faible que la focale est plus longue. La PdC diminue dans un zooming avant ; elle augmente dans un zooming arrière.
- D'autant plus grande que le sujet mis au point est plus éloigné.
- Elle s'étend davantage derrière le plan de mise au point que vers l'avant.

Pour mieux contrôler et employer la PdC de manière créative, réglez d'abord la focale du zoom, puis recadrez en faisant varier la distance camescope-sujet. Vous pouvez réduire la PdC avec un filtre gris-neutre (*voir page 36*) ou l'augmenter en utilisant un éclairage de complément (*voir page 38*).

Connaissez bien ces règles. Une PdC limitée crée un climat évocateur : un premier plan flou (arbre, fleurs) en est l'exemple classique. De même, le sujet principal se détache avec force sur un arrière-plan complètement flou : un visage dans la foule, saisi au téléobjectif. L'adoption de la plus courte focale en extérieur donne au contraire une image nette du premier plan à l'infini.

CONNAÎTRE SON CAMESCOPE

1. Filmez au grand-angle une rangée de bouteilles disposées obliquement. Mise au point sur la bouteille du milieu.
2. Autre prise, mais zoom en télé, en cadrant le même nombre de bouteilles. Même mise au point que 1.
3. Visionnez votre cassette pour constater les variations de PdC.

En plein soleil, le zoom étant réglé sur la plus courte focale, le diaphragme est très fermé : la PdC est maximale. Toute la scène est nette du premier au dernier plan.

Pour une approche créative de votre sujet, adoptez une longue focale pour réduire la PdC : ce qui donne un effet de flou vers l'avant. Cet effet est d'autant plus marqué que le premier plan est plus proche.

L'emploi d'une longue focale (téléobjectif) permet d'isoler agréablement le sujet principal dans un environnement flou. La PdC est encore plus limitée en faible lumière ambiante.

MISE AU POINT

Avec tous les camescopes, la mise au point automatique (autofocus) peut être débrayée au profit de la mise au point manuelle. Dans les deux cas, l'opération consiste à assurer la netteté du sujet dans le viseur : l'image formée par l'objectif est alors focalisée sur le capteur du camescope.

Le système autofocus mesure la distance du sujet et règle l'objectif en conséquence. La variation de la distance objectif-sujet en cours de prise de vues corrige automatiquement la mise au point. On peut néanmoins avoir une perte momentanée de la netteté lorsque le système "cherche" la nouvelle position du sujet.

Les systèmes autofocus sont loin d'être infaillibles; ils se trompent en maintes occasions, par exemple :

- Sujet placé derrière une vitre, un grillage ou un filet.
- Plan d'eau, chute de neige, brume ou brouillard.
- Sujet en perpétuel déplacement.

L'autofocus mesurant la distance du sujet au centre de l'image, il s'ensuit de fréquents problèmes si, par exemple, le sujet n'est pas centré dans le viseur. La bonne solution : en agissant sur la bague de l'objectif débrayer l'autofocus et faire une mise au point manuelle ; laquelle est plus aisée sur un sujet statique ou aux contours bien marqués. Avec les sujets de forme complexe, sélectionnez un élément précis de la scène. Pour un portrait en gros plan : mise au point sur les yeux.

La mise au point manuelle sur un sujet mobile demande une certaine habitude : il

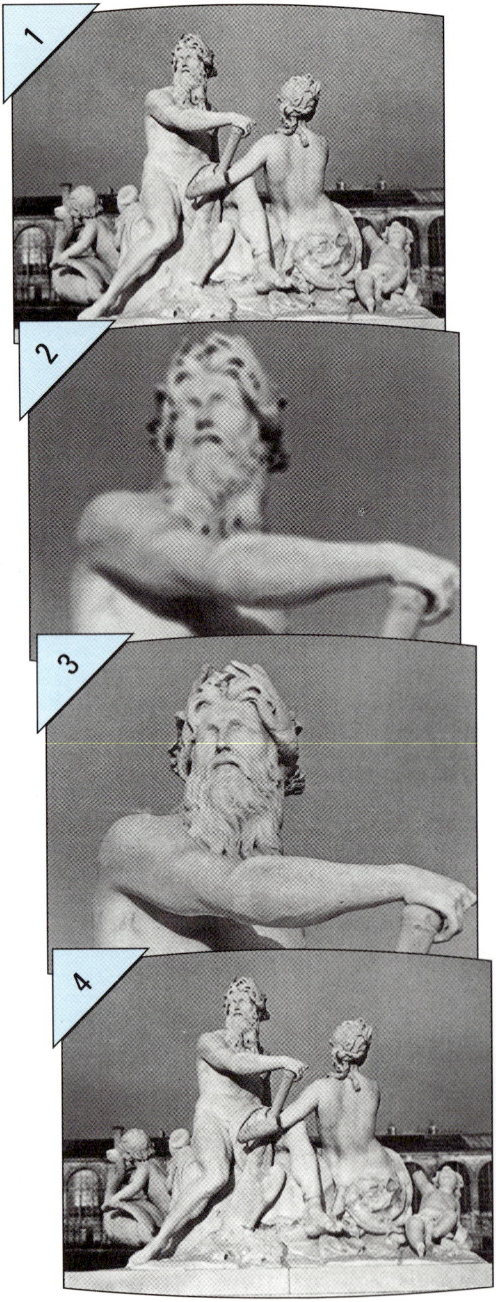

Pour contrôler manuellement la netteté, avec ou sans zooming, suivez cette procédure de base avant chaque prise (à droite).

1. Cadrez la scène.
2. Faites un zoom avant sur la partie du sujet que vous voulez la plus nette.
3. Faites la mise au point précise sur cette zone.
4. Reprenez votre cadrage de départ (zoom arrière).

Cette méthode de "pré-mise au point" conserve la netteté du sujet, même si vous faites ultérieurement un zoom avant en cours de tournage.

Changer manuellement de plan de netteté en cours de tournage est un moyen efficace de souligner les relations entre deux sujets ou d'introduire un nouvel élément dans la composition. On est passé ci-dessus de la figure féminine du premier plan (1) au visage sévère et figé de l'homme de l'arrière-plan (2). En passant ainsi d'un visage à l'autre, on donne une nouvelle dimension spatiale à la scène. Pour ce genre de vues, opérez sur trépied avec une longue focale. Restez de 3 à 5 s sur le premier plan, puis tournez la bague des distances pour faire la netteté sur le second sujet. Selon la rapidité de mise au point, on a un effet de surprise ou une lente révélation.

est, par exemple, nécessaire de la refaire continuellement sur un personnage qui avance vers le camescope. C'est une opération difficile lorsque le zoom est en position télé en raison de la faible PdC (*voir p. 18*).

Pareillement, le déplacement du camescope ou le changement de focale (zooming) peuvent demander une correction de la mise au point. Si la PdC est limitée, un panoramique vertical, de la flèche d'une église jusqu'aux éléments du premier plan par exemple, peut demander une correction de mise au point en cours de mouvement.

La mise au point manuelle permet d'intéressants effets créatifs. Par exemple : commencer le plan sur le sujet complètement flou, puis effectuer la mise au point progressivement. Vous pouvez également, en cours de tournage, passer d'un plan de netteté à un autre. Par exemple, passer de l'enfant regardant au travers des barreaux, à l'animal se trouvant à l'intérieur de la cage.

CONSEILS DE MISE AU POINT

- Les graduations en mètres de la bague de mise au point vous aident à apprécier les distances.
- Habituez-vous à trouver d'instinct le sens de rotation de la bague, selon que le sujet est plus proche ou plus éloigné.
- Gardez en mémoire la distance minimale de mise au point de l'objectif. Pour les sujets les plus proches, vous devrez adopter la "position macro" (*voir p. 100*).

EXERCICES UTILES

1 Explorez les possibilités et les limitations de l'autofocus. Prenez des vues à travers une vitre, sur de l'eau en mouvement et de l'image réfléchie par un miroir.

2 Exercez-vous à refaire — plus ou moins rapidement — la netteté sur deux personnages placés à différentes distances (avant-plan et arrière-plan).

PANORAMIQUE HORIZONTAL

Le panoramique est le mouvement de caméra qui consiste à faire pivoter le camescope sur un axe vertical, de gauche à droite ou inversement, dans un déplacement continu, lent et régulier. Utilisé à bon escient, c'est une technique efficace. Cependant, son emploi abusif ou arbitraire devient confus et ennuyeux pour le spectateur. Voici quelques exemples avec lesquels ce mouvement est justifié :

- Description de scènes trop étendues pour être prises en vue fixe : paysage, grand bâtiment, etc.
- Montrer les relations entre deux éléments d'une scène; par exemple, passer du visage émerveillé d'un enfant à l'objet de son attention.
- Suivre le déplacement d'un sujet mobile.

Lorsque vous avez opté pour un panoramique, cherchez les cadres de début et de fin de mouvement. Si vous opérez à la main, commencez le plan, votre corps étant tourné dans le sens opposé à la rotation. Pivotez sans déplacer les jambes, en tournant sur vous-même au niveau de la ceinture. Panoramiquez lentement et régulièrement. Gardez le cadre fixe pendant 3s environ en début et en fin de mouvement. Veillez à l'horizontalité du camescope et respectez le parallélisme des verticales. Le panoramique le plus efficace ne dépasse pas un arc de 90° : un angle de rotation plus important risque de provoquer des secousses et des irrégularités de déplacement du camescope. Trouver une position confortable et répéter le mouvement avant de l'exécuter.

Dans le cas d'un sujet mobile, la vitesse du panoramique dépend aussi de l'action. Lorsqu'on filme par exemple un enfant en train de courir, le garder continuellement dans le cadre ; l'arrière-plan, "filé" par le mouvement, n'en est que plus évocateur.

La composition de l'image est importante : laissez plus d'espace à l'avant du sujet, afin que le regard du spectateur anticipe l'action. Si le sujet se déplace lentement — un bateau rentrant au port par exemple — en profiter pour montrer le décor environnant. En position grand-angle du zoom, tous les éléments de la scène sont simultanéments présents dans le cadre et le très lent mouvement de panoramique n'est pas sensible pour le spectateur.

On a ici isolé les cadres successifs d'un panoramique sur les bâtiments de la place de la Concorde à Paris. Notez les positions de début et de fin.

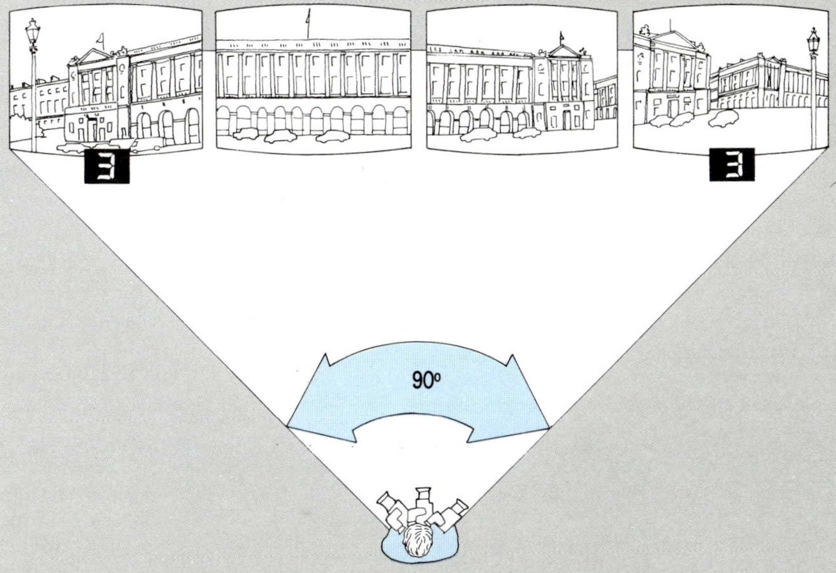

Pour que le spectateur ait le temps d'analyser la scène, **débutez le panoramique par un plan fixe bien composé** d'une durée de 3 s environ. Puis commencez le mouvement à vitesse constante et assez lentement pour détailler le sujet (par exemple, 5 s pour balayer toute la scène). Arrêtez en douceur sur le cadre final que vous conservez immobile 3 s. Une rotation sur 90° maximum est généralement suffisante.

PANORAMIQUE VERTICAL

Tout comme le panoramique horizontal, le panoramique vertical est un mouvement tout à fait efficace, à la condition expresse qu'il soit justifié. Panoramiquer depuis la vallée jusqu'au sommet d'une montagne évoque sa hauteur ; basculer de haut en bas sur une gorge encaissée traduit à merveille la notion de profondeur vertigineuse. Il permet également de suivre des sujets mobiles : avion, passage d'une cabine de téléphérique, etc. Dans ce dernier cas, l'on peut combiner les deux mouvements et montrer successivement (mais en un seul plan) le déplacement de la benne et l'étendue du massif montagneux. Mêmes règles que pour le panoramique horizontal :

- Préparez votre mouvement : déterminez les positions départ et arrivée.
- Répétez-le avant son exécution réelle.
- Cadre de départ immobile 3 s environ, puis mouvement lent et régulier ; enfin, arrêt en douceur sur le cadre fixe de fin, que vous conservez encore 3 s.
- Ne donnez pas une trop grande amplitude à l'angle de rotation : ce qui risquerait de vous faire perdre votre équilibre. Si votre camescope le permet, opérez à hauteur de la poitrine, en bénéficiant alors d'une plus grande amplitude de mouvement.

Le contrôle de l'exposition est un point important en raison de la plus large partie du ciel que l'on embrasse en début ou en fin du mouvement. Si le mouvement est relativement lent, le diaphragme auto a le temps de réagir aux variations de luminosité, sans "pompage" visible (*voir p. 16*). Vous pouvez également régler le diaphragme en manuel pour le sujet principal et accepter que le ciel soit "brûlé". Veillez à maintenir la verticalité du camescope pour ne pas créer un sentiment d'instabilité.

Un édifice élevé, tel la Tour Eiffel, est un sujet idéal pour le pano vertical. Commencez-le par un plan fixe intéressant et bien composé. Vérifiez que l'horizon est bien droit. Décidez de l'amplitude totale du mouvement et composez l'image finale dans le cadre.
Procédez à une ou plusieurs répétitions "à blanc". Exécutez le mouvement lentement, en vous efforçant de le ralentir progressivement avant de vous arrêter sur le cadre fixe final.

L'emploi du trépied, commandes de la plate-forme un peu desserrées, facilite considérablement la bonne exécution d'un panoramique. Pivotez assez lentement pour ne par engendrer d'effet stroboscopique sur les lignes parallèles. Ne dépassez pas un angle de rotation verticale de 90° : le mouvement serait quasiment impraticable. Si nécessaire, reculez pour prendre le sujet de plus loin.

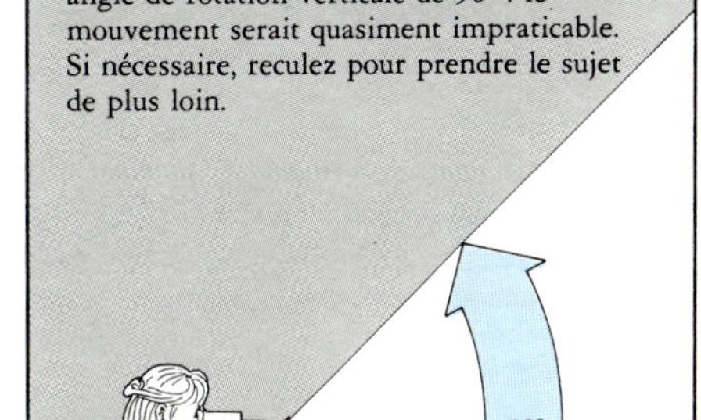

CONSEILS POUR LES PANORAMIQUES

- Evitez de changer de direction en cours de mouvement.
- Panoramiquez dans le même sens que le sujet mobile.
- Exécutez le mouvement d'autant plus lentement et régulièrement que la focale du zoom est plus longue.
- D'une manière générale, on ne doit pas "couper" un plan en plein mouvement. Il est cependant possible d'assembler au montage plusieurs panoramiques successifs, réalisés dans la même direction et avec la même vitesse.
- Un effet intéressant : le panoramique "coup de fouet", exécuté très rapidement (donnant donc des images complètement floues). Il permet d'assurer la transition — un peu comme par un fondu enchaîné — d'une scène à une autre. Pour réussir cet effet, terminez le plan A (fixe) par un pano court et rapide et débutez le plan B suivant par un pano de même direction et vitesse.

EXERCICES UTILES

1. Effectuez des panoramiques: en position grand-angle sur un sujet large (une rangée de bâtiments par ex.), puis en position téléobjectif sur un sujet plus restreint (une rangée de livres).
2. Apprenez à suivre un sujet mobile en demandant à un ami de se déplacer entre deux points séparés de quelques mètres : le jeu consiste à garder toujours le personnage à la même position dans le cadre de l'image.
3. La trajectoire de certains mobiles demande la combinaison des deux directions (panoramique oblique). Exercez-vous à suivre, par exemple, un skieur dévalant une pente.

L'OBJECTIF ZOOM

La focale des zooms équipant la plupart des camescopes varie dans le rapport 1:6 (ou 1:8). Avec un zoom "6 fois", l'angle embrassé sur la focale la plus courte est environ 6 fois plus étendu que sur la plus longue. L'angle maximal embrassé par l'objectif n'est pas à vrai dire celui d'un "grand-angle" (il est à peu près équivalent à celui de l'objectif "standard" d'un appareil photo). Il convient néanmoins pour les prises de vues les plus courantes. Les plus longues focales sont au contraire idéales pour les sujets éloignés.

On peut visser un complément optique sur le filetage antérieur du zoom. Le "convertisseur télé" augmente la focale d'environ 40 % ; le "convertisseur grand-angle" augmente l'angle de champ maximal d'à peu près la même valeur.

On obtient des effets visuels très différents sur les deux focales extrêmes du zoom : en position "grand-angle", le premier plan semble plus éloigné de l'arrière-plan que dans la réalité et le déplacement d'un mobile selon l'axe optique est apparemment exagéré. En position téléobjectif, au contraire, la perspective est "aplatie", les déplacements selon l'axe paraissant plus lents. On utilisera, par exemple, la position grand-angle pour exagérer les dimensions apparentes d'un bâtiment ou "accélérer" la vitesse de coureurs passant près du camescope. L'emploi d'une longue focale permet inversement de rapprocher artificiellement les coureurs éloignés qui semblent par ailleurs progresser au ralenti.

On appelle "zooming" (travelling optique) la variation de focale exécutée pendant la prise de vue. Le zoom avant réduit l'angle de champ et la PdC ; le zoom arrière les augmente. La variation de focale peut être obtenue, au choix, manuellement ou par la commande motorisée (une ou deux vitesses fixes, ou vitesse variable, en enfonçant plus ou moins la touche de commande). Une vitesse fixe limite la créativité, mais elle donne un mouvement avant ou arrière très régulier. Le zooming manuel (en agissant sur la bague ou le levier de l'objectif) permet de faire varier la vitesse en cours de mouvement, mais il est difficile à exécuter bien régulièrement.

Le zooming électrique est si facile à réaliser que le débutant a tendance à en abuser : le spectateur s'en lasse rapidement. En limiter l'emploi à des circonstances exceptionnelles et justifiées, par exemple pour révéler, souligner, ou dramatiser l'action :

- Zoom arrière sur un golfeur en train de préparer son putt : ce qui indique la distance du trou.
- Zoom avant lent sur le visage d'un écolier concentré sur son devoir.
- Zoom avant rapide, montrant l'expression de surprise joyeuse de quelqu'un à qui l'on vient de faire un cadeau.

En mode manuel, préréglez la mise au point en position télé (*voir p. 20*). Manœuvrez la commande sans à-coups, en ralentissant pour atteindre le cadre final (à conserver fixe 3 s environ, afin que le spectateur puisse analyser la scène).

CONSEILS POUR LE ZOOMING

- Habituez-vous à régler votre zoom sur différentes focales afin de déterminer le meilleur cadrage. Faites peu de mouvements de zooming durant le tournage.
- Pas de zooming "en yo-yo", d'avant en arrière ou inversement : cela fait désordre et déconcerte le spectateur.
- Variez l'amplitude et la vitesse du mouvement. Le zoom lent concentre sur l'action ; le zoom rapide produit un effet de choc.
- Un zooming convient mieux pour débuter ou terminer une séquence. Un zoom arrière à partir d'un détail situe l'action dans son contexte. Le zoom avant met l'accent sur un point significatif.

Le mouvement de zoom n'est pas toujours suffisant : au lieu de faire un simple zoom arrière, *à gauche,* qui ne nous en montre pas plus à l'arrivée qu'au départ, il aurait fallu y associer un panoramique vertical de recadrage montrant clairement l'activité qui captive l'attention de la fillette. Ce plan est "raté".

La combinaison des mouvements de zoom et de panoramique donne invariablement des plans mieux composés. Dans l'exemple *de droite* on est parti d'un gros plan sur le visage de la fillette, puis l'on a exécuté un zoom arrière avec léger panoramique vertical vers le bas : le plan large final, bien composé, apporte de nouvelles informations sur la scène.

Comme le font les professionnels, masquez l'aspect "artificiel" du zooming en le combinant simultanément avec un mouvement de panoramique. Un léger panoramique "de recadrage" associé à un zoom arrière est très attrayant : méthode conseillée pour suivre, par exemple, un cheval galopant librement dans un pré : ici, le mouvement du sujet retient toute l'attention du spectateur.

EXERCICES UTILES

1 Filmez un personnage se dirigeant depuis un point assez éloigné vers le camescope ; efforcez-vous de lui conserver toujours les même dimensions dans le cadre en exécutant le zoom arrière. Un effet très attrayant.
2 Essayez le zooming manuel à différentes vitesses : le zoom lent est beaucoup plus difficile à réussir. Il nécessite en pratique l'emploi du trépied.

TOURNAGE CAMESCOPE EN MAINS

Le camescope est avant tout conçu pour être utilisé à la main : ceci vous permet de suivre librement l'action et de changer à l'infini d'angle et de point de vue. Camescope à l'épaule ou au poing, vous pouvez vous placer où bon vous semble, adopter des positions inconfortables et découvrir de nouvelles approches.

Le tournage à main levée demande une bonne habitude, mais la liberté qu'il donne est valorisante et créative. Il conduit naturellement à une certaine instablilité : même le professionnel n'est pas capable de maintenir sa caméra parfaitement immobile. L'instabilité du camescope est d'autant plus sensible sur les sujets statiques que l'on opère aux plus grandes focales du zoom. Pour en limiter les effets, opérez en position grand-angle et déplacez-vous par rapport au sujet plutôt que d'augmenter la focale.

La stabilité du camescope est bien meilleure si vous adoptez vous-même une position bien stable : debout, jambes écartées, les deux mains tenant fermement le camescope, coudes serrés contre la poitrine. Rappelez-vous :

- Un camescope doit être d'autant plus fermement maintenu qu'il est plus léger.
- Evitez les vêtements trop serrés gênant votre mobilité sur le terrain.
- Utilisez, à chaque fois que possible, un pied de poitrine ou une crosse d'épaule qui augmentent la stabilité et assurent une meilleure répartition du poids.

« Un vrai professionnel apprend à connaître son équipement jusqu'à ce qu'il soit devenu pour lui une seconde nature ; il n'a plus à réfléchir aux gestes qu'il faut faire pour zoomer avant ou corriger la mise au point. C'est la maîtrise de l'outil qui ouvre les portes de la créativité. »

CHARLES STEWART, OPÉRATEUR/RÉALISATEUR

DEBOUT
Augmentez votre stabilité en écartant les jambes. Tenez le camescope fermement.

ACCROUPI
Position pour filmer un personnage assis ou un petit enfant. On peut appuyer le coude sur le genou, mais cela limite les possibilités de mouvement.

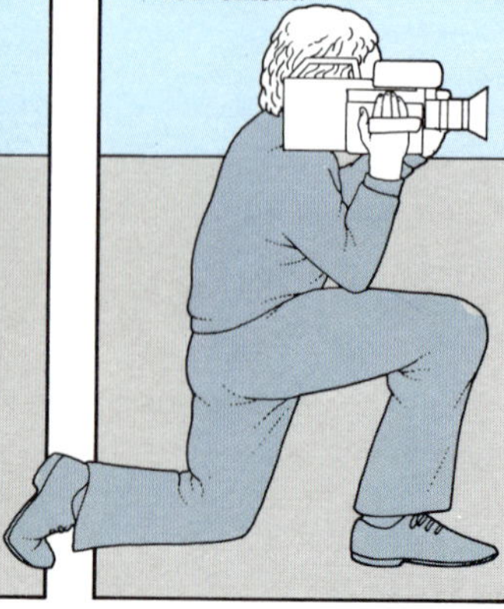

ASSIS
Le dossier de la chaise sert ici de support. La position normale donne cependant une plus grande mobilité.

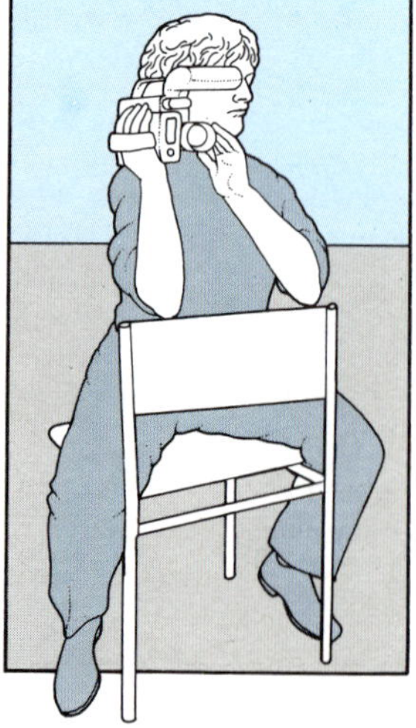

FILMER EN MARCHANT

Attention ! Avant de commencer votre déplacement latéral, vérifiez que vous ne rencontrerez aucun obstacle.

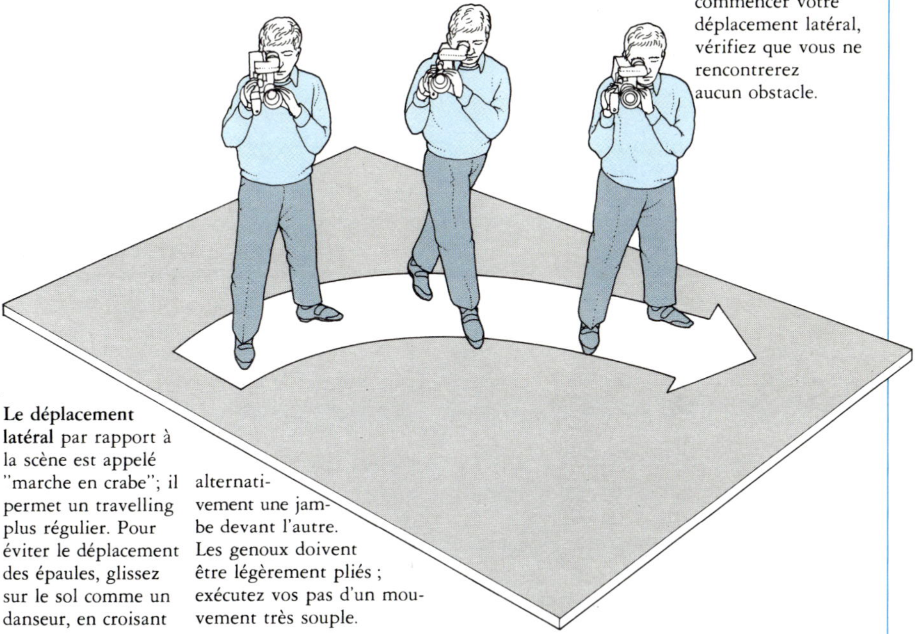

Le déplacement latéral par rapport à la scène est appelé "marche en crabe"; il permet un travelling plus régulier. Pour éviter le déplacement des épaules, glissez sur le sol comme un danseur, en croisant alternativement une jambe devant l'autre. Les genoux doivent être légèrement pliés ; exécutez vos pas d'un mouvement très souple.

COUCHÉ

Les deux coudes au sol, votre position est stable, mais vos possibilités de mouvement sont très limitées. C'est le point de vue à adopter pour filmer les bébés et les petits animaux au ras du sol.

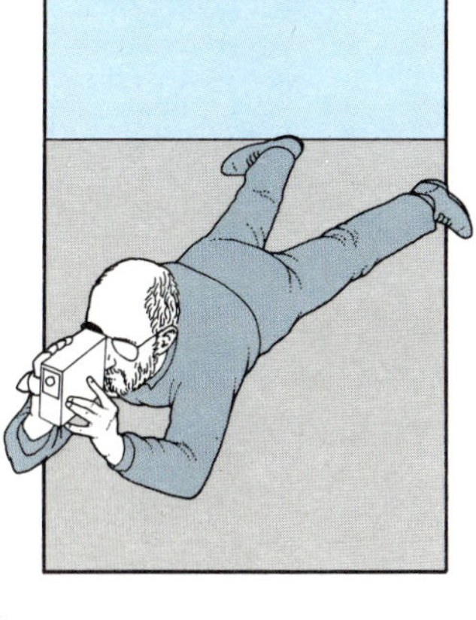

ACCOUDÉ

Bureau, table ou fauteuil sont d'excellents supports pour le tournage en intérieur. En extérieur : une voiture ou un mur bas.

APPUI VERTICAL

Tirez parti de tout appui improvisé augmentant la stabilité du camescope : embrasure d'une porte ou épaule d'un ami...

EMPLOI D'UN TRÉPIED

Un trépied, spécialement conçu pour la vidéo, offre plusieurs avantages. Vous pouvez par exemple :

- Obtenir à coup sûr des images stables, même en position téléobjectif.
- Exécuter des mouvements de caméra très réguliers.
- Conserver l'horizontalité du camescope pendant un panoramique.
- Suivre plus facilement des sujets mobiles.

Peu d'inconvénients en revanche : transport du pied qui peut peser assez lourd et camescope plus long à mettre en batterie.

Le travail sur pied implique une approche du tournage plus réfléchie. Ceci est compensé par des images plus stables et mieux composées. Il est indispensable pour filmer les longues scènes (interviews, conférences, scènes théâtrales, etc.) avec lesquelles il n'est pas possible d'opérer à la main. Le trépied monté sur roulettes ou sur support mobile permet de réaliser des travellings réguliers (*voir p. 144*).

Installez-vous confortablement entre les jambes du trépied ; tenez fermement la tige de commande de la plate-forme, coude contre la poitrine ; l'autre main vous permet de régler les commandes du camescope.

Lorsque vous utilisez le pied pour réaliser des mouvements, qu'il soit très équilibré sur le sol. Pour un pano vertical, il est souvent utile de maintenir le

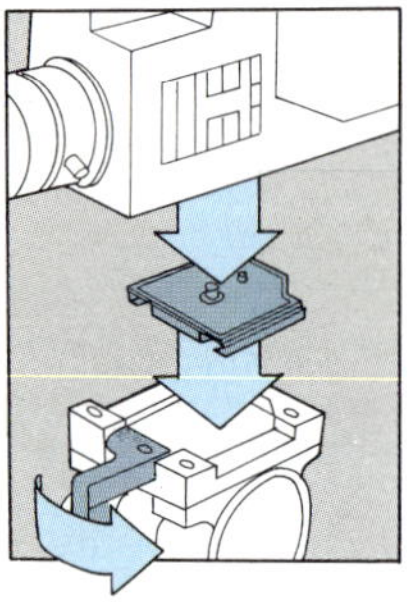

L'attache rapide est une plaque vissée sur la semelle du camescope qui permet de le désolidariser instantanément de la plate-forme du trépied.

Solidité et stabilité sont les qualités principales d'un trépied vidéo. Les entretoises reliant les branches à la base augmentent sa rigidité. La colonne centrale est réglable en hauteur à l'aide d'une manivelle.

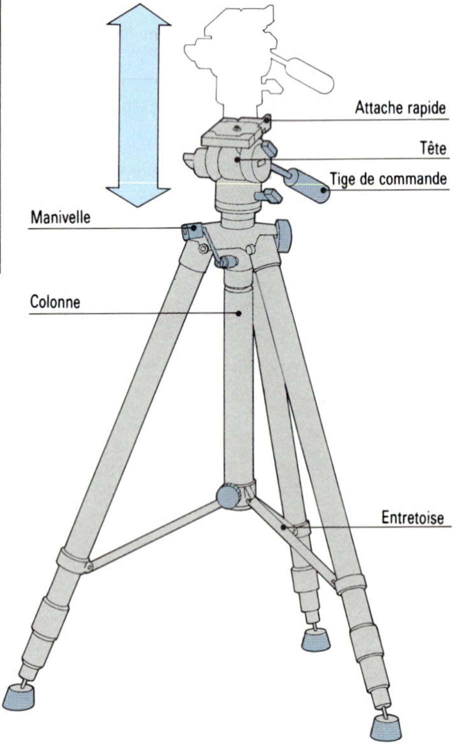

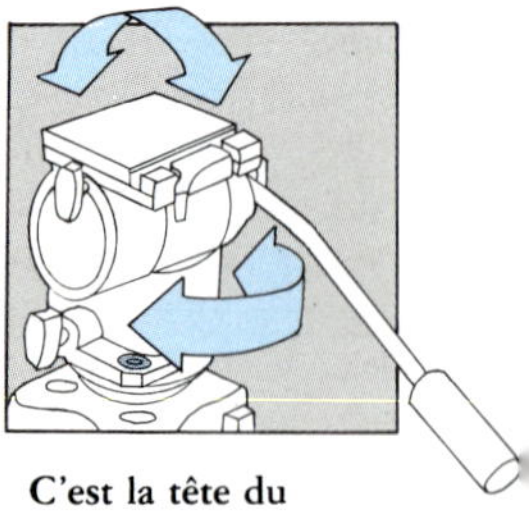

C'est la tête du trépied qui permet d'orienter l'axe optique dans toutes les directions, grâce à la poignée de commande. Pour les mouvements, il est nécessaire de régler le degré de friction sur l'axe de rotation considéré. La tête fluide est idéale, mais plus onéreuse. La plate-forme peut être munie d'un niveau à bulle pour la vérification de l'horizontalité.

camescope afin de régulariser le mouvement.

Disposez les branches du trépied pour avoir une position confortable et stable pendant l'exécution du mouvement. Veillez à ne pas vous déplacer, car vous risqueriez de buter sur une branche du pied.

La colonne centrale d'un trépied vidéo est réglable en hauteur. Si sa commande (manivelle et crémaillère) est très régulière, vous pouvez l'utiliser pour faire un travelling vertical.

Le pied est également idéal pour les effets spéciaux. Installé à poste fixe dans le coin d'une pièce, il permet, par exemple, de faire apparaître un personnage comme par magie. Il suffit pour cela de filmer le décor désert quelques secondes, puis de reprendre l'enregistrement lorsque le figurant est présent. La technique qui consiste à prendre une série de plans très courts, camescope sur pied, permet d'animer des objets ou, ce qui est plus amusant, de faire "sauter" des personnages en différents points de l'écran. Veillez à ce qu'il n'y ait pas d'autres éléments mobiles dans la scène.

Un simple monopode est souvent plus pratique que le trépied : il est léger, relativement stable et se règle pour varier la hauteur du point de vue. Il est irremplaçable pour filmer dans un lieu public (concert, théâtre, etc.) où l'on ne disposerait pas d'assez de place pour déployer un trépied. Immobilisez-le en le serrant contre votre corps et en le bloquant avec les jambes. Les mouvements de caméra sont très limités.

CONSEILS D'EMPLOI DU PIED

- Ne serrez pas à fond les axes de rotation de la plate-forme : sinon, vous ne pourriez pas recadrer légèrement la scène en cas de nécessité.
- Lorsque vous lâchez le camescope, bloquez les mouvements de la plate-forme pour l'empêcher de basculer accidentellement.
- Afin de donner de la variété à vos prises de vues, changez fréquemment la hauteur du camescope.
- Veillez à l'horizontalité du camescope, en vous aidant du niveau à bulle (si votre trépied en est pourvu).

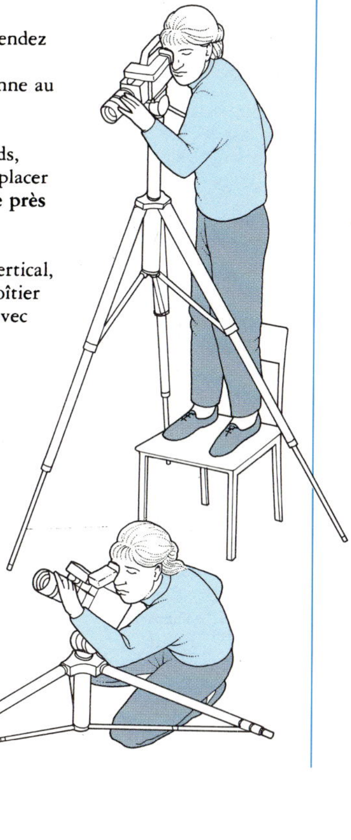

Pour les vues plongeantes étendez les branches et montez la colonne au maximum.

Certains trépieds, permettent de placer **le point de vue près du sol.** Pour régulariser un panoramique vertical, maintenez le boîtier du camescope avec l'autre main.

L'ENREGISTREMENT SONORE

Interrompez votre lecture, fermez les yeux et écoutez. Au bout d'un moment, vous prenez conscience de toutes sortes de bruits : dans la maison, dans la rue, dans le lointain. Ces éléments sonores sont enregistrables et constituent, parallèlement aux images, "l'autre moitié" de la vidéo.

Tous les camescopes disposent d'un micro incorporé. Certains modèles ont un micro *omnidirectionnel* qui capture les sons venant de toutes les directions. Logé près du corps du camescope, il enregistre en même temps tous les bruits parasites de son fonctionnement : tels les moteurs du zoom et de l'autofocus. Sur d'autres modèles, le micro est maintenu à une certaine distance du boîtier, ce qui limite les bruits parasites gênants. Le micro incorporé *unidirectionnel* capte préférablement les sons venant de l'avant du camescope.

Pour une meilleure qualité d'enregistrement sonore, la solution est de brancher un microphone externe pourvu d'un long cordon dans la prise "MIC" du camescope : ce qui met hors service le micro incorporé. Il existe plusieurs types de micros externes (*voir page de droite*). Leur emploi permet également de confier le soin de l'enregistrement sonore à une autre personne (*voir p. 68*).

Le camescope est doté d'un système de contrôle automatique de gain (CAG) qui règle automatiquement le niveau d'enregistrement. Le CAG a l'inconvénient de provoquer une augmentation notable du bruit de fond dans les périodes de relatif silence.

L'écoute au casque (de préférence au simple écouteur) branché sur la prise "EAR", permet le contrôle du message sonore en cours de tournage. La méthode permet de modifier si nécessaire la position du camescope par rapport au sujet (ou celle d'un micro externe) pour obtenir la meilleure qualité sonore.

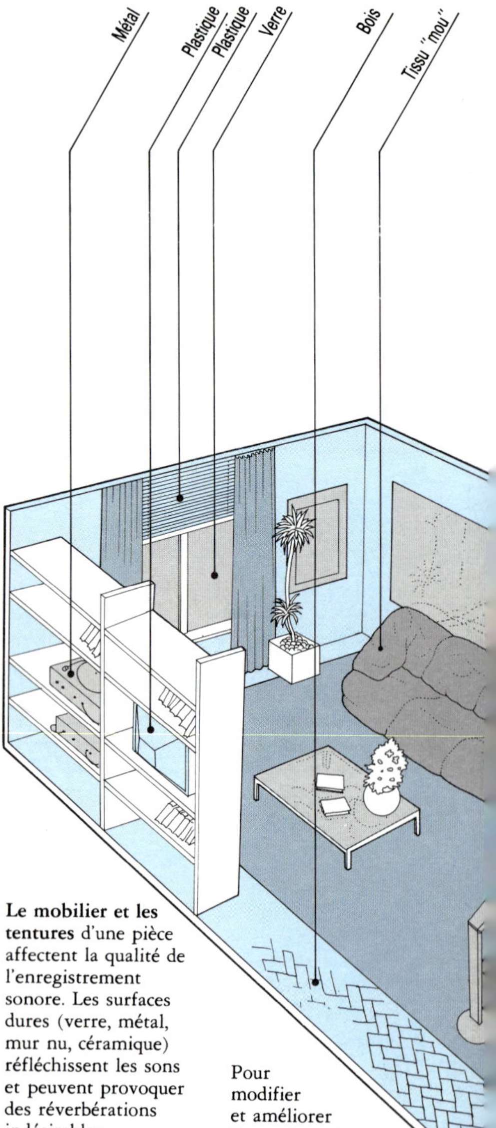

Le mobilier et les tentures d'une pièce affectent la qualité de l'enregistrement sonore. Les surfaces dures (verre, métal, mur nu, céramique) réfléchissent les sons et peuvent provoquer des réverbérations indésirables. Inversement, les matériaux mous (tapis, rideaux, fauteuil, divan) absorbent et étouffent plus ou moins les sons.

Pour modifier et améliorer l'acoustique du local : tendre des lés de tissu dans un local trop réverbérant ou au contraire réfléchir le son avec des panneaux de bois ou autres surfaces "dures".

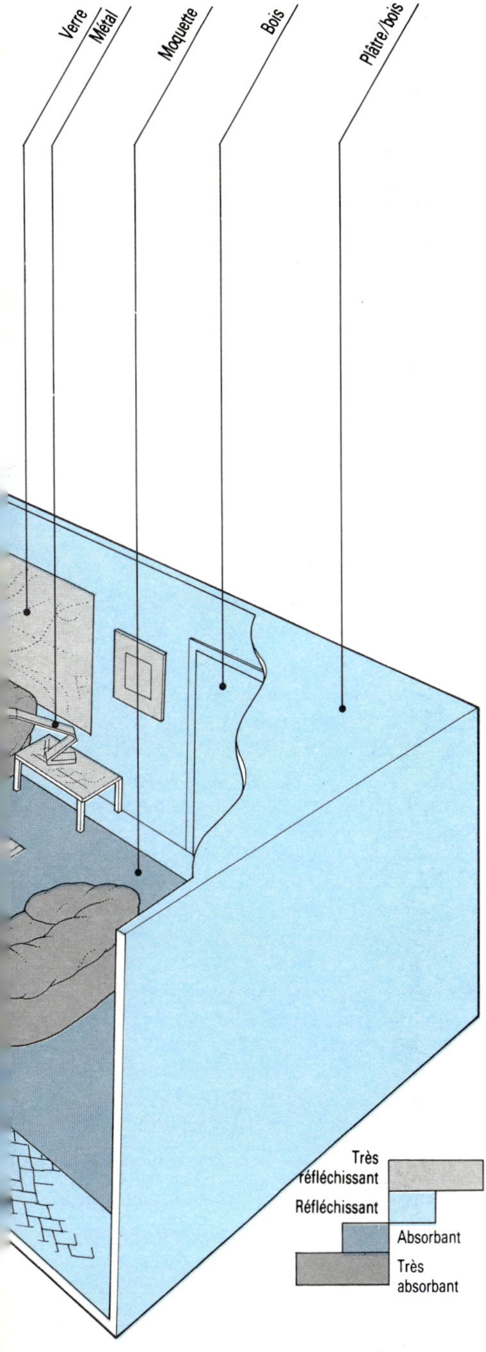

MICROPHONES

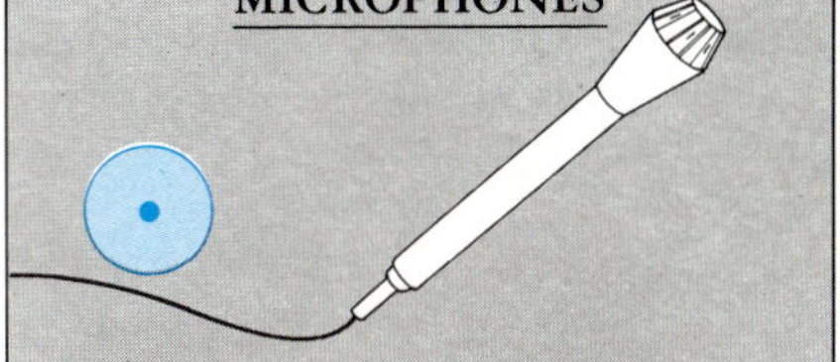

Le micro omnidirectionnel est également sensible aux sons venant de toutes les directions. Il convient pour l'enregistrement de l'ambiance sonore générale, particulièrement lorsque les personnages sont proches.

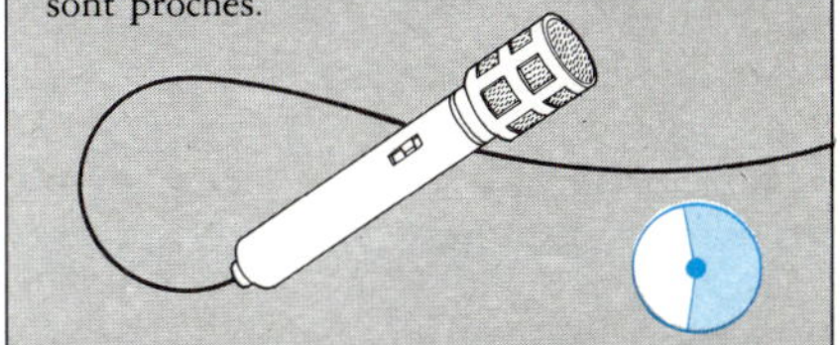

Le micro unidirectionnel ou cardioïde recueille les sons venant dans un angle assez étroit. Il est donc important de l'orienter en direction de la source sonore. Idéal pour les interviews, à condition de le diriger à chaque fois vers la personne qui parle.

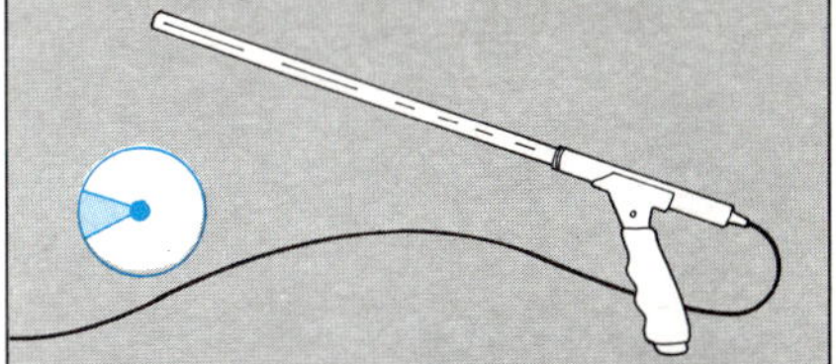

Un micro canon ou superdirectionnel a un angle de sensibilité très étroit et capte les sons à plus grande distance. Il doit être orienté avec grande précision. A utiliser lorsqu'il est impossible de s'approcher et dans les lieux bruyants.

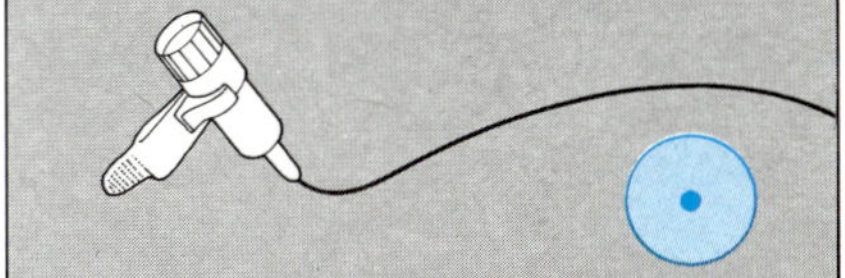

Le micro cravate, tout petit, s'attache sur le vêtement du "speaker". Étant de type omnidirectionnel, il est idéal pour un conférencier, par exemple. Attention aux bruits parasites.

COULEUR ET CONTRASTE

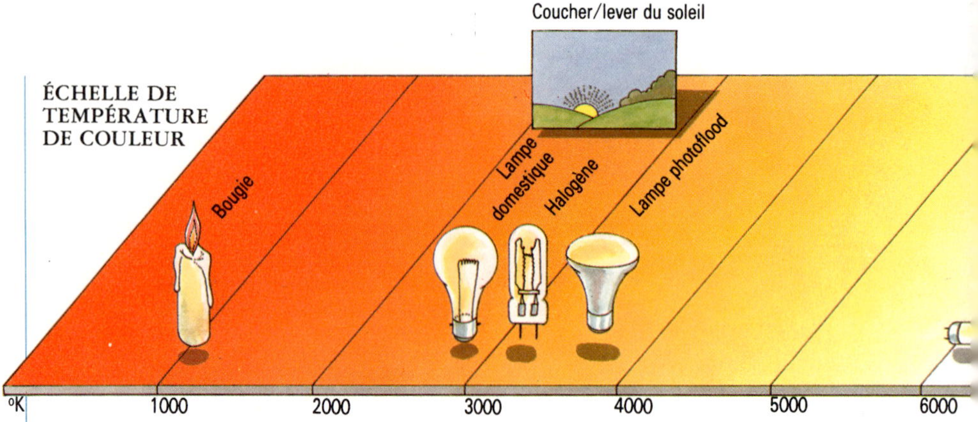

La lumière "blanche" est composée de toutes les couleurs du spectre. Les différentes sources — bougies, lampes domestiques ou soleil — donnent des lumières de différentes couleurs ; mais nos yeux et notre cerveau compensent ces différences et les objets nous apparaissent toujours avec des couleurs correctes. La caméra vidéo n'a pas les mêmes possibilités : ses circuits doivent compenser les écarts, de telle sorte qu'un blanc pur soit traduit par un blanc sous tous les types d'éclairage.

Dans tous les camescopes, cette *balance des blancs* est réglée automatiquement, mais l'on peut souvent la régler manuellement pour des sources bien définies : "jour", "fluo" et "tungstène". Avec certains camescopes, on peut régler la balance des blancs en fonction de la source par la mesure d'une plage blanche. Cet équilibre étant obtenu, toutes les autres couleurs sont correctement traduites sur l'écran.

Il est possible de créer volontairement des "fausses couleurs". On aura une dominante bleue — qui évoque un effet de nuit — à la lumière du jour en réglant le camescope sur "tungstène" et, inversement, des teintes chaudes avec l'éclairage à incandescence en réglant le camescope sur "jour".

Le viseur donnant une image en noir et blanc, on peut oublier de régler la balance des blancs. Si vous opérez en mode manuel

La température de couleur est la température à laquelle il faut chauffer un matériau pour qu'il irradie une lumière d'une certaine couleur. Elle s'exprime en kelvins (K). Le schéma ci-dessus indique les différentes sources utilisables pour le tournage vidéo. Le mélange lumière du jour/lumière artificielle pose toujours un problème qu'il faut résoudre.

(valeurs préréglées) pensez-y à chaque fois que :

- Vous mettez le camescope en service.
- Les conditions d'éclairage varient (par ex. vous passez de l'extérieur à un intérieur éclairé en lumière artificielle).
- Vous utilisez un éclairage de complément.

Les dominantes colorées éventuelles ne pouvant être décelées dans le viseur, veillez aux couleurs "parasites", causées par exemple par la réflexion d'un mur de couleur vive sur un personnage. Si cet effet n'est pas voulu, déplacez votre modèle.

La vidéo accepte accepte moins les contrastes que le film photographique : elle convient mieux aux scènes relativement peu contrastées. Une scène présentant de grands écarts de luminance est difficile à reproduire agréablement : il risque d'y avoir des zones "brûlées", des teintes délavées ou encore des zones d'ombres sans détails. Dans un tel cas, il est préférable d'attendre que les conditions d'éclairage soient plus favorables, ou bien d'ajouter un éclairage de complément pour "déboucher" les ombres ; ce qui diminue le contraste (*voir p. 38*).

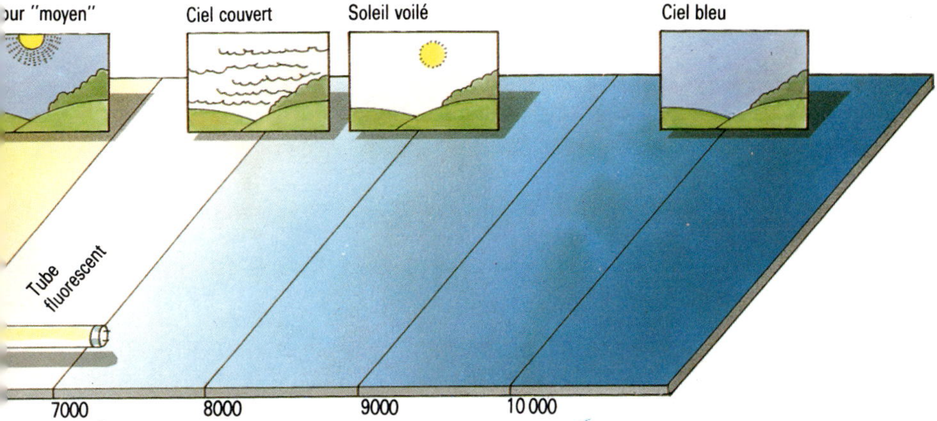

Lumière du jour : incorrect. Le réglage "tungstène" à la lumière du jour donne une dominante générale bleuâtre à l'image.

Lumière du jour : correct. L'équilibre des couleurs est agréable en mode balance des blancs automatique.

Tungstène : incorrect. On a utilisé ici le réglage (manuel) "jour" avec l'éclairage à incandescence : d'où cette dominante orangée générale.

Tungstène : correct. Le réglage préétabli "Indoor" ou la balance des blancs automatique donnent des couleurs fidèles sous l'éclairage tungstène. Evitez le mélange avec la lumière du jour.

LES BASES DE L'ÉCLAIRAGE • 1

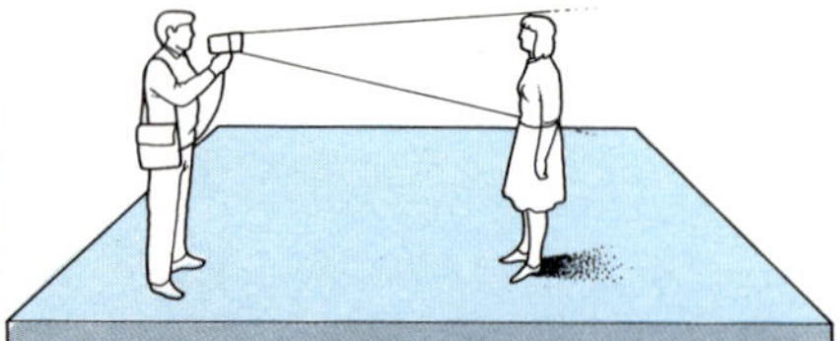

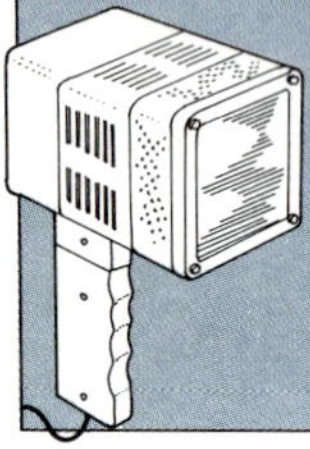

La petite torche vidéo alimentée par accu nicad se fixe sur la griffe du camescope ou se dirige à la main. Tous les modèles donnent un faisceau de lumière relativement étroit. La température de couleur (3200 K) est voisine de celle des lampes domestiques (2800 K).

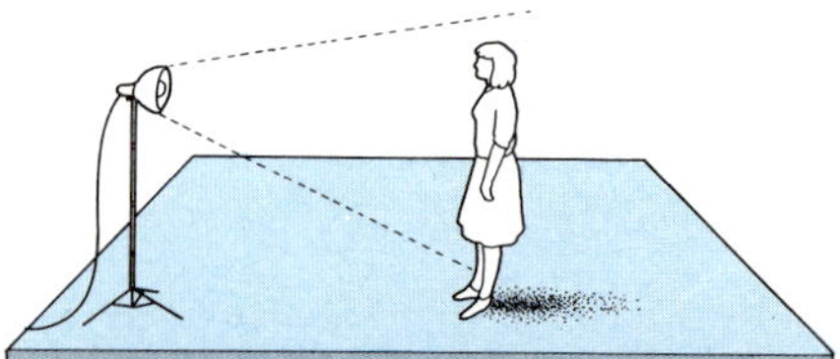

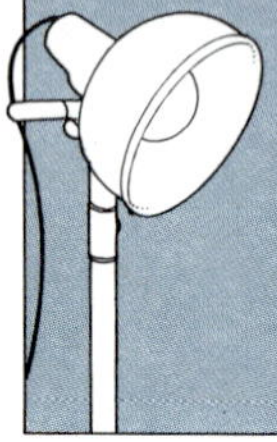

La lampe survoltée dite "photoflood" se place dans un large réflecteur et donne un faisceau de lumière assez large et homogène. Sa température de couleur est de 3400 K. D'une puissance de 275 ou 500 W et de durée de vie ne dépassant pas quelques heures, elle est très peu utilisée aujourd'hui.

Les images vidéo sont plus vivantes et de meilleure qualité lorsque l'éclairage est puissant et bien réparti. En extérieur, les conditions sont idéales par soleil légèrement voilé, mais le temps couvert donne habituellement des résultats très acceptables. Le camescope demande une quantité de lumière minimale pour donner des images correctes ; celle-ci dépend — selon les modèles — à la fois de l'ouverture maximale du zoom (par ex. f/1,4) et de la sensibilité propre du capteur image.

L'éclairement de la scène est exprimée en lux. Une bougie, par exemple donne environ 10 lux, tandis qu'une pièce d'appartement a un éclairement moyen de 200 à 300 lux. La qualité de l'image est proportionnelle à l'éclairement : bien que la plupart des camescopes permettent de tourner avec moins de 10 lux, vous n'aurez une image de qualité optimale qu'à partir de 900 lux et plus.

En extérieur par beau temps, l'éclairement moyen est d'environ 35 000 lux. A partir de 100 000 lux (champ de neige, sable, plan d'eau en plein soleil) les limites du camescope sont dépassées du côté de la surexposition : il est alors nécessaire de placer un filtre gris-neutre sur l'objectif, ce qui a pour effet de réduire l'intensité de lumière entrant dans le camescope à un niveau qu'il peut accepter.

Quelques appareils disposent d'un sélecteur de gain vidéo qui "pousse" au maximum la sensibilité du système, au détriment bien sûr de la qualité de l'image. Son usage est parfaitement justifié lorsqu'il s'agit d'enregistrer un événement important dans un lieu peu éclairé : c'est toujours mieux que rien. Bien que tous les modèles ne soient pas identiques sur ce point, la prise de vue en faible lumière ambiante se traduit généralement par des couleurs désaturées, un certain manque de netteté, voire des barres verticales affectant l'image des sources lumineuses (smear). Vérifiez par des essais systématiques la capacité de votre camescope à fonctionner en basse lumière et décidez des conditions donnant des images encore acceptables.

Un intérieur bien éclairé par la lumière naturelle donne des images de qualité suffisante, surtout si les murs sont clairs et que vous placez votre sujet non loin d'une fenêtre. Dans la plupart des autres cas, vous aurez intérêt à ajouter un éclairage de complément (*voir p. 38*).

Le soir, augmentez au maximum l'éclairage artificiel du local où vous opérez ; par exemple :

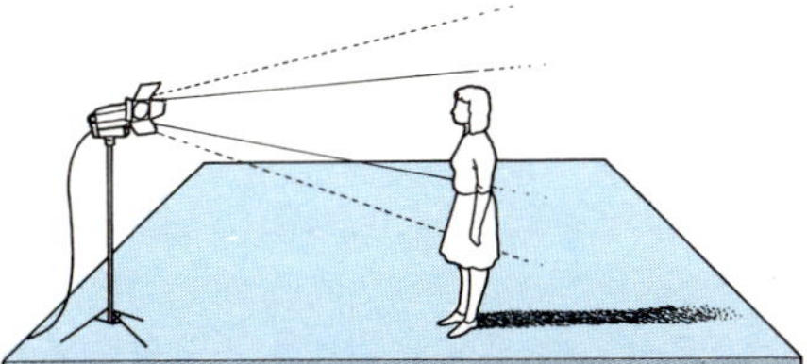

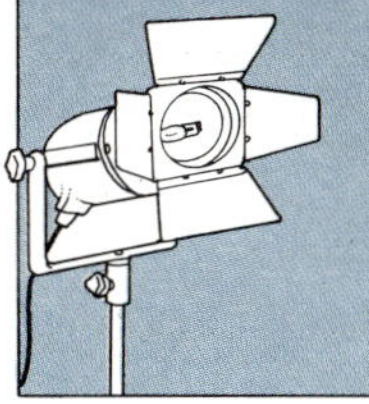

La lampe halogène compacte (de 150 à 1 000 W) s'utilise dans des projecteurs spéciaux donnant un faisceau plus ou moins concentré, parfois réglable. Sa température de couleur de 3200 K permet de la mélanger avec les lampes d'appartement.

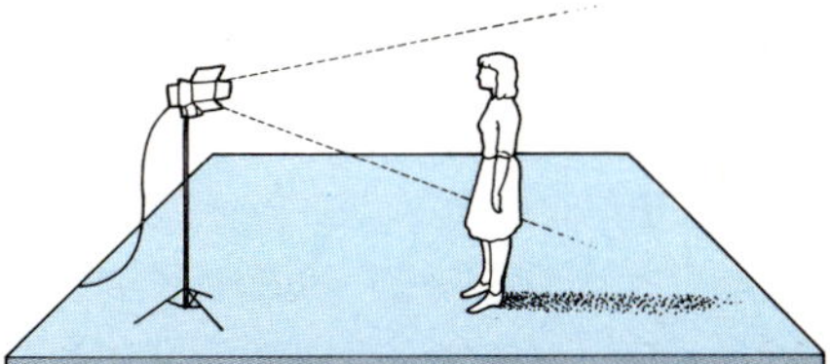

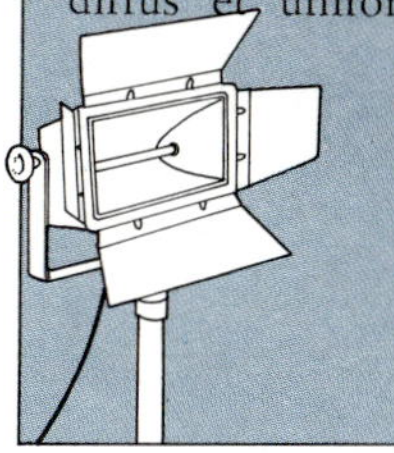

Le projecteur d'ambiance utilise une lampe halogène tubulaire de 800 à 1250 W et donne un éclairage plus diffus et uniformément réparti sur une surface assez large. Sa température de couleur est de 3200 K. La lampe dure une quinzaine d'heures environ.

- Remplacez les lampes habituelles par de plus puissantes (watts).
- Enlevez les abat-jour.
- Ajoutez d'autres appareils d'éclairage.
- Des bougies ou un feu de bois apportent un appoint de lumière non négligeable.

Un appareil d'éclairage vidéo augmentera notablement la qualité de vos images en intérieur et étendra la gamme des sujets que vous pourrez traiter. Il en existe divers modèles dans le commerce, à sélectionner selon vos besoins (*ci-dessus*) : depuis la petite torche autonome à fixer sur la griffe du camescope, jusqu'au projecteur à lampe halogène s'alimentant sur le courant du secteur. Notez dès à présent que la température de couleur d'une lampe halogène est différente de celle de la lumière du jour : ce qui pose des problèmes de bon rendu des couleurs lorsqu'on mélange les deux types de sources.

SÉCURITÉ D'ABORD

L'emploi des lampes halogènes demande certaines précautions :

- Ne "tirez" pas trop sur le secteur électrique. Le circuit normal d'un appartement n'accepte au maximum que 3 ou 4 lampes.
- Débranchez le projecteur lorsque vous changez de lampe. En la rallumant, ne la dirigez pas vers quelqu'un : danger en cas d'explosion accidentelle.
- N'orientez pas votre camescope directement sur la lampe : cela peut endommager son capteur.
- Eteignez le projecteur avant de le déplacer. Portez des gants pour le réglage des volets et/ou la focalisation.
- Ne manipulez une lampe que refroidie. Pas de doigt sur l'enveloppe en quartz (utilisez des gants ou un morceau de tissu).
- Les projecteurs doivent être très stables : pour ne pas risquer de buter sur les supports ou de se prendre les pieds dans les câbles d'alimentation.

LES BASES DE L'ÉCLAIRAGE • 2

Éclairage mixte : le tournage en intérieur éclairé par la lumière du jour demande souvent un éclairage de complément. Même si la pièce est très claire, la scène est habituellement trop contrastée et le personnage placé près d'une baie vitrée est éclairé en contre-jour. L'éclairage d'appoint dans les zones d'ombres, diminue l'excès de contraste. Néanmoins, le mélange de la lumière naturelle du jour et de la lumière artificielle — qui n'ont pas la même température de couleur — crée invariablement des dominantes colorées sur les diverses parties de la scène.

En présence de deux sources de lumière qui n'ont pas la même qualité spectrale, le système de balance des blancs du camescope est un peu "perdu" : faut-il le régler sur "jour" ou sur "tungstène" ? Quel que soit votre choix, il y aura forcément un déséquilibre des couleurs. La solution est de corriger la température de couleur d'une des sources avec un filtre (*ci-dessous*).

Emploi de réflecteurs : on peut diminuer le contraste et améliorer considérablement la qualité esthétique de l'éclairage en réfléchissant de la lumière dans les zones d'ombres : d'où un éclairage plus doux et mieux réparti

Trop de contraste : lorsqu'on filme en intérieur un personnage placé devant une fenêtre, la seule lumière extérieure du jour donne habituellement une image contrastée (ombres trop noires). Même en réglant l'exposition manuellement (diaphragme débrayable), on a — comme ici — soit des ombres trop denses et un paysage extérieur normalement exposé, soit des ombres un peu détaillées, tandis que l'arrière-plan extérieur est "brûlé" par la surexposition.

Déséquilibre des couleurs : l'éclairage artificiel de complément illumine suffisamment les zones d'ombres pour détailler la fillette : le contraste est maintenant correct. L'image présente en revanche une assez forte dominante orangée si l'on a réglé — comme ci-dessus — la balance des blancs

sur l'ensemble du sujet, si toutefois celui-ci est relativement statique et pris en gros plan.

Les panneaux réflecteurs se trouvent dans le commerce spécialisé, mais vous pouvez facilement les fabriquer vous-même. Une grande plaque de polystyrène blanc (dont l'une des faces peut être recouverte de papier aluminium un peu froissé pour donner une réflexion encore plus intense) fera parfaitement l'affaire. Veillez à la bonne orientation du réflecteur par rapport à la source principale d'éclairage (la fenêtre par exemple). Un tel accessoire est si utile qu'il fera bientôt partie de votre équipement vidéo habituel.

Éclairage indirect : cette technique efficace consiste à diriger les lampes sur de grandes surfaces réfléchissantes (mur clair, plafond bas ou panneau réflecteur). L'intensité lumineuse des sources est très amoindrie, mais on obtient ainsi un éclairage uniforme et peu contrasté, idéal pour la vidéo. Il a aussi l'avantage d'être moins éblouissant que les projecteurs directs. L'intensité de la lumière réfléchie varie en fonction de la distance à la surface utilisée. Attention aux murs colorés qui créent une dominante.

sur "lumière du jour". Si on l'avait réglée sur "tungstène", les couleurs dans les ombres seraient à peu près normales, mais le paysage extérieur aurait été affecté d'une forte dominante bleuâtre.

Couleurs équilibrées : pour obtenir des couleurs correctes, il faut modifier la température de couleur *d'une* des deux sources pour lui donner la même valeur qu'à l'autre. Le moyen le plus simple est de placer un filtre correcteur bleu (verre dichroïque ou "gélatine" devant le projecteur halogène : sa température de couleur, augmentée, est identique à celle du jour. Toutes les couleurs de la scène sont maintenant correctes.

TECHNIQUES CRÉATIVES

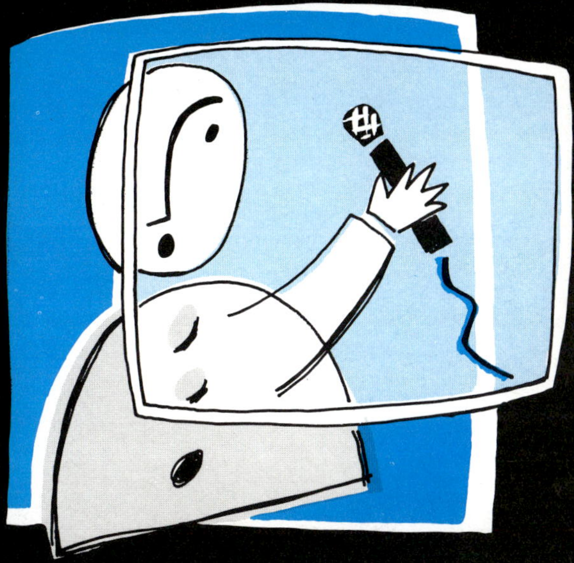

Un vidéogramme intéressant est celui que vous aurez plaisir à voir et à montrer. C'est un programme qui ne se contente pas d'enregistrer un événement : il a de l'impact et une grande cohérence. Son élaboration exige une soigneuse préparation et une bonne compréhension du langage spécifique à l'expression vidéographique. Ce chapitre aborde les techniques essentielles de créativité, telles qu'elles sont mises en œuvre par les professionnels. Il explique comment vous pouvez les mettre au service de vos réalisations personnelles.

DIFFÉRENTS TYPES DE CADRAGES

La variation des proportions et de la composition du sujet à l'intérieur du cadre de l'image est ce qui donne de l'intérêt au vidéogramme, tant pour le réalisateur que pour le spectateur.

On appelle "plan" un seul enregistrement : il dure du moment où vous appuyez sur la détente pour filmer, jusqu'à ce que vous la pressiez à nouveau pour stopper. Une "séquence" est une série de plans dont la succession couvre un seul événement ou représente une même situation.

Pour retenir l'intérêt, chaque séquence doit être composée de plans différemment cadrés. Les professionnels de la vidéo utilisent un vocabulaire particulier pour décrire chaque type de plan ou de cadrage. Chacun d'eux a pour objet d'attirer le plus efficacement possible l'attention du spectateur sur les événements présentés sur l'écran. Il est utile de se familiariser avec ce vocabulaire (*voir l'encadré ci-contre*).

Donnons un exemple de la succession des plans constituant une séquence : la vue générale d'une plage avec des groupes de vacanciers ; la vue éloignée d'une fillette faisant un trou dans le sable ; le plan moyen de la fillette absorbée dans son jeu ; le gros plan du sable rejeté ; le très gros plan d'un crabe qu'elle déterre inopinément, suivi immédiatement d'un autre gros plan de l'expression de surprise sur son visage. Les différents cadrages ne varient pas seulement par la taille, mais également par le type : chacun d'eux doit aider le spectateur à mieux comprendre les événements.

Filmer les personnages à la hauteur des yeux est une approche naturelle du sujet, mais elle ne doit pas être la seule. Changer la hauteur et l'angle du point de vue permet de montrer les relations entre différents éléments. Une vue plongeante évoque mieux la notion d'espace, comme par exemple un bébé regardant sa mère. Un point de vue surbaissé — à la hauteur d'un enfant — peut être très expressif. C'est la contre-plongée qui permet d'exprimer dramatiquement le passage de la barre par le sauteur à la perche ou le saut du skieur sur le tremplin.

Pour donner un sentiment de naturel à vos prises de vues, évitez que les personnages ne regardent directement l'objectif. S'il s'agit du dialogue entre deux personnes, filmer l'une d'elle de face, par-dessus l'épaule de l'autre, son regard étant dirigé vers son interlocuteur. Le portrait de profil convient mieux à un personnage qui écoute ou qui regarde un objet.

DIFFÉRENTS CADRAGES

Plan d'ensemble (PE). Cette vue générale est souvent la première d'une séquence, car elle situe le sujet ou l'événement dans l'environnement. Ce peut être un plan fixe ou un mouvement, évoquant à la fois les notions d'espace et de temps.

Plan large (PL) : il se concentre davantage sur le sujet principal (personnage en entier), tout en laissant encore place à son environnement.

Le plan moyen (PM) insiste davantage sur le sujet principal qui occupe une plus grande place dans le cadre : le décor se devine encore.

Gros plan (GP) : il met l'accent sur la partie la plus significative du sujet (un visage par exemple) c'est l'un des cadrages le plus efficace en vidéo. Il oblige le spectateur à regarder ce qu'on veut avant tout lui montrer.

Très gros plan : en cadrant ainsi le sujet de près, on fait apparaître de nouveaux détails, parfois essentiels à la compréhension du récit. En raison de son fort impact dramatique, il ne faut pas l'employer trop fréquemment.

Les cadrages sont habituellement décrits en relation avec la figure humaine

1. Le plan d'ensemble (PE) de la scène établit les relations des personnages entre eux. Cadrage important, le PE oriente le spectateur

2. Le plan large (PL), plus rapproché que le PE, isole le ou les personnage/s de l'environnement général et dirige l'attention sur le thème principal. Il y a encore de l'espace autour des personnages.

3. Le plan moyen (PM) ne conserve du sujet que ses éléments principaux : au-dessus de la ceinture pour un personnage, par exemple.

4. Le gros plan (GP) est idéal pour bien montrer le détail d'un objet ou l'expression sur un visage. Dans le cas d'un personnage, il est normalement limité à la hauteur des épaules, avec un peu d'espace au-dessus de la tête.

5. Le très gros plan (TGP) a un fort impact visuel. Dans le cas d'un personnage, il ne cadre que les élément les plus expressifs du visage : les yeux, le nez et la bouche. Soyez avare de TGP afin de lui conserver son effet de surprise dramatique sur le spectateur.

COMPOSITION • 1

La composition picturale a pour objet d'assembler les différents éléments de la scène afin de communiquer — par des images agréables et bien équilibrées — un message compréhensible au spectateur. Contrairement à la photographie ou à la peinture, les proportions de l'image vidéo sont immuables. Quelle que soit la nature du sujet traité, il faut impérativement l'inscrire dans un rectangle de rapport 3 par 4.

Vos images seront d'autant mieux composées que vous vous exercerez à les examiner d'un œil plus critique. "S'arrêter et regarder" est ici la règle d'or. N'oubliez pas cependant que l'objectif — et par conséquent le viseur — du camescope ne "voient" pas forcément la réalité de la même façon que votre œil. L'objectif altère la réalité : le téléobjectif diminue l'effet de perspective, alors que le grand-angle l'exagère. Lumière et couleurs sont également des facteurs importants : malheureusement votre viseur ne donne qu'une image en noir et blanc !

A chaque fois que vous préparez un plan, jouez avec les éléments de la composition en changeant de focale et de point de vue, de manière à cadrer la scène le plus efficacement possible. Prenez l'habitude de visualiser toutes les parties de la scène dans le viseur ; tenez compte des parties marginales de l'image qui peuvent embrasser accidentellement des éléments indésirables, tels un personnage ou une partie de bâtiment.

Rappelez-vous les raisons qui sont à l'origine du plan : ce que vous essayez de communiquer et quel impact vous espérez atteindre. Éliminez tout élément non indispensable à la scène. Par exemple, le moment fort de l'échange des alliances lors d'une cérémonie de mariage ne nécessite pas d'inclure les témoins et la famille dans le cadrage.

Le cadrage doit également être considéré en relation avec les mouvements potentiels du sujet. Si le cadre est trop large, les

Le sens dû regard : lorsqu'une personne de profil ou de trois-quarts regarde un point situé hors du cadrage, laissez toujours plus d'espace devant les yeux (*au-dessus*) que derrière la tête (*en bas*). Cette composition donne un meilleur équilibre à l'image et renforce la notion de direction.

LA RÈGLE DES TIERS

Guide utile pour la composition : imaginez que l'image du viseur soit divisée en tiers par des lignes horizontales et verticales. Positionnez les éléments significatifs le long des lignes ou sur leur croisement. La méthode permet d'équilibrer agréablement l'horizon et les éléments verticaux d'un paysage.

Composition d'un portrait : en plan moyen ou en gros plan, arrangez-vous pour que les yeux soient situés à environ un tiers de la hauteur de l'écran (*en haut*). Si les yeux sont placés plus haut, le sommet de la tête est coupé ; s'ils sont trop bas, l'image est déséquilibrée, le menton "butant" sur le bord inférieur du cadre (*en bas*).

Direction du mouvement : lorsque vous suivez un mobile par un panoramique, laissez toujours plus d'espace en avant du sujet (*en haut*). Ceci donne un équilibre agréable à l'image et confirme la direction du déplacement. Évitez au contraire de faire "buter" le sujet contre le bord du cadre (*en bas*).

éléments extérieurs risquent de distraire le regard ; s'il est trop serré, il peut être difficile de conserver le sujet à l'intérieur du cadre.

Un sujet, bien cadré au début d'un plan, peut se trouver déséquilibré en cours d'action. Essayez d'anticiper ses changements de position. Si vous faites par exemple une interview en gros plan, prévoyez que la personne peut se pencher inopinément vers l'avant et qu'il vous faudra réaliser très rapidement un léger zoom arrière de recadrage.

Un saut dans un concours de jumping doit être cadré assez large pour montrer l'obstacle et sa hauteur, ainsi que son franchissement par le cavalier et sa monture, mais en éliminant les éléments extérieurs inutiles.

“ *Pour le profane, le mot composition semble désigner quelque chose de mystérieux, dont les lois sont impénétrables. C'est en fait un caractère inné de l'homme, comme celui de la parole ou du rythme. La composition est tout simplement le sens de l'occupation de l'espace. Quiconque dispose des objets sur une table ou harmonise le mobilier, les tapis et les rideaux d'une pièce d'appartement, fait preuve d'un sens indéniable de la composition spatiale.* ”

NESTOR ALMENDROS, DIRECTEUR DE LA PHOTOGRAPHIE

COMPOSITION • 2

Le cadre dans le cadre fixe du format vidéo, comme cette vue de paysage prise à travers la lunette arrière d'une voiture, concentre l'attention sur la scène.

L'image réfléchie par le miroir crée une nouvelle composition : une scène dans la scène. Une certaine confusion visuelle en résulte parfois.

COMPOSITION : FAIRE

- Conservez l'horizontalité et la verticalité des lignes, spécialement lors d'un panoramique.
- Éloignez le sujet principal du bord du cadre.
- Pour un panoramique, définissez préalablement les deux plans fixes de début et de fin de mouvement. Composez-les par l'esprit ou, mieux, procédez à un essai.
- Soyez toujours prêt à recadrer ou recomposer l'image lorsque vous filmez un sujet mobile.
- Laissez un peu "d'air" entre le sommet de la tête d'un personnage et le bord supérieur du cadre.
- Suggérez le sens du regard et la direction du mouvement en laissant plus d'espace en avant du sujet.
- Les couleurs se jugent visuellement : le viseur est en noir et blanc !
- Évoquez la notion de profondeur : par un premier plan, par la mise au point ou l'éclairage.

C'est au vidéaste qu'il appartient de créer l'illusion d'un espace à trois dimensions sur la surface bidimensionnelle de l'écran. Il y a plusieurs moyens permettant d'évoquer la notion de profondeur. Le mouvement est probablement le plus efficace : des personnages se rapprochant ou s'éloignant de l'objectif suggèrent les notions d'espace et de profondeur.

Avec les sujets statiques, l'angle de prise de vue définit la perspective et par conséquent la troisième dimension : tel est le cas, par exemple, d'une rangée d'arbres ou de maisons filmés de trois quarts. De même, un défilé doit plutôt être pris obliquement ou d'un point de vue surélevé, afin de mieux faire percevoir ses dimensions et son épaisseur.

Un premier plan très rapproché accentue la profondeur de l'image : une branche d'arbre dans un paysage, plusieurs personnages échelonnés a différentes distances, une table servie devant les futurs convives, en sont autant d'exemples.

Les effets de mise au point évoquent aussi le sens de troisième dimension ; en particulier le sujet principal se détachant avec une grande netteté dans un environ-

L'horizon fortement incliné donne une vue dynamique et puissante, mais déconcertante de la scène. Un effet à n'employer qu'exceptionnellement.

La composition en diagonale : manière efficace de varier les approches et une alternative agréable à la vue de face, elle évoque bien la direction d'un déplacement.

nement complètement flou, aussi bien à l'avant qu'à l'arrière.

Le relief peut également être suggéré par l'éclairage : le contraste créé entre les hautes lumières et les zones d'ombres contribue fortement à détacher visuellement le premier plan sur le fond.

La composition peut varier dans les proportions fixes du cadre, par exemple en inscrivant le sujet à l'intérieur d'une forme géométrique, telle l'embrasure d'une porte, la lunette arrière d'une voiture ou l'arche d'un pont.

Il est même possible de modifier la forme de l'écran en l'obscurcissant partiellement (bord d'un mur, cache découpé en trou de serrure, etc.) : ce qui donne encore plus de force au sujet ainsi "encadré".

La composition en diagonale, l'image réfléchie par un miroir, l'horizon volontairement incliné sont des effets spectaculaires (*ci-dessus*) dont il ne faut pas abuser.

COMPOSITION : NE PAS FAIRE

- Ne "coupez" pas un portrait au niveau d'une articulation (le cou sur un GP du visage, la hanche sur une vue en PM).
- Ne suivez pas systématiquement les déplacements du sujet avec la caméra : laissez-le parfois évoluer dans un cadre fixe.
- Veillez aux objets hétéroclites ou gênants de l'arrière-plan : lignes téléphoniques sortant des oreilles ou feuillage se confondant avec les cheveux...
- Ne filmez pas, par exemple, un objet vert sur un fond vert : il disparaîtrait !
- Le centre de l'image est rarement le meilleur endroit pour le sujet principal.
- N'alignez pas systématiquement objets ou personnages dans la largeur de l'image : une composition en diagonale est plus agréable et évoque la profondeur.
- Ne suivez pas toujours les règles. Observez à la télévision comment certains professionnels savent les outrepasser avec profit.

L'ART DES RACCORDS • 1

Pour vous exercer à respecter la continuité, filmez une séquence d'action de 5 minutes et relisez-la sur l'écran (avec des arrêts sur image si nécessaire), afin d'analyser les "règles" sur un plan pratique. Voyez si les raccords donnent la sensation d'une action continue et si les notions de direction du mouvement et de vitesse sont respectées d'un plan au plan suivant.

A

B

En observant n'importe quelle séquence d'action à la TV, vous constaterez que celle-ci est constituée d'une succession de plans individuels. Ces différents plans ont été assemblés ou montés de telle sorte que le déroulement de l'action soit immédiatement compris par le spectateur. Prenez par exemple une poursuite de voitures : le spectateur sait exactement qui poursuit l'autre et situe les événements même s'ils se succèdent rapidement. L'ensemble de la scène à une signification visuelle. Pour y parvenir, le réalisateur a utilisé une syntaxe logique de langage visuel, compréhensible pour le spectateur.

En tant que vidéaste, vous devez avoir conscience des règles de base de ce langage visuel, qui fera mieux comprendre votre message. Bien que nous ayons donné ici l'exemple d'une séquence bâtie dans une action continue, autour d'un seul sujet, ces règles s'appliquent en fait à toutes les formes d'expression vidéographique. Tôt ou tard, vous outrepasserez volontairement ces règles, mais vous ne pourrez le faire que si vous les avez bien assimilées.

Raccords de direction : l'une des règles essentielles pour décrire une action continue est de conserver la même direction générale du mouvement sur l'écran. Imaginez cette scène : une future mariée accompagnée de son père quitte son domicile en voiture. L'automobile sort par la droite de l'écran. Le plan suivant doit montrer la limousine roulant dans la même direction, c'est-à-dire entrant dans le cadre par la gauche. Si la voiture entre par la droite, le spectateur pourra croire que la jeune femme à changé d'avis et retourne chez ses parents ! Si c'est bien le cas, vous devez montrez la voiture en train de faire demitour.

Les raccords de direction doivent s'accompagner des raccords de vitesse et de position du même sujet d'un plan au plan suivant. Par exemple, le plan d'un skieur dépassant la caméra à pleine vitesse ne doit *pas* être immédiatement suivi du plan du même skieur s'arrêtant brusquement. Les changements de vitesse et de position du skieur ayant décidé de s'arrêter doivent être montrés par un autre plan "de ralentissement", ou encore par l'insertion d'un plan de coupe (*voir p. 52*) faisant la liaison entre les changements de vitesse et d'attitude.

L'axe d'action et la règle des 180° : pour assurer la bonne continuité par des "rac-

C

La continuité de l'action est fondamentale avec tout sujet mobile. Ici, une course automobile est filmée avec deux caméras disposées comme indiqué ci-dessous : **A**, à l'extérieur de la piste effectue le pano A et **C**, à l'intérieur, le plan C. Les voitures semblent rouler à contre-sens. Pour éviter tout faux raccord, vous devez intercaler entre A et C un plan "neutre", pris en cadre fixe dans l'axe de la piste (position **B**).

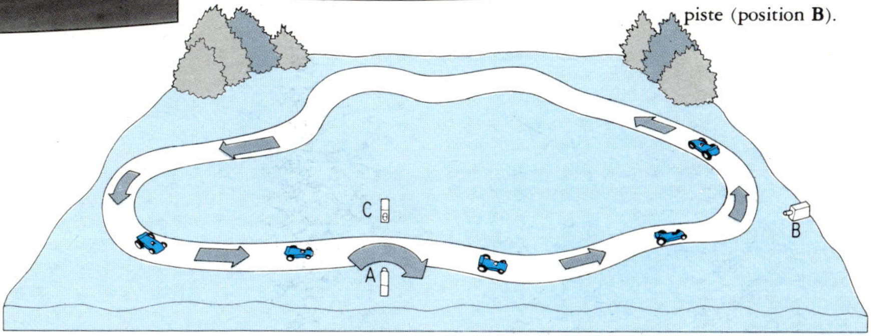

cords", représentez-vous un axe imaginaire traversant la scène et marquant la direction de l'action. D'une manière générale, tous les plans doivent être filmés d'un même côté de cet axe. S'il s'agit, par exemple, de coureurs sur une piste, l'emplacement choisi pour la caméra les verra toujours aller dans la même direction. Mais si vous passez de l'autre côté de la piste (l'axe d'action), les coureurs sembleront progresser en sens inverse. Ce changement de direction déconcerterait les spectateurs : certains croiront même qu'il s'agit d'une autre course. Une telle erreur est complètement évitée en filmant l'action par des plans successifs, mais tous pris d'un point de vue situé n'importe où, mais du même côté de la ligne (sur 180°).

Si vous voulez cependant changer de côté, vous devez absolument intercaler un plan "neutre", c'est-à-dire montrant les coureurs de face ou de dos : ce qui "masque" ou explique le changement de direction apparente. Les plans suivants seront à nouveau correctement interprétés par les spectateurs.

Une autre manière de procéder serait de traverser l'axe d'action tout en filmant les coureurs de face, puis de les laisser vous dépasser : le changement de direction prépare le spectateur pour les plans suivants, pris de l'autre côté de la piste.

L'ART DES RACCORDS • 2

Les mêmes règles s'appliquent à des scènes moins dynamiques : les raccords de direction et la règle des 180° (*p. 48*) sont aussi valables pour deux personnes jouant aux cartes par exemple.

Raccord de l'axe du regard : lorsque deux personnes conversent, écoutent, se regardent ou jouent entre elles, il est important que, dans tous les plans constituant la scène, leur tête et leurs yeux soient identiquement orientés. Vous pouvez le vérifier à la TV dans une scène de dialogue ou une interview. Prenons l'exemple de deux joueurs de cartes. La première vue est un plan d'ensemble établissant les positions des protagonistes, l'homme à gauche, la femme à droite. Pour les plans suivants (expressions sur les visages, position des mains, etc.), vous devez rester du même côté de l'axe, de telle manière que le spectateur ressente la continuité de l'action. Soit l'axe imaginaire reliant les yeux des deux personnages. Si vous faites suivre le plan d'ensemble d'un gros plan de l'homme (assis à gauche, et regardant donc vers la droite), puis d'un contre-champ de la femme (assise à droite, regardant vers la gauche), continuité et direction sont respectés.

Mais si vous passez de l'autre côté de la table avant de filmer la femme, celle-ci semblera être assise à gauche et regarder vers la droite : vous avez traversé la ligne fatidique et le spectateur commencera à se demander si les joueurs ont changé de côté ou s'il a la berlue. Comme pour les coureurs de la page précédente, vous pouvez traverser la ligne, mais à condition seulement d'intercaler un plan "neutre", n'ayant pas de direction précise, tel le plan d'un joueur de face pris par dessus l'épaule de l'autre. Autres possibilités : traverser la ligne tout en filmant (travelling), ou plan vertical très plongeant sur les deux joueurs.

La règle s'applique aussi aux objets inanimés : par exemple deux tableaux

Bons raccords de direction du regard : (*ci-dessus, à gauche et à droite*). Les deux personnages sont bien face à face : le garçon assis à gauche regarde la fille assise à droite sur le plan suivant. La direction des regards croisés confirme leurs relations dans l'espace et dans le temps.

suspendus sur les murs opposés d'une pièce doivent être filmés du même côté de la ligne imaginaire qui les relie : c'est la seule manière de préciser leurs positions respectives. Il en serait de même avec une personne contemplant un objet : ne pas traverser la ligne !

La direction du regard peut aussi être confirmée par les axes de prise de vues : le plan en plongée d'un petit enfant levant la tête pour regarder un clown, doit être suivi d'un plan du clown pris en contre-plongée.

La continuité de direction du regard et de l'action permet de créer des scènes véridiques, mais fallacieuses. Par exemple le plan d'un spectateur suivant tout excité une attaque lors d'un match de foot : guidé par la direction de son regard et celle de l'action dans le plan suivant, chacun sera persuadé que ce spectateur est en train de

Mauvais raccords (*ci-dessus*). Ici, au contraire, le dialogue est impossible puisque les deux personnages regardent dans la même direction. Le spectateur imaginera qu'ils sont tous deux en train de converser avec une tierce personne, située hors du cadre. Cette faute de raccord survient inévitablement lorsqu'on traverse l'axe d'action d'un plan au suivant.

réagir au déboulé d'un joueur vers le but adverse. Le fait qu'il s'agisse d'un autre spectateur, suivant un autre jour une autre rencontre, n'enlèverait rien à la véracité apparente du récit ! C'est comme cela que l'on peut mettre, en toute sécurité, un petit enfant en présence d'un lion affamé.

Raccords d'aspect : l'aspect du sujet doit rester semblable pendant tous les plans d'une séquence : c'est généralement le cas lorsque vous filmez les événements au fur et à mesure de leur déroulement. Si vous réalisez un vidéogramme de fiction en plusieurs jours de tournage, faites très attention aux fautes de raccords qui peuvent en résulter :

• Raccords d'éclairage et d'exposition : faciles à assurer en intérieur, tandis qu'en extérieur vous ne pouvez reprendre le tournage que si le temps n'a pas varié d'un jour à l'autre. Il faut parfois attendre très longtemps pour bénéficier à nouveau des mêmes conditions météo...

• Raccords de position et de mouvement. Si l'on montre, sur un plan d'ensemble, un garçon en train de servir un client, il faut que sur le plan moyen qui suit, le garçon soit toujours face au même client.

• Raccords de décor : si les rideaux étaient tirés dans le plan A, ils doivent l'être encore dans le plan B, pourtant tourné une semaine après (à moins évidemment de montrer quelqu'un en train de les ouvrir).

• Raccords pour les costumes, le maquillage, les accessoires, etc.

La construction plan après plan d'une scène "dramatique" — demandant plusieurs heures ou journées de tournage — exige un contrôle permanent de la continuité et des raccords. Sur un plateau, c'est le travail de la script-girl. La longueur de la cigarette doit progressivement diminuer, tandis que le niveau de liquide ne doit pas miraculeusement augmenter dans le verre.

Si de telles fautes de raccord existent entre les plans — et que vous ne pouvez pas les refaire — c'est au montage que vous devrez trouver une solution de dépannage ; elle n'existe pas toujours !

CONTINUITÉ • 1

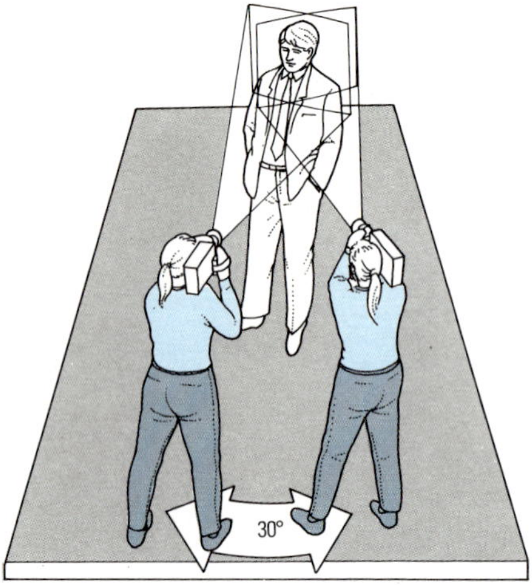

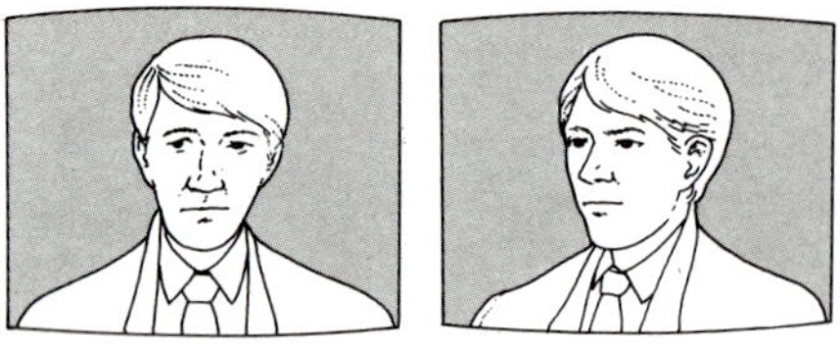

Le changement d'axe de prise de vue entre deux plans successifs de même grosseur évite le "saut" au raccord.

A la vue de gauche, de pleine face, succède sans problème la vue de trois quarts, prise au moins 30° plus à droite.

Établir la scène et développer le thème : ces notions s'appliquent — quel que soit le thème choisi — à tous les vidéogrammes. Cherchez à découper l'action ou l'événement en autant de différents plans que nécessaire, s'enchaînant naturellement et sans heurts. Les séquences sont constituées, on l'a vu (*p. 42*), de plans diversement cadrés afin de maintenir l'intérêt du spectateur. La transition d'un plan au suivant implique en effet un changement à la fois de taille du sujet dans le cadrage et de l'angle de prise de vue. Si les deux plans sont identiques, le sujet semble "sauter" sur l'écran.

Prenons l'exemple d'un bébé que l'on nourrit à la cuiller. Vous pouvez prendre le bébé en train d'avaler, puis arrêter le tournage (pendant qu'on remplit la cuiller), enfin prendre un gros plan du même point de vue. Au montage, on aura un saut très désagréable de l'image, l'enfant ayant forcément bougé et pris une autre expression durant la pause. Pour masquer ce fâcheux effet, vous pouvez changer la grosseur du cadrage, par exemple prendre un plan moyen du bébé et de sa maman. Autre solution : mêmes dimensions de cadrage, mais en changeant l'axe du camescope (passer d'une vue de trois quarts à une vue de profil, par exemple). L'idéal est toutefois de changer à la fois la grosseur du cadre et l'angle de la caméra.

L'anticipation de ce que le spectateur souhaitera voir au plan suivant est un bon guide pour la continuité. Le champ/contrechamp (*encadré page de droite*) est bien adapté aux scènes de dialogue. C'est aussi le cas d'un plan montrant, par exemple, une personne regardant vers le ciel, immédiatement suivi d'un autre montrant ce qu'il voit : un avion ou Superman...

Filmer toute la durée d'une longue action n'est pas toujours faisable ni désirable : en montrer les phases essentielles est plus intéressant, mais c'est une sorte de challenge. On peut évidemment séparer les plans par un fondu ; il existe cependant une manière plus créative de procéder.

Les plans de coupe et le montage permettent de lier entre eux des événements éloignés dans la réalité par la distance ou par le temps. Voici un exemple : un bateau arrive au port — Les gens attendant sur le quai — Le bateau en train d'accoster. Ce dernier plan semble "naturel", car le plan de coupe (les gens sur le quai) a suffi à évoquer le très long temps d'approche du bateau. La scène pourrait continuer ainsi : le visage en gros plan d'une jeune fille dans la foule — Une vue générale des passagers en train de débarquer — Le visage souriant d'un des passagers — Enfin, un zoom arrière révélant la fille qui lui fait signe. Dans cet exemple, les plans alternés ont permis de

Le changement de grosseur du plan, selon le même axe de prise de vue, évite également le "saut" au montage. On a fait succéder ici un plan moyen à un gros plan, soit en variant la distance caméra-sujet, soit en modifiant la focale du zoom.

diriger l'attention du spectateur sur la prochaine phase de l'action, tout en raccourcissant considérablement le temps : ce qui change à chaque fois de point de vue. Un événement, qui aura peut-être duré une heure dans la réalité, a été facilement résumé en six plans, ellipsant subtilement à la fois l'espace et le temps. Il suffit que chacun de ces plans dure suffisamment longtemps (disons 3 secondes en moyenne) pour que le spectateur puisse se repérer et participer à l'action.

Il existe bien des manières d'assurer la continuité entre les scènes et les plans. Par exemple, montrer un personnage en gros plan, puis un plan d'ensemble le situant dans un nouveau décor, mais pris sous un angle différent.

CHAMP/CONTRECHAMP

Cette technique, très utilisée en cinéma et à la télévision, consiste à faire succéder alternativement les plans de la personne qui parle et de celle qui écoute. Le deuxième plan (contrechamp) constitue avec le précédent (le "champ") un couple naturel. Tous deux doivent être de même grosseur. La méthode est également applicable à d'autres sujets que des personnages : le conducteur et son automobile, le chat et son maître, etc. De même, le plan d'une automobile roulant en direction du camescope peut être suivi par le contrechamp symétrique de la voiture s'éloignant.

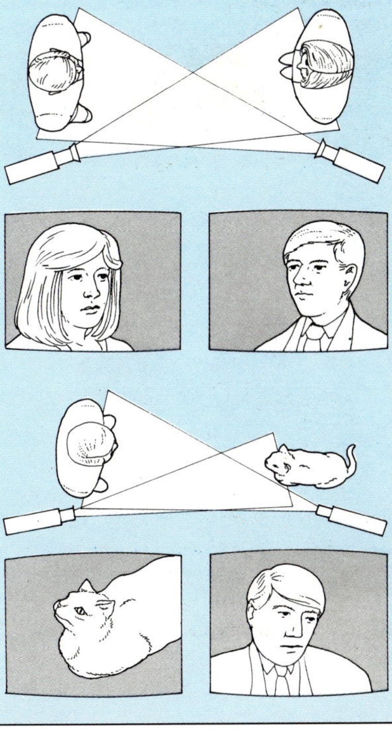

CONTINUITÉ • 2

La réussite d'un vidéogramme implique la maîtrise de tous les éléments qui assurent la continuité. Il faut créer un "flux visuel" d'images liées entre elles et pourtant variées : grosseur du plan, contrechamp, insert et plan de coupe. Il faut penser "visuel", non en termes de vues isolées, mais en une séquence de plans efficaces qui font progresser la connaissance de l'événement ou le climat psychologique des personnages. La séquence ci-contre en est un exemple.

Un plan spectaculaire en contre-plongée ouvre la séquence et situe le lieu de l'action. ☛

Ce plan moyen attire l'attention sur l'événement servant de base à l'histoire. ☛

Le contrechamp précise le lieu où l'action peut maintenant se développer. ☛

Plan de réaction en contre-plongée : il illustre la joie des gagnants. ☛

Le plan de coupe sur les peluches constitue un plan de liaison efficace. ☛

Ce plan d'ensemble plante le décor, tout en présentant les deux principaux personnages. ☛

Le panoramique en suivant les personnages confirme la direction du déplacement. ☛

Le gros plan concentre l'intérêt et dirige le spectateur vers le plan suivant. ☛

Le contrechamp, pris selon le point de vue du joueur, fait progresser l'action. ☛

Le changement de hauteur varie l'approche et aide à diriger l'attention. ☛

Le contrechamp, avec raccord de direction des regards, termine la séquence. ☛

MONTAGE A LA CAMÉRA

Le montage détermine la manière dont on décrit les événements, la durée de chaque plan et séquence, ainsi que la durée totale du programme. Deux méthodes de montage. Le montage en post-production est la copie successive dans l'ordre désiré des plans originaux sur une cassette vierge (*voir p. 62*). L'autre méthode, dite "montage à la caméra", demande d'établir la séquence, l'ordre et la longueur des plans *au moment même du tournage*. Les événements sont ainsi racontés "en direct" et dans l'ordre chronologique.

Le montage à la caméra demande des décisions rapides face aux événements : vous montez votre programme au fur et à mesure que vous l'enregistrez. La méthode doit être parfaitement maîtrisée, puisqu'elle vous oblige à anticiper le déroulement de l'action et à tenir compte de la continuité du récit. Une liste chronologique des plans à tourner facilite singulièrement la réussite.

Quelle doit être la durée totale du programme ? N'oubliez pas que celui-ci est destiné à un "public". Une cassette peut durer entre 30 mn et 4 h, certes, mais même un spectateur concerné et indulgent pâlirait à l'idée d'assister pendant des heures au mariage de votre fille. Fixez-vous comme objectif un programme ne dépassant pas 20 à 30 mn.

Quelle doit être la durée de chaque plan ? Cela dépend bien entendu de la nature du sujet : s'il est statique ou mobile.

Voici quelques conseils pour les sujets statiques :

- Gardez-les en moyenne 7 s sur l'écran. La durée précise dépend de la grosseur du plan et de la nature du sujet (*voir les illustrations*). Par exemple, la vue d'ensemble d'un nouveau décor demande un plan de 10 s, tandis que 5 s ou moins suffisent pour la vue rapprochée d'un sujet déjà vu sur un plan plus large.
- La durée d'une vue de personnage dépend de l'action, avec un minimum de 3 s. Si le plan est trop long, le modèle a le temps de "prendre la pose" ; s'il est trop court, on n'a pas le temps de lire les expressions sur son visage.

7 **Le plan général d'un sujet statique** doit durer assez longtemps pour que le spectateur puisse analyser la scène : entre 7 à 10 s.

- Dans le cas d'un mouvement de caméra (panoramique ou zooming) gardez un plan fixe de 3 s environ, au début et à la fin du déplacement.
- Le filmage d'un texte (par ex. un panneau publicitaire) doit tenir compte du temps de lecture : lisez intérieurement le texte tout en tournant et ajoutez quelques secondes supplémentaires en pensant à celui qui lit lentement.

Remarques générales sur les sujets mobiles :

- Ne "coupez" jamais en pleine action.
- Lorsque l'action est intense, ou que la vue offre beaucoup d'intérêt et de détails (un défilé par ex.), laissez durer le plan jusqu'à une pause naturelle.
- Rappelez-vous qu'une suite de plans trop longs est ennuyeuse, tandis qu'une série de plans très courts est irritante.
- Laissez le sujet lui-même dicter le rythme général. Une fête familiale s'accorde mieux d'un rythme accéléré et de plans courts qu'un souffleur de verre au travail.

5 **Un plan plus rapproché** du même sujet ne demande plus que 5 à 7 s. La durée est à prolonger s'il y a une action à suivre ou un texte à déchiffrer.

3 **Le gros plan** d'un sujet déjà présenté sur vue plus générale ne demande pas plus de 3 s. Si "Big Ben" donne de la voix, faites durer le plan le temps du carillon !

• Ne coupez pas dans un mouvement de caméra : terminez sur un cadre fixe.

La prise de son influence également la durée du plan : vous ne pouvez pas couper en plein milieu d'une phrase importante, dont on serait frustré de ne pas entendre la fin. La prise de son commande aussi votre point de station si vous utilisez le micro incorporé. Si vous enregistrez un discours par exemple, le camescope doit être suffisamment près de l'orateur pour saisir clairement ses paroles. S'il n'y a pas de dialogue, vous pouvez effectuer une post-sonorisation ultérieure en remplaçant les sons enregistrés à la prise de vues par de la musique et/ou un commentaire (*voir p. 124*).

Le viseur électronique du camescope permet, à tout moment, de voir ou revoir les images enregistrées : un atout essentiel pour le montage à la caméra. Si le dernier plan tourné ne vous plaît pas, vous pouvez souvent le recommencer.

Le mode insertion offert par certains camescopes permet de remplacer une séquence déjà enregistrée par une autre : par exemple, intercaler titre ou plan de coupe (*voir p. 122*).

POINTS DE MONTAGE PRIS A LA CAMÉRA

Les camescopes sont conçus pour assembler proprement les plans successifs à la prise de vues. A chaque fois que l'on interrompt un plan, la bande magnétique se rebobine automatiquement de quelques images sur le dernier plan enregistré. Lorsqu'on presse à nouveau la détente pour le plan suivant, la bande avance jusqu'au point de montage avant d'enregistrer effectivement. On perd ainsi plus d'une seconde au début de chaque plan : ce retard à l'enregistrement varie d'ailleurs selon le modèle de camescope. Lorsqu'on filme des actions rapides ou imprévues, il est important de tenir compte de cette "parallaxe de temps". Vous n'éviterez ce problème qu'en anticipant l'événement et en pressant sur la détente *un peu avant* le début de l'action.

VOTRE PREMIER VIDÉOGRAMME

Choisissez un bon thème et la moitié du chemin est fait qui conduit à un vidéogramme attrayant par ses couleurs, la variété des détails et des scènes en extérieur. Attaquez-vous à un thème de la vie courante ne posant pas de gros problèmes techniques : les enfants en train de faire du vélo dans un parc, une sortie à la campagne, un marché en plein air ou une fête au village. Avant de commencer le tournage vérifiez les points suivants :

Check-list de l'équipement

- Batterie complètement chargée. Ayez *au minimum* une batterie de rechange.
- Chargez une cassette dans votre camescope (plus une cassette de rechange).
- Contrôlez le bon fonctionnement du camescope et nettoyez l'objectif avec du papier optique.
- Aurez-vous besoin d'un accessoire : trépied, torche vidéo (batterie chargée et lampe de rechange), micro externe ?
- Pensez au casque (ou à l'écouteur) pour le contrôle du son.

Check-list au moment du tournage

- Réglez la balance des blancs selon l'éclairage (ou automatique).
- Sélectionnez le mode manuel ou automatique de mise au point et d'exposition (diaphragme).
- Faites un enregistrement d'essai afin de vérifier que tout fonctionne normalement.
- De temps en temps, contrôlez les plans déjà enregistrés (particulièrement le dernier tourné, grâce à la touche "Review").
- Si vous arrêtez momentanément le tournage, replacez le bouchon sur l'objectif et rangez soigneusement votre camescope.

Appréciez le résultat de vos efforts sur le téléviseur, puis cherchez à recueillir l'opinion de vos spectateurs : après tout, c'est aussi pour leur plaisir que vous faites de la vidéo. Acceptez les critiques et faites-en votre profit pour vos prochains tournages.

Vous serez votre critique le plus sûr... pour enlever la courte et entrer dans la mise...

La visite d'une ferme est un bon thème pour s'initier. Ce plan d'ensemble débute bien la séquence. Les personnages en premier plan donnent de la profondeur à la scène.

En suivant un mouvement, laissez de l'espace en avant du sujet. Dans ce panoramique, le cheval est beaucoup trop à droite.

Un plan très intéressant gâché par un mauvais cadrage. Il fallait centrer la scène et éliminer le sol inutile.

Les chevaux au galop sont par excellence un sujet d'action. Sans trépied, il peut être difficile de conserver l'horizon bien droit pendant le panoramique.

Les enfants regardant les oies était une vue intéressante, mais prise ici de trop loin : approchez-vous de la scène ou faites un zoom avant pour serrer le cadrage.

Cette vue rapprochée, avec le cheval au tout premier plan, donne une composition intéressante.

Ce gros plan méritait d'être enregistré. Le cadrage serré détaille le geste affectueux de l'enfant.

Pensez à l'éclairage : l'enfant a été sous-exposé en raison du fort contre-jour.

Ce plan éloigné termine la séquence de façon naturelle. Tous les "acteurs" sont ici présents, dans une composition en diagonale.

ÉTABLIR UN STORYBOARD

> « *Kleiser,* [réalisateur de *"Grease"* et de *"Blue Lagoon"*] *était passé maître dans l'art d'utiliser le storyboard... Tous les matins, il faisait le croquis de chaque plan à tourner, comme sur une B.D. Cela nous permettait de discuter avec lui des angles de prise de vue sur des bases concrètes.* »
>
> **NESTOR ALMENDROS,**
> **DIRECTEUR DE LA PHOTOGRAPHIE**

Beaucoup de réalisations sont assimilées au genre documentaire, traitant de situations ou d'événements que vous ne pourrez pas contrôler. Le déroulement d'une cérémonie (mariage, baptême) ne dépend pas de vous et vous devez l'enregistrer telle qu'elle se déroule.

Par contre, devenant l'auteur de l'histoire que vous racontez et en y faisant participer famille ou amis, vous prenez le contrôle des événements. Pour votre première tentative, écrivez un scénario très simple, avec beaucoup de scènes d'action (particulièrement si vous y faites jouer des enfants) et en limitant au minimum les scènes dialoguées qui posent des problèmes à des acteurs improvisés.

Lorsque vous aurez imaginé la trame générale de l'histoire, détaillez-la sur un storyboard, où chaque dessin résume par sa légende les conditions de prise de vues et le détail de l'action. Vous n'avez pas besoin d'être un as du dessin pour cela : des croquis simplifiés des personnages, du décor et du cadrage sont amplement suffisants. Numérotez chaque plan ou cadrage successifs.

L'établissement d'un storyboard, même sommaire, est extrêmement utile à toute réalisation un peu ambitieuse, cela pour plusieurs raisons.

- Il vous oblige à penser à ce que vous filmez et pourquoi. Vous pouvez mieux vous concentrer sur la logistique du tournage et la continuité de l'action.
- Il rappelle en permanence les détails de l'action et l'enchaînement des plans. Vous pouvez vous consacrer davantage à la composition formelle de l'image.
- Il sert d'aide-mémoire pour le montage à la caméra (ordre des plans et des séquences).

• Si vous montez en post-production, il permet aussi de retrouver l'ordre logique du montage de plans tournés "dans le désordre".

A l'exception des vidéo-reporters, tous les professionnels travaillent sur story-board.

Cet extrait du story-board détaille une séquence d'action où l'on voit deux enfants poursuivant des voleurs. Chaque plan est visualisé : contenu, angle caméra et grosseur cadrage. Certains détails seront peut-être modifiés en cours de tournage, mais l'histoire restera celle-ci. Les dessins peuvent être beaucoup plus schématiques.

MONTAGE VIDÉO

Vous voudrez probablement conserver telles quelles les cassettes "montées à la caméra" : mais aussi réutiliser ces plans originaux ultérieurement, afin de les assembler dans un ordre différent. Puisque que l'on ne peut pas — comme avec le film cinéma — découper et recoller la bande magnétique, le montage vidéo se réalise par copie successive des plans sélectionnés, sur une cassette vierge placée dans le magnétoscope enregistreur.

Ce montage "en post-production" offre plusieurs avantages. En ne conservant que vos meilleures prises, vous constituez un programme de durée optimale, ayant un bon rythme et une parfaite continuité ; vous éliminez ou remplacez les plans qui ne vous plaisent pas, vous en raccourcissez d'autres, vous incluez dans l'ordre désiré des plans provenant de diverses cassettes, vous intercalez des titres ou graphismes (*voir p. 110*).

Puisqu'il s'agit d'une copie, attendez-vous à une certaine perte de qualité : images moins nettes et couleurs légèrement dégradées. La perte est généralement moins sensible sur le son. Pour minimiser ces défauts inhérents à la copie, utilisez une bande de copie "high-grade" et un magnétoscope de salon (VTR) performant.

La méthode généralement utilisée est celle du montage par assemblage (*ci-contre*). Toute combinaison de formats vidéo est utilisable. En France, le montage se fait habituellement sur VHS (Secam) qui est le plus répandu parmi les VTR. Ce dernier doit impérativement être pourvu du mode "pause-enregistrement" d'assemblage. Le montage par assemblage de camescope à VTR est relativement simple, mais pas toujours très précis. Pour un résultat optimal, utilisez de préférence un pupitre de montage (*voir p. 122*).

MONTAGE PAR ASSEMBLAGE

Connectez le camescope — par cordon audio/vidéo — au VTR, puis ce dernier au téléviseur. Avant de débuter le montage, préparez une liste précise des plans retenus. Repérez-les à l'aide du compteur du camescope. Procédez ensuite comme suit :

1 Mettez une cassette vierge dans le VTR ; avancez la bande d'environ 30 s ; mettez-le en mode pause-enregistrement.

2 Repérez le point d'entrée "IN" sur la bande originale ; reculez la bande de quelques secondes.

3 Mettez le camescope en lecture. Relâchez la pause du VTR au moment précis où débute le plan à monter (IN).

4 Continuez à enregistrer quelques secondes après avoir dépassé le point de sortie "OUT" du plan. Placez le VTR en pause et le camescope sur "Stop".

5 Relisez pour contrôle le plan que vous venez d'enregistrer. Placez le VTR en mode pause à la fin "OUT" du plan copié. Reprenez les étapes 2 à 5 pour le montage du plan suivant.

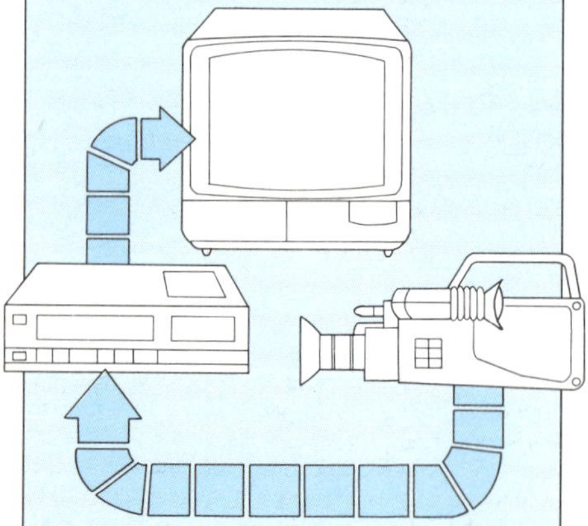

Le montage rationnel des plans d'une séquence rend le message plus intelligible pour le spectateur. Comparez la version brute (*en haut*) et la version après montage (*en bas*). La bande non montée est illogique : que regardent les enfants dans les 3 premiers plans ? Quelles sont les relations entre l'écureuil et les enfants dans les 3 plans suivants ? Il a suffi d'assembler ces 6 plans dans un ordre logique, en alternant les plans des enfants et de l'animal, pour que l'histoire devienne parfaitement claire. Notez ici le choix logique du principe *champ/contrechamp*, avec lequel chaque enfant semble bien regarder en direction de l'animal dans le plan suivant.

LES GRANDS THÈMES

Certains sujets sont plus souvent abordés par les vidéastes. Ce chapitre "Les Grands Thèmes" vous indique comment traiter chacun d'eux de la manière la plus rationnelle et créative. Le traitement de chaque thème implique certaines exigences auxquelles il faut savoir répondre pour créer un vidéogramme de qualité. Ces contraintes variées concernent, par exemple, le temps passé pour le planning et les préparations du tournage, les besoins en équipements ou encore les techniques créatives à mettre en œuvre.

LES ENFANTS

La vidéo est un moyen idéal d'exploration du monde de l'enfance. Une série de cassettes montrant les principales étapes de la croissance de l'enfant constitue un précieux trésor pour les archives familiales. Prenez tout de suite la précaution de noter les dates de prises de vues, avec l'horodateur ou le titreur du camescope. Vous pouvez également indiquer la date en filmant, en tête de chaque séquence, la "une" d'un quotidien. Si vous réalisez plus tard un montage, vous aurez ainsi une indication précise sur les événements qui faisaient l'actualité à l'époque des prises de vues.

Un très jeune enfant faisant ses premiers pas ou s'amusant avec son jouet favori permet une approche très directe et simple.

• Prenez des plans plutôt longs, permettant à l'action de se développer.

• A chaque fois que possible, placez votre point de vue à la hauteur de l'enfant. Trépied en position basse ou, à la main, en vous asseyant par terre dans une position stable, c'est-à-dire coudes sur les genoux, dos appuyé contre un mur ou un meuble.

• Le zoom vous permettra de suivre l'action sans vous déplacer.

• Prenez de nombreux gros plans pour saisir la variété des expressions amusantes. Filmez les parents ou des jouets pour les plans de coupe.

• N'oubliez pas le son : le gazouillement, le rire d'un bébé sont de précieux documents.

• Si vous filmez en intérieur avec une torche vidéo, veillez à ne pas importuner ni éblouir l'enfant. Éclairez si possible par réflexion ou en lumière diffuse (*voir p. 38*).

Plus âgé, l'enfant comprend qu'il est filmé et a tendance "à jouer pour la caméra". Efforcez-vous alors de le prendre

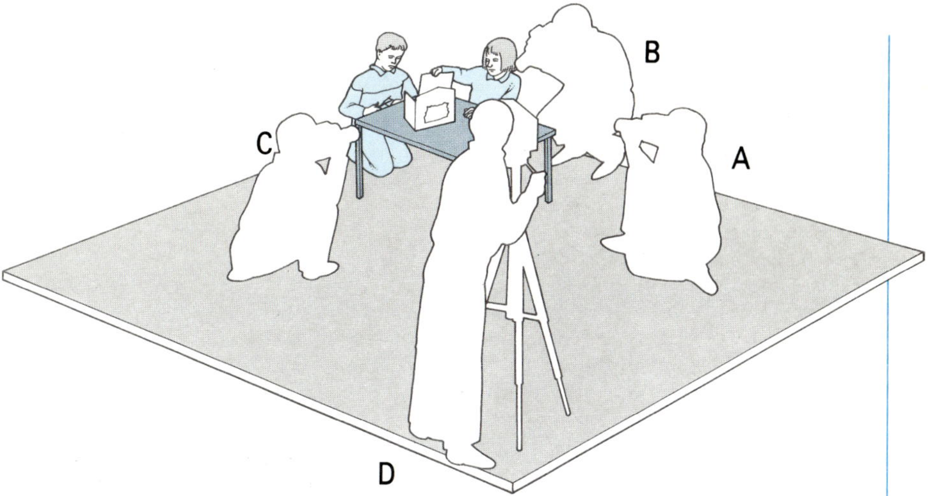

Les enfants sont plus naturels" lorsqu'ils sont concentrés sur leur occupation. La séquence *de gauche* montre comment enregistrer une scène en quelques plans, pris depuis 4 positions (*ci-dessus*). La position **A** a donné le plan rapproché (A) du petit garçon. En se déplaçant sur la position **B**, on a obtenu un très gros plan (B) qui se raccorde naturellement au plan pris en position **C** (contrechamp naturel du plan A). Le plan **D** pris de plus loin, d'assez haut et sur trépied, donne une vue d'ensemble qui situe la scène. On aurait tout aussi bien pu commencer la séquence par le plan D ou même par le gros plan B. Des adultes regardant le jeu constitueraient de bons plans de liaison.

TOURNAGE A L'AVEUGLETTE

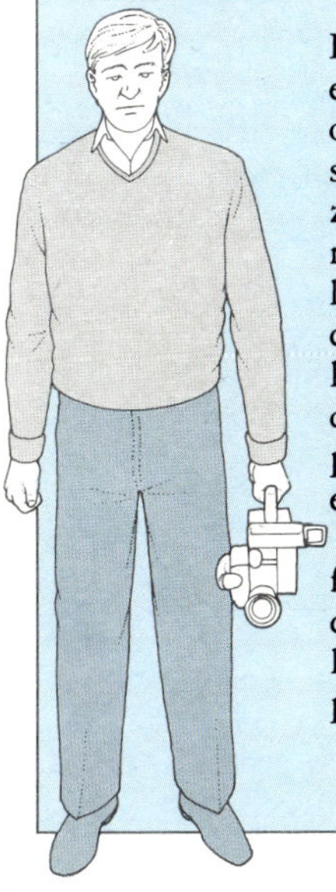

Pour filmer les enfants à leur insu, opérez à l'aveuglette sans viser. Réglez le zoom sur la focale minimale : vous évaluerez vite l'angle de champ embrassé par le camescope. Restez debout dans une position bien stable et tenez le camescope à bout de bras en le faisant pivoter doucement pour suivre les évolutions des petits sujets.

par surprise : emploi du téléobjectif, reflet dans un miroir, caché derrière un meuble, etc. Avec un peu d'habitude, vous pourrez filmer "à l'aveuglette" (*encadré ci-contre*).

S'il s'intéresse trop à vous, filmez ses mimiques et ses grimaces, quitte à rebobiner la bande si ces plans ne vous semblent pas dignes d'être conservés. Il reprendra vite ses jeux et vous pourrez à nouveau le saisir dans des attitudes naturelles.

Les enfants sont comédiens par nature : répondez à leur envie de participation active en leur faisant jouer de petites scènes. Cette collaboration vous permet de choisir les meilleurs angles de prise de vues et de soigner la prise de son. N'hésitez pas à faire appel à l'entourage immédiat qui peut même applaudir à la fin de la "représentation".

RÉCEPTIONS ET COCKTAILS

Pour être bien filmée, une réunion amicale, même informelle, demande une narration logique, traduisant bien la signification, l'atmosphère et la suite des événements. Pour y parvenir, adopter une approche naturelle et discrète et recueillir aussi bien des sons que des images. Cela implique d'opérer à main levée pour se déplacer plus librement. Le téléobjectif permet d'opérer de plus loin sans se faire remarquer : vous aurez toujours la possibilité de faire un zoom arrière pour suivre le déplacement des personnages. Augmentez la stabilité des images en vous appuyant contre un mur, l'embrasure d'une porte ou l'épaule de quelqu'un.

Efforcez-vous, autant que possible, de préparer vos plans en variant les angles au maximum. Repérez les emplacements permettant de prendre des plans d'ensemble : le point de vue surélevé est idéal. Adoptez au contraire un point de vue bas pour les personnes assises. N'oubliez pas de prendre des plans de coupe de liaison entre les scènes.

Le micro incorporé au camescope ne permet pas toujours de recueillir des conversations distinctes dans le brouhaha général : utilisez plutôt un micro externe, de type unidirectionnel ou cardioïde (*p. 33*).

Pour ce faire, opérez avec la complicité d'un assistant chargé d'approcher et de diriger le micro. Il se promène parmi les groupes en réalisant éventuellement quelques brèves interviews. Dans un tel cas, "l'intervieweur" doit tenir le micro à hauteur de la poitrine et le diriger, au fil du dialogue, alternativement vers sa bouche et celle de la personne interrogée. Suivez les opérations de plus loin avec le camescope et attendez le bon moment pour tourner. Votre casque, branché sur le camescope, vous permet de suivre la conversation en évitant ainsi de couper prématurément l'enregistrement en plein milieu d'une phrase, d'une histoire ou d'une plaisanterie.

Pour enregistrer les conversations (*ci-dessus*), demandez à un ami de tenir le micro externe et de se mêler aux figurants. S'il s'agit d'un petit groupe restez en position "wide". Une torche vidéo est nécessaire si la lumière est trop faible.

Cette séance de barbecue dans le jardin (*à droite*) a permis de choisir, pour le plan d'ensemble, un point de vue surélevé (une fenêtre du premier étage). Veillez à l'éclairage et au contraste du soleil de midi.

- Débutez le tournage par un plan large incluant tous les membres du groupe.
- En resserrant le cadre sur un personnage, efforcez-vous de suivre la conversation, prêt à recadrer sur le prochain intervenant.
- Prenez l'habitude de garder les deux yeux ouverts : l'un observe la scène cadrée dans le viseur, l'autre surveille l'ensemble de la scène.
- S'il est normal de filmer la personne qui parle, il peut être intéressant aussi de montrer celles qui écoutent, en particulier leurs réactions à un bon mot ou à une histoire. Pour éviter d'interrompre l'enregistrement sonore, faites des panoramiques lents entre les participants (ou un plan général du groupe).

Une réunion amicale — comme tout vidéogramme — doit "raconter une histoire". S'il est généralement facile d'établir la continuité au début et au milieu de l'événement, la fin est plus problématique. La conclusion classique est de montrer les invités faisant leurs adieux. Une manière plus originale de conclure est de présenter les images aux invités et de les filmer en train de se regarder sur l'écran. Ces plans seront montés ultérieurement.

• Si vous prévoyez un montage ultérieur, restez sur le narrateur. Vous ferez des plans de coupe séparés sur l'auditoire que vous intercalerez en bonne place.

• Pensez à bien composer vos images : par exemple, plus "d'air" devant les visages (*p. 44*).

• Pour suggérer le temps qui passe, montrez par exemple la diminution de la réserve de petits fours et de boisson. Autre méthode, reprendre le plan d'ensemble du même point de vue.

• Le tournage dans un espace réduit exige souvent l'emploi du complément optique "grand-angle" (*p. 26*).

La musique d'ambiance est gênante, car elle s'interrompt à chaque fois que vous arrêtez le camescope : demandez qu'elle soit coupée ou baissée si vous enregistrez des conversations.

Les réunions dansantes sont amusantes à filmer : prenez des plans courts en variant les angles et les hauteurs de points de vue. Vous serez évidemment obligé d'enregistrer la musique en play back au montage ; dans cette éventualité, ne filmez que des danses de même rythme.

A l'intérieur, vous aurez sans doute besoin d'un éclairage de complément (*p. 74*), choisissez l'éclairage indirect, réfléchi sur les murs ou le plafond. Si vous vous déplacez parmi les groupes, demandez à un ami de se charger de la torche vidéo autonome.

EXCURSION FAMILIALE • 1

La visite d'un site historique, d'un parc national, d'un monument, etc, sont d'excellents sujets pour un vidéogramme. Efforcez-vous de bâtir des séquences évoquant à la fois l'atmosphère et les caractères physiques du lieu. Il est utile de se documenter préalablement sur l'endroit que l'on va visiter : les illustrations d'une brochure ou d'un livre vous indiquent par avance les aspects à ne pas négliger. Préparez mentalement un plan de tournage que vous adapterez bien sûr selon les circonstances.

Le plan d'introduction retient l'attention. ☛

Le château sous un autre angle. ☛

Le contrechamp présente la famille. ☛

Gros plan du garçon montrant un détail. ☛

Vue du détail architectural désigné. ☛

Ce pano vertical situe le contexte. ☛

Plan de liaison sur la famille. ☛

Plan de face sur la famille s'approchant. ☛

Contre-plongée de la famille dans le décor. ☛

Vue de la famille quittant les lieux. ☛

Dernier plan, faisant écho au premier. ☛

EXCURSION FAMILIALE • 2

La narration "montée à la caméra" d'une visite peut être constituée à la manière d'une suite de plans, illustrée page précédente et détaillée ci-contre. Le "découpage mental" est une aide précieuse, mais il faut savoir l'adapter immédiatement à toute situation imprévue. Etablissez la continuité par des plans de coupe et des contrechamps associant les personnages aux éléments du décor.

Le plan d'introduction de la séquence n'est pas forcément une vue d'ensemble. Le cygne évoque l'atmosphère du lieu et le rythme de la visite.

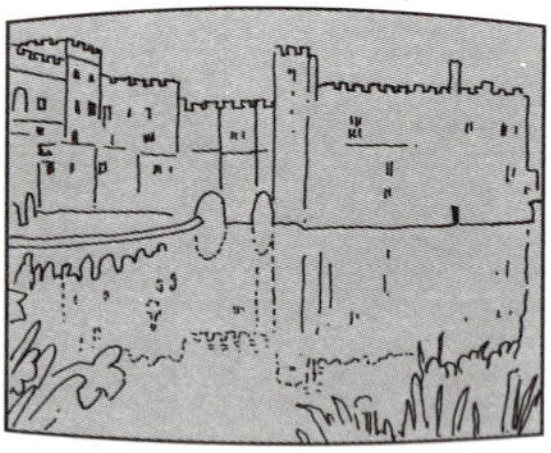

Le pano vertical combiné au zoom arrière suivant révèle lentement le château. Vous pouvez aussi traiter ces images en 2 plans séparés qui se raccorderont visuellement, grâce au plan d'eau et à la végétation environnante.

Faites ensuite un contrechamp en plan moyen de la famille admirant le château. Conservez-le assez longtemps pour enregistrer commentaires et réactions.

Cette vue très générale prise d'assez loin, situe l'ensemble de la scène, dans ses dimensions et sa profondeur. La famille fait maintenant partie du décor : la visite peut commencer.

En prenant un peu d'avance vous pouvez enregistrer les réactions de la famille approchant du château. Notez comme ce plan se raccorde bien avec le précédent.

Rythme, atmosphère, déroulement naturel des événements valorisent ce type de programme. Une promenade dans un parc doit communiquer le sentiment de calme.

Le premier plan de la séquence est particulièrement important, car il situe le lieu. Ce n'est pas forcément une vue générale. Une vue cadrant une allée, puis révélant par un pano vertical un décor ou un personnage ; une image complètement floue devenant progressivement nette ; un zoom arrière à partir d'un détail dévoilant toute la scène, seraient aussi de bons plans d'introduction.

Celui-ci peut conduire directement à l'action : par exemple, la vue d'une cascade suivie d'un lent zoom arrière, fait apparaître les personnage qui l'admirent ; le plan suivant sera un contrechamp sur les personnages. En deux plans, décor et acteurs ont été présentés : le spectacle peut commencer.

Pour les vues importantes, telle la

Cadrez les personnages de façon agréable sous cette arche. Ne coupez pas le plan avant qu'ils soient passés. Grâce au déplacement axial, la continuité de direction est respectée.

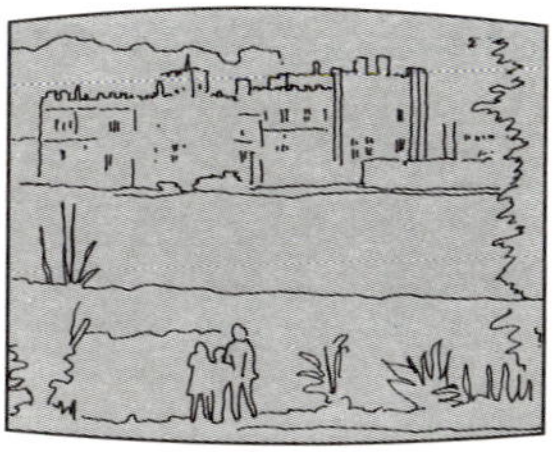

Ce plan en contre-plongée, pris de l'arrière, permet à la fois d'évoquer la profondeur par le premier plan, de donner plus d'impact à la structure massive du bâtiment et de montrer le site de manière subjective.

Les gros plans révélant les expressions sont importants. Attendez une attitude intéressante, tel le garçon désignant un détail du château : le plan suivant doit forcément représenter le point désigné.

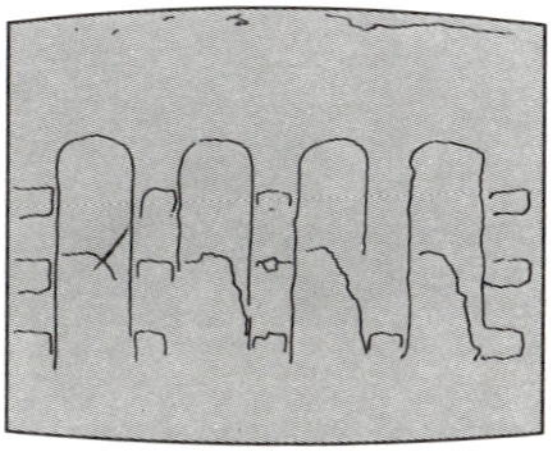

Le plan suivant, du point de vue de l'enfant, montre les machicoulis au téléobjectif. Vous pouvez maintenant développer ce thème par une série de plans courts montrant d'autres détails architecturaux.

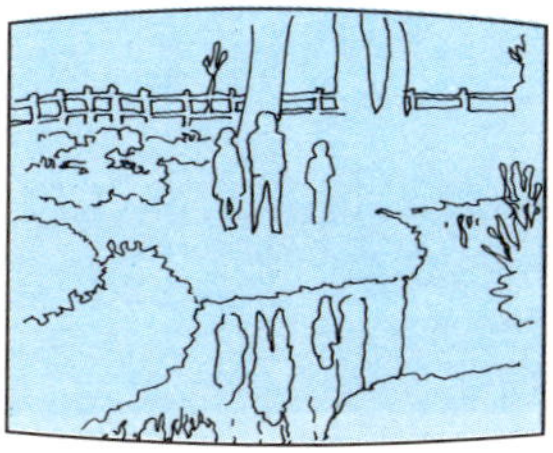

Cherchez un décor naturel pour terminer la séquence : comme par exemple la famille en éloignement. Vous pourriez débuter ce plan par les reflets dans l'eau et le continuer par un pano vertical sur la famille marchant au bord de l'étang.

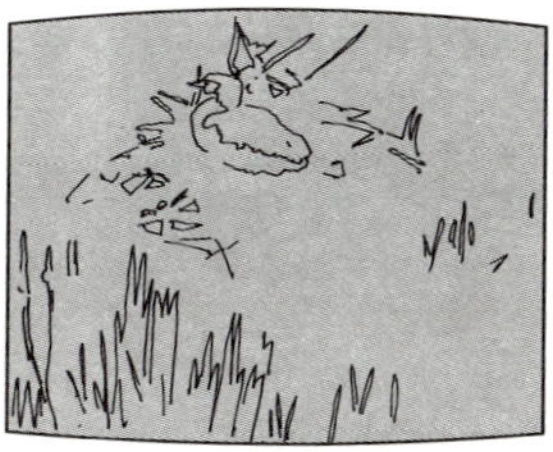

L'image finale d'une telle séquence n'est pas toujours facile à trouver. Cette grèbe sur son nid flottant — image agréable — rappelle le cygne du début et évoque l'idée de "retour à la maison"

famille arrivant sur les lieux, il est bon de prendre un peu d'avance, afin de saisir les réactions spontanées à la découverte de l'endroit.

Les vues de détails du site sont très révélatrices. Vous avez cependant intérêt à les regrouper, vers la fin de votre visite, lorsque vous serez familiarisé avec le site.

Le son direct n'est pas toujours nécessaire : peut-être préférez-vous effectuer plus tard un doublage sonore (*p. 124*).

Si vous voulez enregistrer le commentaire du guide avec le micro incorporé, placez vous assez près de lui. Une meilleure solution est un micro externe qu'un membre de votre famille peut positionner à proximité.

Si votre intention est de procéder à un montage ultérieur, filmez séparément certains détails mentionnés par le guide : ils seront insérés sur les phrases appropriées du commentaire (*p. 122*).

FÊTES DE FAMILLE • 1

Le plaisir de la vidéo, c'est aussi de conserver à jamais le précieux souvenir des fêtes familiales. Contrôlez autant que possible la suite des événements afin de prévoir les angles de prise de vues, ainsi que la position du micro et des sources d'éclairage. Soyez informé des "surprises" pouvant survenir en cours de réunion (distribution des cadeaux, arrivée du gâteau d'anniversaire, etc.), afin de vous trouver en bonne place au bon moment. L'éclairage est fondamental s'il s'agit d'une soirée. Voici quelques indications :

- Préparez, disposez et vérifiez préalablement vos éclairages.
- Dans une pièce petite ou encombrée, installez les lampes près d'un mur et fixez les cordons d'alimentation avec du papier adhésif sous le tapis.
- Les lampes doivent être réparties de part et d'autre du camescope : afin de ne pas éclairer directement l'objectif.
- Une source principale, au-dessus de la table ou au centre de la pièce détermine l'aspect général de l'éclairage. Vous aurez éventuellement besoin d'une ou deux sources de complément pour "déboucher" les ombres.
- La lumière des bougies est insuffisante. Elle est cependant excellente à proximité du sujet.
- Un filtre coloré sur le camescope ou devant les lampes peut créer une atmosphère "chaude" plus intimiste.
- Les conversations sont aussi importantes que les visages : utilisez de préférence un micro externe *omnidirectionnel* placé au centre de la table. Faites un essai préalable d'enregistrement.
- En intérieur, alimentez les lampes sur le courant du secteur : vous n'aurez ainsi aucun problème de batterie.
- N'oubliez pas de figurer vous-même dans les images. Formez un assistant qui prendra votre place derrière le camescope (ou bien utilisez la télécommande ou le retardateur).

Préparez un "plan d'éclairage" bien avant le début de la soirée. La lumière de "débouchage" des ombres peut être diffusée ou réfléchie. Les murs clairs — tels ceux de la pièce montrée en exemple — sont parfaits pour cela. Le microphone externe doit être invisible. Pour éviter les bruits parasites, montez ce micro sur un support vertical ou isolez-le de la table par un tampon de mousse plastique.

La source de contre-jour est placée à gauche. Son rôle est de séparer les personnages du fond et de donner un meilleur modelé.

Veillez aux hautes lumières trop fortes sur les cheveux blonds et les crânes dégarnis. Essayez de diffuser davantage la lumière.

La source d'ambiance placée près du camescope et légèrement au-dessus adoucit le contraste créé par la source principale.

Les lunettes provoquent des reflets. Pour les éliminer ou les réduire, positionnez les lampes plus haut que les personnages.

La source principale est ici placée verticalement au-dessus de la table : elle éclaire la scène de manière homogène. Les ombres qu'elle forme sont adoucies par les sources d'ambiance et de contre-jour.

Le microphone omnidirectionnel est caché, au centre de la table, dans les décorations et les chandeliers. Cet emplacement est idéal pour saisir les conversations. Protégez le micro des bruits parasites.

FÊTES DE FAMILLE • 2

La préparation "scénique" du tournage d'une réunion familiale est aussi importante que la préparation "technique", de l'éclairage et de la prise de son. Planifiez votre tournage en fonction des principaux événements qui doivent intervenir, en privilégiant bien sûr les "surprises". Déplacez au besoin quelques meubles et assurez par avance votre liberté de déplacement. Disposez bouquets et plantes vertes pour agrémenter vos compositions. Enlevez provisoirement certains bibelots qui seraient gênants à l'arrière-plan. La maîtresse de maison trouvera peut-être que "vous en faites trop", mais elle vous remerciera plus tard en voyant vos images.

La progression des événements est logique : la continuité n'est donc pas un problème. Débutez par des plans qui situent l'action : arrivée des invités ou vue de la table décorée.

Lorsque tout le monde sera assis, prenez un plan d'ensemble afin d'établir les positions respectives, puis, filmez chaque personne sous différents angles en plan moyen ou en gros plan. Essayez de bien traduire les relations affectueuses : tel l'enfant assis entre ses grands-parents, soufflant les bougies de son gâteau d'anniversaire. Un fondu entre deux séquences est un bon moyen d'évoquer le temps qui passe. Vous pouvez également le faire par des plans de coupe significatifs, tels un verre à moitié vide. Une autre manière de marquer le temps est de filmer périodiquement, selon le même cadrage, la bougie dont la longueur diminue.

Cherchez un moyen efficace de conclure : peut-être le chorus final du "Bon Anniversaire..." ou encore les invités en train de prendre congé de leurs hôtes.

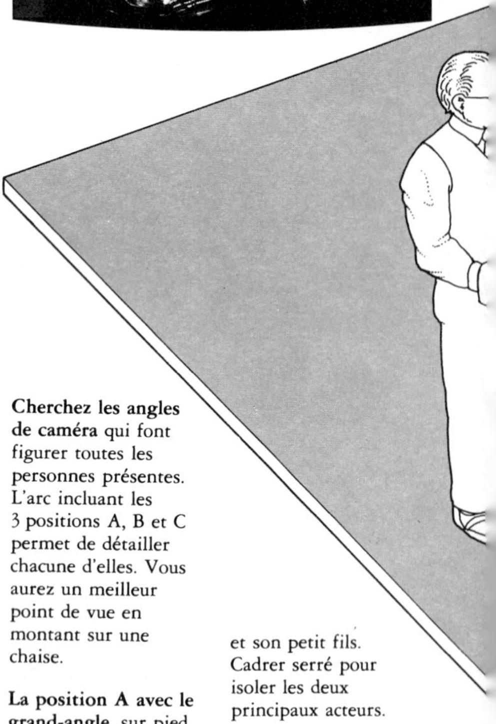

Cherchez les angles de caméra qui font figurer toutes les personnes présentes. L'arc incluant les 3 positions A, B et C permet de détailler chacune d'elles. Vous aurez un meilleur point de vue en montant sur une chaise.

La position A avec le grand-angle, sur pied, donne l'indispensable plan d'ensemble de la table familiale. Lorsque le père s'assied, faites un léger pano vertical vers le bas pour recadrer.

1 **Le zoom avant position A** permet de montrer le grand-père et son petit fils. Cadrer serré pour isoler les deux principaux acteurs.

2 **La position A en téléobjectif** donne une vue de pleine face de la grand-mère.

3 **La position B**, entre les deux femmes est idéale pour filmer le père lorsqu'il sera assis. Depuis cette position, vous pouvez

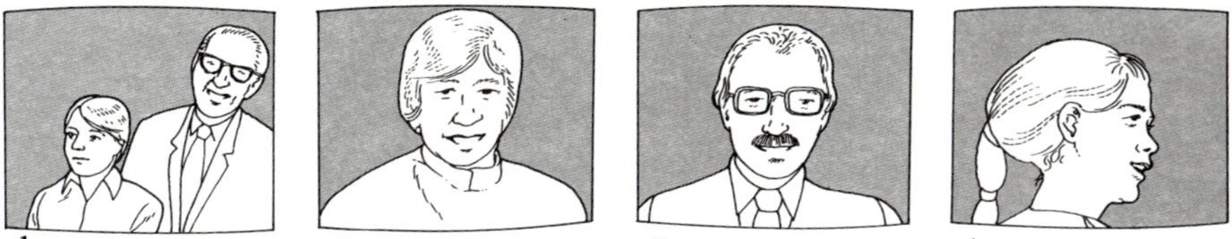

1 2 3 4

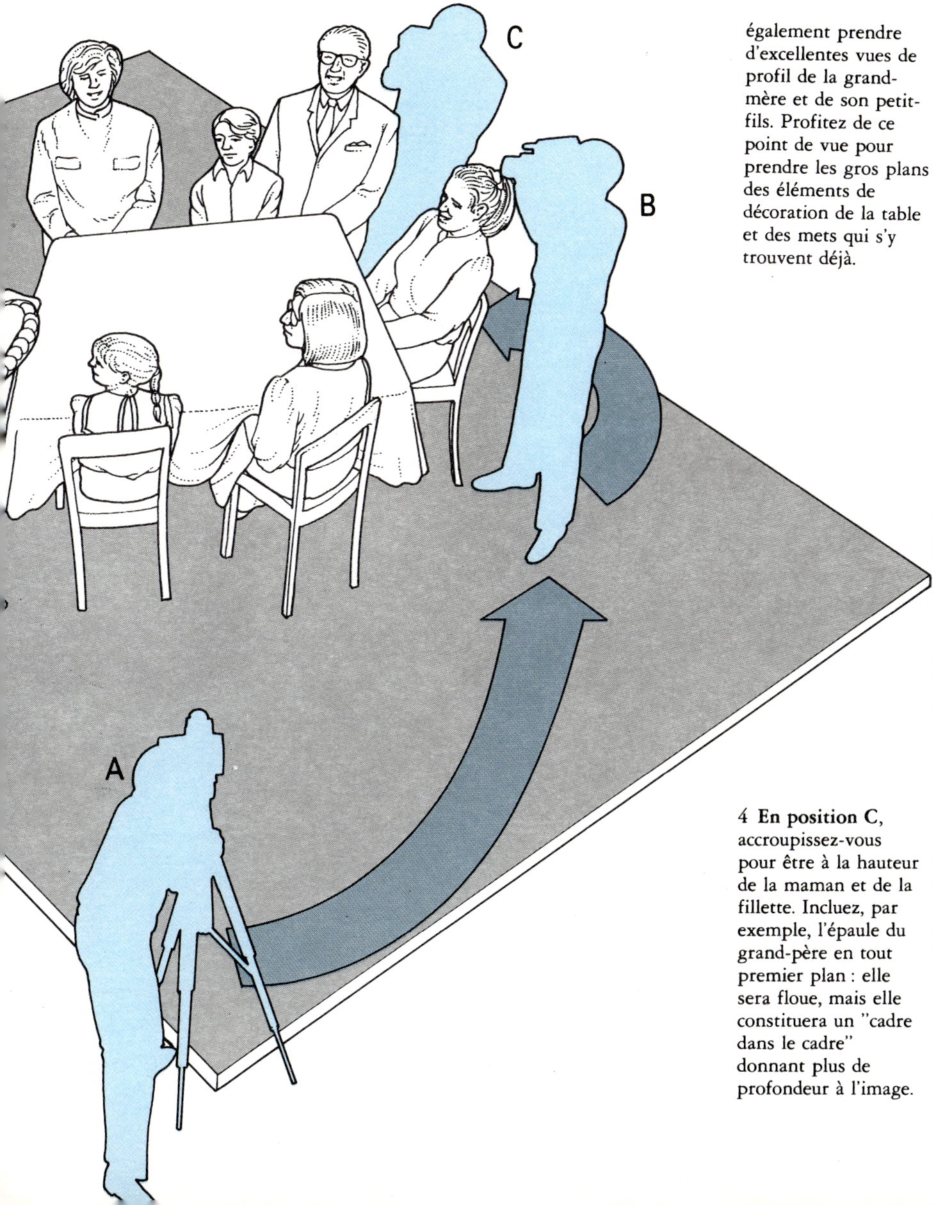

également prendre d'excellentes vues de profil de la grand-mère et de son petit-fils. Profitez de ce point de vue pour prendre les gros plans des éléments de décoration de la table et des mets qui s'y trouvent déjà.

4 **En position C**, accroupissez-vous pour être à la hauteur de la maman et de la fillette. Incluez, par exemple, l'épaule du grand-père en tout premier plan : elle sera floue, mais elle constituera un "cadre dans le cadre" donnant plus de profondeur à l'image.

MARIAGE ET CÉRÉMONIES • 1

Nous prenons ici l'exemple du mariage ; les mêmes principes s'appliquent aux autres cérémonies formelles : baptême, remise de prix, banquet commémoratif, etc. Ce sont des événements rares ou qui n'arrivent qu'une fois, sur le déroulement desquels vous n'avez pratiquement aucun contrôle. Il est donc essentiel d'en connaître par avance les phases principales et de se préparer à n'en négliger aucune. Le document vidéo étant irremplaçable, votre responsabilité de vidéaste est ici totale.

Le planning du tournage est la clé de la réussite. Quels que soient les lieux de tournage, vous devez vérifier préalablement toutes les conditions techniques et pratiques. Si le mariage comprend une cérémonie religieuse, la première chose à faire est de demander l'autorisation de filmer à l'intérieur du lieu saint. Vérifiez que l'éclairage solaire est suffisant ; s'il ne l'est pas, informez-vous de la possibilité d'employer un éclairage d'appoint. Dans les deux cas, procédez à des essais. Dans les conditions les plus favorables, vous serez autorisé à installer des projecteurs éclairant la partie du chœur et l'autel où se dérouleront les phases les plus importantes de la cérémonie.

Ne négligez-pas le son. L'idéal serait de positionner sur pied un *microphone cardioïde* entre le couple et le prêtre. Il est parfois possible d'utiliser un micro sur perche dirigé par un assistant.

Si vous n'êtes pas autorisé à filmer dans l'église, vous pouvez du moins enregistrer le son seul au magnétophone, vous servant à doubler ultérieurement des scènes filmées en dehors de l'église ou les photographies "officielles", reprises en banc-titre.

Les meilleurs points de station se situent le plus souvent près du porche et, à l'intérieur, à proximité de l'autel (*voir*

Pour la réception suivant la cérémonie vous pouvez adopter une approche moins formelle des événements. Le "bouquet" étant le baiser entre les jeunes époux (*ci-contre*). Prenez de nombreux plans sur les invités et les enfants enfin libérés qui sont des sujets de choix, car insoucieux de la caméra.

Un vidéogramme de mariage demande une bonne préparation : il n'est pas question de rater un épisode crucial de son déroulement. Etablissez un plan de tournage vous permettant d'être toujours là où il faut au moment précis. Chaque scène est unique !

Filmez les préparatifs comme par exemple le dernier coup de peigne de la mariée (*à gauche*) ou quelqu'un attachant son voile. Sovez en avance à l'église pour filmer l'arrivée de la mariée (*ci-dessous*). Notez la contre-plongée évitant les reflets sur la voiture et montrant toute l'ampleur de la jolie robe.

p. 80). Inspectez les lieux à la recherche d'autres points de vue et d'angles caméra peut-être plus originaux : par exemple, une chapelle latérale, la tribune des grandes orgues, etc. Préparez par avance vos déplacements d'un point à un autre en faisant très attention à ne pas troubler le déroulement de la cérémonie par des bruits intempestifs.

Un "grand mariage" est généralement précédé d'une "répétition" : en y assistant camescope en main, vous serez en mesure de vous préparer à bien filmer toutes les phases à enregistrer, en déterminant avec précision chaque point de vue à adopter, le moment idéal pour en changer, éventuellement installer par avance un pied-support ou un éclairage d'appoint.

Un compte rendu encore plus complet de l'événement peut être agrémenté au moment du montage final par d'autres éléments visuels repris au banc-titre, comme, par exemple, des photos extraites des albums de famille, le gros plan du carton d'invitation. Complètez ce prologue de vues bien composées de l'édifice religieux.

Les scènes montrant les préparatifs de la réception, la mariée et les demoiselles d'honneur prêtes à partir sur le lieu de la cérémonie sont également des épisodes de mise en scène très valorisants.

Arrangez-vous cependant pour arriver à l'église suffisamment tôt pour être prêt à filmer dès l'arrivée des premiers invités importants. Cherchez le point de vue vous permettant de filmer chaque groupe de personnes pénétrant dans l'église. Ajoutez-y si possible quelques "croquis" rapides, tel le futur marié regardant fiévreusement sa montre. Terminez ces scènes préliminaires par une vue de l'horloge indiquant l'heure prévue.

MARIAGE ET CÉRÉMONIES • 2

La réussite d'un vidéogramme de mariage résulte essentiellement d'une bonne préparation et du repérage préalable de tous les points de station du camescope. Un tel événement est plus facilement "couvert" par une équipe comprenant deux opérateurs ou plus et dont les images sont ensuite montées en postproduction (*p. 136*). Vous pouvez néanmoins obtenir de bons résultats en opérant seul, à condition d'avoir bien préparé votre tournage et de vous trouver rapidement en position de filmer.

Situez d'abord l'action en montrant l'arrivée de la mariée à l'église. Commencez au téléobjectif et zoomez arrière au fur et à mesure que la voiture approche. Changez de, position pour la sortie de voiture. Précipitez-vous alors vers le porche de l'église pour panoramiquer sur la mariée y entrant. Terminez cette courte séquence par un fondu. Si vous avez les autorisations nécessaires, filmez l'office religieux sur pied à la hauteur maximum. Placez-vous à peu près parallèlement au prêtre : vous aurez ainsi une vue de trois-quarts des époux, le prêtre de profil et les premiers rangs de l'assemblée. Réglez la balance des blancs. Commencez le tournage par une vue d'ensemble assez large au départ du premier hymne ; prenez au télé quelques plans plus rapprochés des personnes du premier rang. Vous pouvez ainsi alterner — pendant la première partie du service — les plans rapprochés des époux et les vues d'ensemble de l'assistance. Essayez un pano lent sur les demoiselles et garçons d'honneur.

Enregistrez la bénédiction nuptiale en un seul plan continu : panoramiquez et/ou zoomez lentement en suivant le déroulement de l'action. Soyez cadré serré sur les mariés au moment de l'échange des vœux. Apprêtez-vous à recadrer pour filmer en gros plan la remise des alliances. Terminez la séquence par un panoramique en

Le point de station près du porche convient pour filmer l'arrivée de la mariée : depuis la descente d'automobile jusqu'à l'entrée dans l'église.

Profitez de la présence du photographe officiel pour prendre des vues informelles des groupes en train de poser, alternées avec des plans du photographe et des spectateurs.

La position idéale pour enregistrer la cérémonie est dans le chœur, à peu près à la hauteur du prêtre. De ce point de station, vous pouvez prendre le prêtre et les mariés en gros plan, ainsi que les assistants du premier rang. Opérez sur pied, branches complètement déployées.

Cette position latérale permet de prendre des plans panoramiqués de l'arrivée des invités et du marié. La position face au porche est parfaite pour la sortie d'église.

plan plus large afin de faire partager l'émotion de l'assistance à la joie radieuse des nouveaux époux.

Si vous voulez filmer la signature des registres, gagnez du temps en détachant le camescope du pied et en opérant à main levée. Fixez une torche autonome sur le camescope si nécessaire. Pendant ce temps, un ami est déjà en train de disposer le trépied devant l'église : ce qui vous permettra de vous précipiter à nouveau pour filmer à temps la sortie d'église et la descente des marches dans de bonnes conditions. Commencez cette séquence par un fondu à l'ouverture au moment où les époux apparaissent en haut des marches et continuez à tourner sans discontinuité pendant la sortie des autres participants.

La présence du photographe "officiel" est bénéfique, car elle vous permet de filmer de manière plus libre les groupes de personnes se préparant pour la photographie : des plans que vous pouvez lier entre eux par quelques vues du photographe en train d'opérer et des inévitables spectateurs.

La sortie d'église étant souvent l'occasion d'échanges joyeux entre les parents et amis, vous pouvez en profiter pour prendre, au téléobjectif, des vues très libres des différents groupes.

La séquence au voisinage de l'église se termine normalement par les nouveaux mariés montant en voiture pour se rendre à la réception. Vous devrez être en bonne position pour saisir cet épisode très court. Terminez, par exemple, par un fondu à la fermeture sur la voiture s'éloignant.

MARIAGE ET CÉRÉMONIES • 3

Le lunch de mariage comporte des épisodes prévisibles auxquels vous pouvez donc vous préparer : arrivée des invités, toasts, allocutions, partage du gâteau, etc. S'il se déroule en intérieur, vérifiez le niveau de lumière ambiante et repérez les prises de courant. Puisque vous ne pourrez sans doute pas éclairer tout le volume du salon, concentrez votre éclairage d'appoint sur les zones où les événements importants vont se dérouler. Deux ou trois projecteurs halogènes de 500 watts devraient suffire. Attendez l'arrivée des invités, camescope sur pied. Cadrez la rangée des hôtes en diagonale, jeunes mariés au premier plan. Vous pourrez ensuite varier les approches en alternant les plans rapprochés et les vues plus générales. Déplacez-vous ensuite camescope en main pour prendre quelques contrechamps entre les épaules des mariés. Le voile de la mariée constitue un premier plan symbolique.

Pour l'enregistrement des allocutions, toasts et découpe de gâteau, procédez comme suit :

- Montez le camescope sur pied, latéralement par rapport aux hôtes et aux invités. Utilisez un *micro cardioïde placé sur support ou un micro canon orienté par un assistant*.

- Faites succéder, par de lents panoramiques, le gros plan du premier témoin faisant son speech, à celui des époux en train de l'écouter.

- L'enregistrement continu des allocutions par un magnétophone indépendant vous permettra de rétablir la continuité sonore lors du montage final, que vous agrémenterez de plans divers des invités et des époux.

- Soignez particulièrement l'épisode traditionnel du gâteau de mariage : filmez-le encore intact, puis lorsque la belle épousée en distribue gracieusement les parts aux invités.

Lorsque vous filmez une cérémonie religieuse, adoptez une approche extrêmement discrète afin de ne pas risquer d'en troubler le déroulement. Prenez séparément des plans de coupe sur les objets du culte que vous monterez ultérieurement.

- La partie formelle de la réception étant maintenant achevée, vous avez le temps de prendre à votre convenance toute une série de plans variés sur les groupes de personnes conversant entre elles, les enfants perdus dans la mêlée ou chahutant un peu. Pour ces vues rapides et pittoresques, aidez-vous de la torche vidéo autonome et du *micro directionnel* pour saisir au passage des bribes de conversation et les rires. Vous pouvez aussi conduire quelques brèves interviews à la manière du reporter de télévision.

Dernier épisode significatif à essayer de ne pas manquer camescope en main : la "fuite" des époux, parfois très discrète, et les vœux qui l'accompagnent.

Les autres types de cérémonies religieuses ou civiles demandent les mêmes préparations, votre manière d'aborder le sujet dépendant évidemment de sa nature.

Pour une remise de diplômes universitaires filmez chaque récipiendaire recevant son diplôme, puis laissez-le sortir du cadre fixe. Reprenez le tournage sur l'arrivée de la personne suivante.

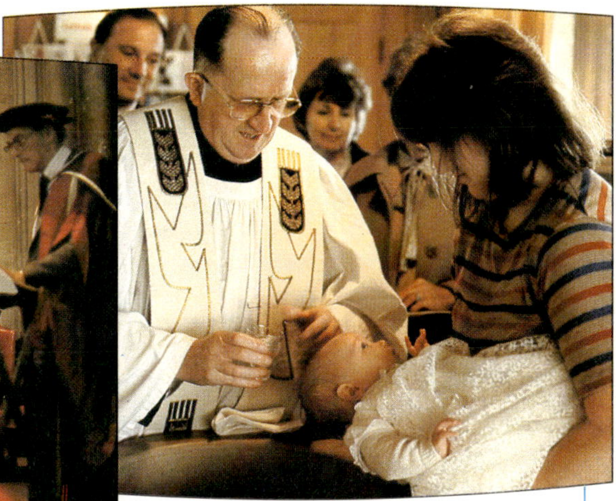

Pour un baptême, placez-vous près des fonts baptismaux, face au prêtre. Opérez si possible sur pied d'assez haut et en éclairage indirect pour ne pas éblouir l'enfant.

Une cérémonie de baptême se filme à peu près de la même manière qu'un mariage. Votre vedette, un bébé, est ici un tout petit sujet que vous devrez filmer de près. Restez en gros plan pour saisir ses amusantes expressions... ou ses pleurs. Pour bien capter les paroles du prêtre, arrangez-vous pour faire tenir — par un membre de la famille — le microphone externe tout près des fonts baptismaux. Dès que vous le pouvez, prenez un peu de recul pour prendre, sur pied de préférence, des vues plus générales sur les personnes présentes.

Les commémorations, départs à la retraite, remises de prix, etc. sont des événements que l'on enregistre — de plus en plus — sur bande magnétique. Voici quelques conseils généraux :

- Adoptez un point de vue élevé, de manière à pouvoir embrasser, par rotation du camescope sur son trépied, aussi bien le "podium" que les participants.
- Disposez les projecteurs à environ 45° de part et d'autre de la table principale et le plus haut possible. Orientez-les vers la salle lorsque vous filmez l'assistance.
- Installez un microphone de type cardioïde devant les intervenants et — si vous passez par un mélangeur audio — un micro omnidirectionnel pour les bruits d'ambiance.
- Commencez par quelques gros plans des cadeaux, prix ou diplômes soigneusement composés.
- Suivez en continu chaque récipiendaire approchant pour recevoir son prix ou son diplôme. Puis laissez-le "sortir du cadre" en plan fixe.

VOYAGES ET VACANCES • 1

Que l'on voyage dans son pays ou à l'étranger, les vacances sont des occasions rêvées pour le vidéaste. De nouveaux sujets stimulent sans cesse la créativité et l'on a plus de temps à consacrer à la technique.

Les prises de vues se font le plus souvent en extérieur et vous apprendrez vite à apprécier les différentes qualités de la lumière naturelle. L'heure, les conditions atmosphériques, l'orientation solaire, la présence de surfaces réfléchissantes (sable, plan d'eau, mur blanchi à la chaux), les nuages, etc. sont autant de facteurs qui modifient à l'infini la nature de l'éclairage et, par conséquent, l'exposition, la profondeur de champ, le rendu des couleurs et la composition de l'image. Si possible, faites d'abord un repérage afin de voir à quel moment l'éclairage sera le plus favorable sur tel ou tel site. Le soleil direct, par exemple, avive les couleurs et souligne les contours ; de face, ou légèrement sur le côté, il convient bien pour les paysages. Veillez toutefois à ne pas projeter votre ombre dans la scène. Le soleil de pleine face est cependant à éviter pour les personnages qu'il fait grimacer. Le plein soleil engendre de forts contrastes et des ombres denses qui affectent l'exposition, particulièrement en diaphragme auto (*p. 16*). Le réglage manuel du diaphragme est conseillé, mais en veillant à ne pas surexposer les hautes lumières. Pour résoudre ce problème, vous pouvez aussi vous approcher du sujet pour exclure les zones trop lumineuses ou chercher une direction d'éclairage oblique : ce qui réduit le contraste.

Le soleil voilé ou le ciel légèrement couvert sont des conditions d'éclairage idéales. La lumière étant diffusée, les ombres sont adoucies et l'on a un excellent rendu de la peau. Par mauvais temps, la

PROTECTION DE L'ÉQUIPEMENT

- Protégez votre camescope de la chaleur et de l'humidité. Ne le laissez jamais dans une voiture ni au soleil.
- La condensation est provoquée par le changement rapide de température. Par exemple lorsqu'on passe en hiver de l'extérieur à un local chauffé. Le camescope est doté d'un avertisseur d'humidité.
- Évitez à tout prix d'exposer votre camescope au sable ou à l'eau. Vous pouvez l'en protéger en l'enfermant — pour de courtes périodes — dans un sac plastique, avec une ouverture pour le passage de l'objectif.
- En déplacement, mettez votre camescope à l'abri des chocs et des secousses : fourre-tout matelassé ou mallette garnie de mousse plastique.
- Le filtre ultraviolet (UV) protège le zoom. Après le tournage, replacez toujours le bouchon sur l'objectif.

Les nuages, passant rapidement devant le soleil, provoquent des variations rapides de la luminosité et du contraste du paysage. Le beau temps avec ciel bleu parsemé de nuages est idéal pour les vues de paysages. Le fort éclairement procure une grande profondeur de champ.

scène est si peu contrastée qu'elle semble "plate", avec des couleurs délavées.

L'exposition doit être déterminée en fonction du sujet principal : si vous filmez par exemple un ciel tourmenté, il importe peu que les autres parties de la composition soient sombres et sous-exposées. Dans le cas d'un contre-jour, c'est à vous de décider de l'effet que vous voulez obtenir : une silhouette sombre sur un fond normalement exposé, ou un sujet un peu détaillé dans un environnement très lumineux (emploi de la touche de contre-jour).

La profondeur de champ est d'autant plus étendue que l'éclairage est plus intense : sous l'éclairement maximal du soleil, une vue prise au grand-angle est automatiquement nette à partir de quelques mètres, même si le sujet se déplace. Tirez parti de la grande profondeur de champ pour réaliser d'étonnantes compositions au ras du sol ou de l'eau.

Un filtre polariseur élimine ou réduit les reflets sur les surfaces non métalliques. Il augmente la densité du ciel bleu et fait ressortir les nuages. Ces effets sont visibles ci-dessus : eau transparente, ciel dense, nuages blancs.

Le filtre gris-neutre permet essentiellement d'éviter la surexposition lorsque l'éclairage solaire est très intense (champ de neige, sable, plan d'eau en plein soleil). En diminuant la quantité de lumière entrant par l'objectif, il restreint la profondeur de champ. Ce "surfer" — pris au téléobjectif — se détache plus agréablement sur le fond moins net de la mer.

En plein soleil le contraste est parfois trop élevé. Tirez parti des réflecteurs naturels (comme le sable de la plage) qui abaissent le contraste en éclaircissant les ombres. Au bord de la mer, coiffez votre zoom d'un filtre ultraviolet. Il joue un double rôle en protégeant la lentille antérieure du sable et en éliminant une partie du voile bleuâtre dû à l'excès de rayons ultraviolets.

VOYAGES ET VACANCES • 2

Un parc d'attractions (ici le Disneyland de Californie) est pain béni pour le vidéaste. Montrez la diversité et l'atmosphère joyeuse de l'endroit, les visiteurs et leurs réactions.

Voyages et vacances : un domaine de créativité sans limites. Multipliez les prises de vues, variez les approches et les cadrages. Ce sont des plans et des scènes que vous pourrez monter plus tard, lorsque vous en aurez le loisir. Repérez le motif dominant d'un paysage et associez-le visuellement à son environnement. Un panoramique sur une personne en train de marcher fait en même temps découvrir le décor de l'arrière-plan. Les éléments sonores enregistrés sur le terrain (le chant d'un oiseau, le murmure d'un ruisseau) seront appréciés lors du mixage en post-sonorisation.

Enregistrez les événements en séquences, de manière à communiquer les notions d'harmonie visuelle et de continuité. Pour conter les différentes phases de votre histoire, faites se succéder plan d'ensemble, plan moyen et gros plan. Réfléchissez à ce que vous voulez exprimer avant de commencer le tournage ; ne conservez que les aspects les plus significatifs de chaque sujet ou événement ; assurez de bons raccords en introduisant çà et là des plans de coupe sur des personnages.

Même lorsque vous filmez librement prenez des vues générales permettant de situer le cadre de l'action. Intéressez-vous aussi aux couleurs, aux mouvements, aux expressions. Ici, le même sujet (le château), filmé à des heures différentes, débute et termine le vidéogramme.

Les sons directs jouent un grand rôle en augmentant encore l'impact des images. Le microphone externe permet un enregistrement sonore de meilleure qualité.

Un vidéaste avisé sait tirer parti de toutes les situations potentiellement humoristiques. Une activité "sérieuse", comme par exemple le montage d'une tente, peut servir de prétexte à une scène hilarante. Vous pouvez également créer un effet comique en montant à rythme accéléré des plans contrastant par leur contenu. Opposez, par exemple, les enfants excités dans leurs jeux aux parents lézardant au soleil. L'humour de telles séquences pourra être souligné par un accompagnement musical approprié.

La visite d'un parc d'attractions est une source inépuisable d'images dynamiques et colorées. Adoptez une approche très libre, mêlant les plans spectaculaires sur les attractions, aux expressions et aux réactions des membres de la famille. Pour ce type de tournage "filmé dans le désordre", le montage ultérieur est quasi indispensable.

Montrer d'abord un détail du sujet avant d'en révéler l'ensemble est une manière plus originale de présenter un sujet statique que la seule vue générale (*ci-dessus, à gauche*). Les 4 gros plans ci-dessus, présentés avant le plan d'ensemble, attisent la curiosité du spectateur.

CHEZ-VOUS

Avant de partir :

- Contrôlez le bon fonctionnement de votre équipement : camescope, trépied et autre accessoire en tournant une cassette d'essai ; vérifiez-la en lecture image et son.
- Emportez de quoi nettoyer le camescope.
- Vérifiez l'état des batteries et leur pleine charge. Une de rechange au minimum. La ceinture-batterie donne une autonomie de plusieurs heures.
- N'oubliez pas le chargeur de batterie. Un adaptateur sur automobile est souvent utile.
- Emportez la torche vidéo (avec batterie et chargeur.
- Micro externe, cordon rallonge, casque ou écouteur.
- Un magnétocassette permet d'enregistrer les sons séparément pour le doublage.
- Emportez votre alimentation secteur et les cordons de liaison : vous pourrez visionner vos cassettes sur le téléviseur de l'hôtel.
- Il est prudent d'emporter une ou deux cassettes de rechange : vous n'en trouverez pas partout.
- Filtres utiles pour le voyage : ultra-violet, gris-neutre et polariseur.

Quelle que soit la région visitée, le "film" de voyage exige une certaine préparation. Avant le départ, documentez-vous sur le pays que vous allez visiter (cartes, guides, livres illustrés).

Parce qu'il est probable que vous allez tourner — selon les occasions et votre itinéraire — une grande quantité de sujets différents, nous vous recommandons de prévoir un montage ultérieur (*p. 62*). Avec cette méthode, vous n'avez plus à vous soucier de l'ordre exact des plans et des séquences au moment des prises de vues.

Le montage à la caméra (filmer les plans dans l'ordre du programme définitif) reste cependant possible, à condition d'avoir prévu — dans la tête ou sur papier — un plan de tournage même sommaire. Veillez à placer çà et là des repères visuels guidant le spectateur tout au long de la narration : panneaux indicateurs, affiches, cartes géographiques, etc.

Les travellings, effectués depuis un train, une voiture ou un bateau permettent aussi d'évoquer le changement de décor et

de lieu. Le titreur du camescope montre ici toute son utilité.

Chaque lieu visité a des caractères spécifiques. Pour décrire une ville, décidez d'un fil conducteur ou d'un thème principal ; l'architecture par exemple. La vue générale prise d'un point élevé plante le décor pour les plans plus détaillés qui suivront.

Filmez les monuments, les statues, les fontaines, etc. sous leur meilleur aspect. Un bâtiment, par exemple, est habituellement mis en valeur lorsqu'il est éclairé assez obliquement. Évitez de tourner sous un soleil vertical (qui donne trop de contraste) ou par temps très couvert (*voir page* 85).

Lorsque vous filmez un bâtiment, variez vos approches. Au lieu de commencer conventionnellement la séquence par une vue générale, vous pouvez la débuter par un gros plan sur un détail d'architecture, puis passer à la vue large de toute la façade. Ou bien, commencez par un gros plan de quelqu'un sortant par la porte principale et zoomez arrière afin de révéler le bâtiment. Évoquez sa situation et ses proportions par les éléments environnants : personnages et végétation.

A L'ÉTRANGER

Outre les considérations de volume et de poids à transporter qui sont parfois contraignantes, voici quelques conseils :

- Faites assurer votre équipement vidéo (vol, perte, accident).
- Pour éviter tout problème douanier au passage des frontières, soyez prêt à présenter les factures d'achat. Renseignez-vous sur les interdictions de filmer qui existent dans certains lieux ou pays.
- Les appareils de contrôle des bagages par rayons-X sont sans aucun danger pour les cassettes magnétiques et le camescope.
- Transportez toujours votre camescope en bagage à main. Même solide et bien conçue une mallette ne le protègerait pas suffisamment contre les chocs à l'aéroport.
- En principe, votre chargeur de batterie doit accepter tous les voltages. Vérifiez ce point si vous allez dans un pays 110 V (USA par ex.).
- L'adaptateur de prise de courant secteur est presque toujours nécessaire.
- Le standard de télévision différent peut vous empêcher de lire vos cassettes sur un téléviseur local (*voir p. 212*).

VOYAGES ET VACANCES • 4

Un bon vidéogramme doit donner au spectateur la sensation d'avoir fait partie du voyage. Parades, marchés, animations dans la ville et vie nocturne sont parmi les thèmes les plus favorables : couleur, mouvement, personnages et ambiance sonore. Un marché en plein vent est un excellent thème. Trouvez d'abord un point élevé et éloigné pour situer l'ensemble, puis intéressez-vous à un ou deux étalages. Placez-vous alors latéralement, de manière à prendre aussi bien les clientes que les vendeurs. Utilisez fréquemment la position télé du zoom pour prendre des gros plans des denrées, du visage des personnages ou des mains échangeant l'argent.

Vous passerez pratiquement inaperçu dans l'animation générale d'un marché ; une approche plus discrète est généralement nécessaire pour filmer une scène de rue, par exemple depuis la terrasse d'un café.

La meilleure manière d'y parvenir est de vous intégrer à la scène que vous voulez filmer. Asseyez-vous à une table, prenez un verre et détendez-vous. Mettez le camescope en mode "tout-auto" et sur "pause", le zoom en position télé. Soyez patient : attendez qu'il se passe quelque chose d'intéressant autour de vous. Commencez alors à filmer, en stabilisant le camescope, les coudes sur la table.

Le tournage "à l'aveuglette" est efficace sur les sujets proches. Posez le camescope sur la table, en position grand-angle et orienté vers la scène. La composition de l'image ne sera pas parfaite, mais vous

Une parade, une procession sont des scènes animées que vous filmerez plus aisément d'un point élevé, tel un balcon, proche du passage du défilé. Sur cette image, le cadrage est serré et le sens du mouvement est accentué par la composition en diagonale. En changeant de plan, veillez au raccord de mouvement : si le défilé quitte l'écran par la gauche, vous devez le faire entrer par la droite au début du plan suivant.

Les feux d'artifice se filment sur pied et en position grand-angle, depuis un point de vue bien dégagé. Vous obtiendrez les effets les plus spectaculaires en cherchant à inclure dans le cadrage un bâtiment bien éclairé ou un plan d'eau créant mille reflets colorés. La

saisirez ainsi des moments "magiques".

Lorsque vous voulez filmer un défilé ou une parade, cherchez un emplacement stratégique, tel qu'un balcon ou un coin de rue vous donnant une vue générale. Essayez de prendre des vues de face et en contre-plongée. Dans une action continue comme celle-ci, il est nécessaire de prendre des plans plus longs que de coutume, surtout si vous enregistrez la musique d'une fanfare. Continuez le tournage jusqu'à l'arrêt spontané de l'action. Pour faire participer le spectateur en donnant plus de rythme à votre programme, prenez une grande quantité de petits plans de coupe et de raccords : les gens, l'enfant juché sur les épaules de son père, les gens regardant par les fenêtres, etc.

C'est le soir ou la nuit que beaucoup d'endroits connaissent leur plus grande animation. Compte tenu de la sensibilité des camescopes, vous aurez généralement assez de lumière pour tourner : terrasses des cafés, vitrines, enseignes, rues et bâtiments éclairés. Un feu d'artifice constitue à lui seul un magnifique sujet.

Les sons réels valoriseront votre vidéogramme. Pour bénéficier d'un enregistrement continu — nécessaire à un doublage sonore ultérieur — utilisez un magnétocassette portable.

Vous pouvez également tourner une cassette "son seul" avec le camescope, en coiffant le zoom de son bouchon et en enregistrant de préférence avec un micro externe.

difficulté naît de la différence de luminosité entre les bouquets et l'environnement moins lumineux. Opérez si possible à une valeur fixe de diaphragme.

Un marché de rue est une zone d'intense activité sur laquelle vous pouvez opérer sans importuner. Choisissez comme ici une position latérale qui vous permet, sans avoir à vous déplacer, de prendre la vue générale de l'étalage, ainsi que des plans plus rapprochés, aussi bien des acheteuses que du vendeur. Faites quelques cadrages plus serrés sur les marchandises, les visages et les mains. N'oubliez pas l'environnement sonore, toujours très évocateur.

SPORT ET ACTION • 1

Les situations sportives sont nombreuses qui permettent d'enregistrer des scènes très animées. Elles offrent, malgré leur diversité, des caractères communs.

• Afin de vous trouver au bon endroit et au bon moment, prenez préalablement connaissance du programme des événements : l'heure et l'emplacement de déroulement des épreuves.

• Faites, si possible, une visite préliminaire des lieux. Cherchez un point de station offrant une vue dégagée sur l'action, en privilègiant les phases significatives de la course : obstacle, ligne d'arrivée.

• Répéter le mouvement "à blanc" avant le début de l'action. Par exemple, les points de départ et d'arrivée, ainsi que la vitesse d'un panoramique.

• Commencez toujours votre reportage en situant les lieux et le parcours de la compétition par un plan d'ensemble. Cherchez ensuite une position plus rapprochée, permettant une grande variété de grosseurs de plans et d'angles caméra.

• Le pied est indispensable si vous devez utiliser les longues focales.

• Filmez : soit les moments culminants de l'action, soit tout son déroulement si elle est courte. Concentrez-vous sur quelques sujets caractéristiques seulement, que le spectateur saura ainsi identifier.

• Prenez beaucoup de gros plans et de plans de coupe (par exemple, des spectateurs) : ils seront indispensables pour le montage final.

• Demandez à quelqu'un de votre entourage de s'occuper du son, avec un micro externe unidirectionnel. Cette personne devra s'approcher plus près de la source sonore grâce à un cordon micro assez long. Un micro canon est encore plus efficace, à condition qu'il soit parfaitement dirigé vers la source sonore : ce qui implique que votre "ingénieur du son" soit toujours informé du sujet que vous filmez et à quel moment.

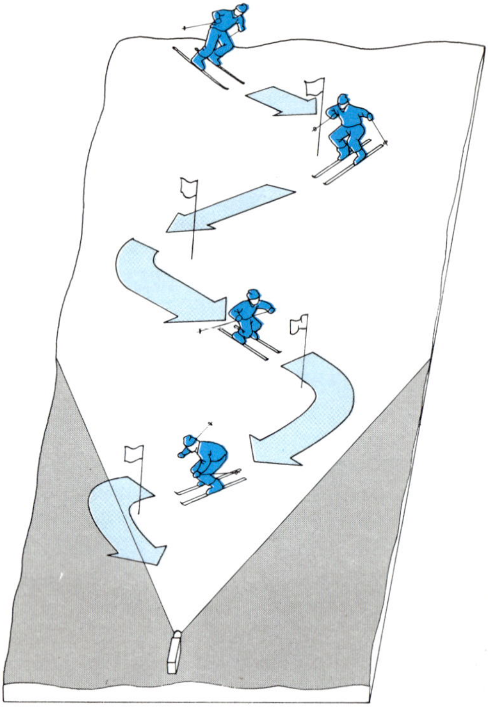

On peut filmer un slalom d'un seul point de vue en bas de la pente, face à l'axe central. De cette position, vous pouvez suivre toute l'épreuve en position "wide" du zoom. Autre solution : prendre le départ du slalom au télé et zoomer arrière progressivement.

Dans le cas d'une compétition sur piste fermée (telle une course automobile sur circuit), vous ne voyez passer les voitures que par intermittence, à chaque tour. Avec une seule caméra, la position idéale — permettant de suivre le mobile sur une distance assez longue — se situe un peu en arrière, à l'intérieur d'un virage (*schéma p. 93*). D'un tel point, vous pouvez, à chaque passage, montrer la progression du mobile par un panoramique : approche de face, poursuite dans le virage et éloignement. Notez ici un fait très important : d'où vous êtes placé à l'intérieur du virage, le mobile débouche brusquement à vos yeux. Or, nous avons indiqué *p. 57* que

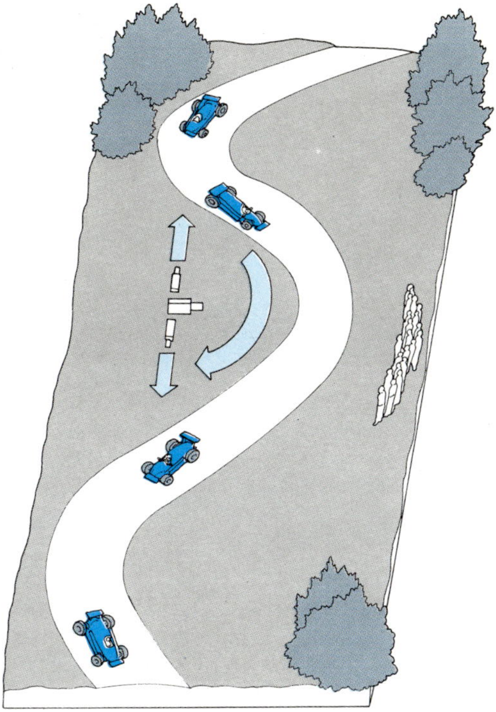

Le meilleur emplacement pour une course est à l'intérieur d'un virage. Vous pouvez prendre ainsi chaque mobile de face, puis le suivre par un panoramique, enfin s'éloignant par l'arrière. Le montage de ces 3 plans reconstituera la continuité de l'action.

l'enregistrement réel ne s'effectue qu'une seconde ou plus après le déclenchement du camescope. Pour ne pas perdre le moment le plus important de l'action, c'est-à-dire l'apparition du véhicule en début de chaque plan, nous vous conseillons de mettre au point une procédure avec un ami placé à l'entrée du virage et voyant donc arriver les véhicules de plus loin. Par un geste convenu il vous signalera l'arrivée imminente du mobile à filmer. C'est en fait la seule méthode qui vous permette de déclencher le camescope quelques secondes avant l'apparition du mobile dans votre viseur, donc d'enregistrer à coup sûr le tout début de l'action.

SPORTS D'HIVER

Dans la neige, portez des vêtements souples en textile naturel, facilitant les déplacements et permettant la transpiration : sous-vêtements "thermiques", chemise de laine avec poches, survêtement imperméable anti-vent (que vous pouvez enlever sans vous déchausser), bonnet permettant l'usage du casque audio, guêtres empêchant la neige de pénétrer, brodequins anti-dérapants. Adoptez un anorak en duvet doté de larges poches (pour les accessoires), d'une capuche, plus les indispensables lunettes de montagne. Les mitaines spéciales laissent les doigts libres pour le maniement du camescope. La ceinture-batterie se porte sous l'anorak (une batterie exposée au froid perd beaucoup de sa capacité).

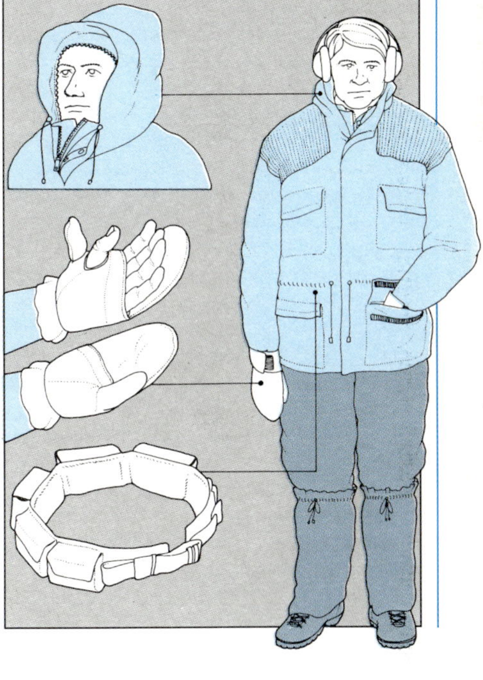

POINT DE VUE SURBAISSÉ

La contre-plongée convient bien à certaines compétitions, telles que la descente en ski, le tremplin ou le saut à la perche. En filmant le sujet en position grand-angle, on obtient des images plus spectaculaires et une apparente accélération du mouvement. Le son, s'il est significatif, renforce l'impact visuel : dans un tel cas, utilisez de préférence un micro externe tenu et dirigé par un assistant portant un casque de contrôle.

Avec les mobiles très rapides, la mise au point manuelle est généralement préférable : faites un pré-réglage de la mise au point sur la distance à laquelle le sujet va entrer dans le champ. Lorsque le sujet se découvre au dernier moment (saut à ski, par ex.), arrangez-vous avec l'aide d'un ami situé en amont et vous signalant l'approche d'un compétiteur : vous pourrez ainsi déclencher avant que le sujet n'entre dans le cadre.

Dans la neige, prenez les précautions nécessaires : vêtements chauds, protection du camescope (*encadré p. 93*). La neige étant très réfléchissante, il est souvent nécessaire — afin que le sujet principal ne soit pas trop sombre — de corriger l'exposition avec la touche de contre-jour ou le diaphragme manuel. Accessoires indispensables : filtre gris-neutre et ceinture-batterie à porter sous l'anorak.

COMPRESSION DE L'ACTION

Les sujets très rapides filmés de face au téléobjectif donnent des vues spectaculaires à la perspective peu marquée, où le mouvement semble ralenti. Vous pouvez accentuer cet effet avec un complément optique téléobjectif. La profondeur de champ limitée permet aussi d'isoler le sujet dans son environnement.

Parmi les sujets se prêtant bien à la compression de l'espace à l'aide des plus longues focales, on peut citer les courses d'automobiles, les compétitions de moto (en particulier le cross en tout-terrain), l'arrivée d'un peloton de cyclistes filmé de pleine face, les courses de hors-bord. Les vues sont d'autant plus impressionnantes que l'action est plus rapide. Il est par ailleurs intéressant que les divers protagonistes soient répartis sur une assez longue distance : ce qui est généralement le cas.

Avec une longue focale, les secousses du camescope sont toujours exagérées : le trépied est donc indispensable. Un cadre bien stable met mieux le mouvement en valeur. Pré-réglez la mise au point en manuel sur la distance où l'action atteint son paroxysme. Vous pouvez aussi corriger manuellement la netteté au fur et à mesure que le sujet progresse vers vous. Pour être efficace, cette technique de "suivi du point" demande des essais préalables de rotation de la bague des distances (*p. 143*) laquelle doit être accomplie avec beaucoup de délicatesse.

ACTION CONTINUE

Certains sujets en perpétuel mouvement sont confinés dans un espace assez réduit : jumping, rodéo, corrida, etc. Il est préférable de les filmer d'un point de vue élevé. Suivre l'action en longues séquences demande l'emploi du trépied, commandes de la plate-forme desserrées, afin de pouvoir conserver — sans trop de fatigue — le mobile dans le cadre.

Commencez votre reportage par des vues d'ensemble situant le décor. Vous serrerez le cadrage — afin de concentrer l'intérêt sur l'action — lorsque vous vous serez habitué aux évolutions du mobile. Soyez toujours prêt, si nécessaire, à faire un zoom arrière pour que le sujet reste bien dans le cadre. Réduisez les mouvements de caméra au strict nécessaire : le mouvement est mieux mis en valeur dans un cadre fixe.

Comme à chaque fois qu'on utilise une longue focale pour suivre un sujet en déplacement continu, la mise au point s'avère particulièrement délicate. La plupart des systèmes autofocus ne sont pas efficaces dans ces conditions, l'image devenant floue dès que le mobile n'est plus exactement centré dans le viseur : ce qui arrive forcément. Débrayez l'autofocus et efforcez-vous de rectifier manuellement la mise au point tout en suivant le sujet dans sa trajectoire.

PANORAMIQUE RAPIDE

Un sujet se déplaçant à grande vitesse implique un suivi par panoramique lui-même très rapide. Le sujet, immobile dans le cadre, est d'une grande netteté tandis que le fond est "filé" par le mouvement.

Pour être efficace, le panoramique doit être pris d'un point de vue dégagé et à une distance assez grande pour pouvoir suivre le mobile selon un arc de 60° à 90° (*voir le schéma de la p. 93*).

Puisque vous avez appris à garder les deux yeux ouverts, suivez en même temps la trajectoire du sujet dans l'environnement réel et dans le viseur.

Dans le cas d'un panoramique en champ large, laissez entrer le sujet dans le cadre, puis suivez-le le plus régulièrement possible, en laissant plus d'espace à l'avant dans le sens du mouvement.

Le panoramique au téléobjectif est très difficile, mais il donne des images plus dynamiques. Commencez à panoramiquer *avant* que le sujet n'entre dans le champ, de manière à pouvoir accélérer et le suivre régulièrement lorsqu'il sera cadré. Cela évite le "choc" du départ et permet de suivre plus aisément le mobile.

Le panoramique rapide, surtout avec une longue focale, demande de sérieuses répétitions préalables. Rappelez-vous que, pour ne pas perdre le début d'un plan, vous devez déclencher le camescope avec une certaine avance, qui varie selon le modèle de camescope (*voir p. 57*).

SPORT ET ACTION • 3

Le type de reportage sportif que l'on peut voir à la télévision n'est pas à la portée d'un vidéaste travaillant seul : les professionnels tournent l'événement avec plusieurs caméras et "montage direct" en régie.

Vous pouvez cependant obtenir d'excellents résultats à partir de quelques points de vues et en travaillant selon un plan de tournage réfléchi. Voulez-vous montrer des phases complètes de l'action ou seulement donner une impression générale sur le sport concerné? Voulez-vous filmer le mouvement pour l'analyser ultérieurement? (*p.* 98).

Chaque sport demande une approche un peu différente, mais certaines notions sont applicables à tous.

• En extérieur jour, il y a toujours assez de lumière; de même, les salles couvertes et les stades pendant les "nocturnes" sont puissamment éclairés par des projecteurs.

• Un générateur de caractère, mieux encore un chronomètre dont les indications s'incrustent dans les images, sont très utiles pour les courses sur piste. Démarrez le chrono au coup de pistolet du starter. Une manière très professionnelle d'opérer consiste à préparer les titres par avance, puis à les enregistrer au début de la séquence concernée.

• Veillez à disposer d'une autonomie de bande et de batterie suffisante pour couvrir tout l'événement : les rechanges sont dans tous les cas une élémentaire précaution.

Sports d'équipe : le simple compte rendu d'un match de football ou de hockey peut être filmé d'un point de vue assez élevé dans les gradins, de préférence au niveau de la ligne médiane du terrain. Enregistrez des actions complètes en panoramiquant et en zoomant sur l'action : ce qui permettra l'étude ultérieure des tactiques et de la stratégie.

Pour intéresser des spectateurs non

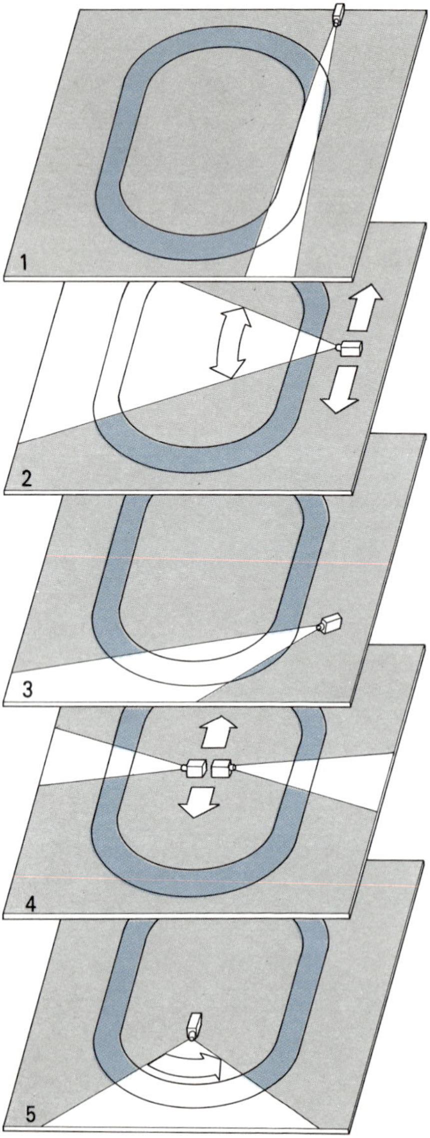

Les épreuves sur piste peuvent être filmées sous différents angles. Pour conserver la continuité de direction, restez du même côté de la ligne d'action (2, 3). **Si vous traversez la ligne pour filmer de l'intérieur de la piste (4,5), prenez un plan intermédiaire "neutre" (1) face au mouvement.**

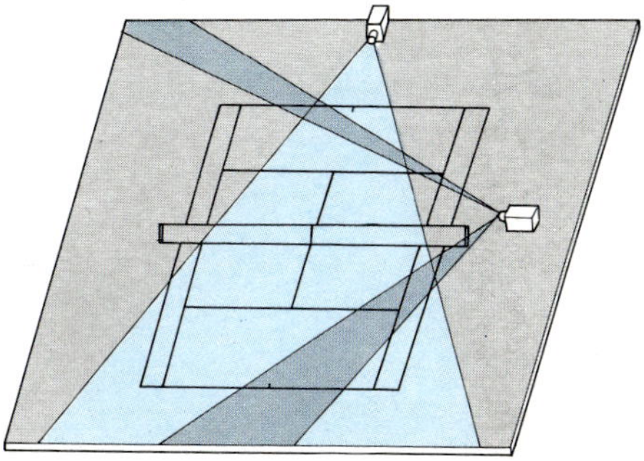

Match de tennis : choisissez un point de station élevé, en vous plaçant si possible du côté du court où le soleil n'est pas en contre-jour. Filmez quelques services au télé en zoomant arrière très rapidement pour montrer le retour de l'adversaire. N'essayez pas de panoramiquer d'un joueur à l'autre, mais assurez la continuité par des plans de coupe.

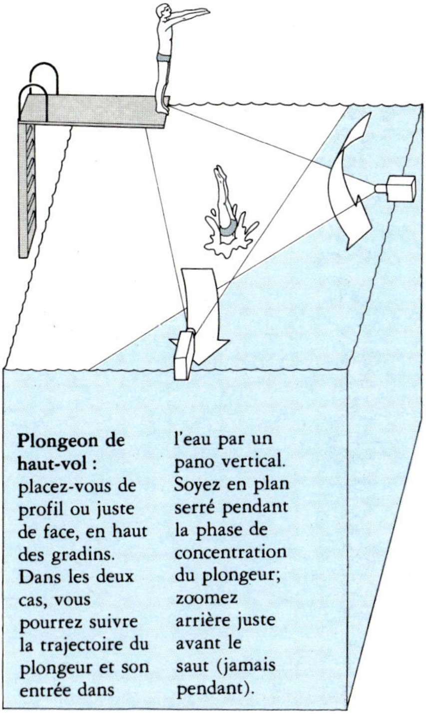

Plongeon de haut-vol : placez-vous de profil ou juste de face, en haut des gradins. Dans les deux cas, vous pourrez suivre la trajectoire du plongeur et son entrée dans l'eau par un pano vertical. Soyez en plan serré pendant la phase de concentration du plongeur; zoomez arrière juste avant le saut (jamais pendant).

spécialisés, enregistrez les moments forts du match selon des points de vues différents : ce qui n'est évidemment possible que dans un club au sein duquel vous bénéficiez d'une large autonomie de déplacement. Pour un match de football, par exemple, montrez les spectateurs, l'arrivée des joueurs sur le terrain. Puis, au niveau du sol, prenez des plans rapprochés, mais sans changer de côté pour ne pas inverser le sens de l'action (*p. 48*). Vous donnerez beaucoup plus de valeur au document en vous plaçant près d'un but afin d'anticiper l'action.

Donnez une plus grande unité à votre reportage en suivant plus particulièrement la progression d'un joueur performant; faites des plans de coupe sur les spectateurs; ajoutez une touche professionnelle en faisant commenter le match, micro en main, par un ami expert en la matière.

Courses sur piste : pour les courses de sprint, comme le 100 mètres, filmez toute l'action du début à la fin. Une position élevée, à la hauteur de la ligne d'arrivée, est idéale. Filmez le départ en position télé, puis zoomez arrière progressivement au fur et à mesure que les athlètes se rapprochent. Les courses de fond vous donnent le temps de prendre les coureurs sous des angles et des points de vue plus variés (*voir schéma p. 96*).

Athlétisme : filmez la totalité de l'action sans changer de point de vue, face à l'athlète. Le saut en hauteur et le saut à la perche sont plus spectaculaires si la course d'élan est prise au ras du sol, suivi d'un panoramique vertical du saut lui-même. Ne cadrez pas trop serré afin de pouvoir suivre le mouvement sans brusquerie.

Filmez le saut en longueur à proximité de la fosse. Accroupissez-vous pendant la course et le saut; relevez-vous ensuite doucement en inclinant le camescope pour montrer les empreintes du sauteur.

SPORT ET ACTION • 4

Analysez vos propres performances chez vous. L'autoscopie est très utile pour le contrôle des exercices de yoga, danse, gymnastique corrective, etc. La mise en œuvre est simple : placez le camescope sur pied et orientez-le vers l'endroit où vous allez évoluer, le zoom étant réglé sur un champ assez large. Vous pouvez brancher le camescope sur le téléviseur et vérifier **ainsi le cadrage définitif. Un fond dégagé et uni, un éclairage homogène de l'avant sont nécessaires. L'exercice terminé, revoyez-le immédiatement sur l'écran avec un œil critique, de manière à améliorer votre prestation.**

La vidéo est, par excellence, un moyen permettant à chacun de juger objectivement ses propres performances. La simplicité opérationnelle et la possibilité de revoir immédiatement les images sont de grands avantages, tant pour le sportif que pour l'entraîneur.

La plupart des magnétoscopes de salon disposent de la fonction "pause" permettant l'examen d'images arrêtées ; beaucoup sont dotés des modes vue par vue, ralenti et accéléré. Ce dernier permet, par exemple, d'analyser les stratégies de placement sur le terrain, tandis que le ralenti détaille chaque mouvement. L'analyse en mode vue par vue à l'aide du magnétoscope est riche d'enseignement lorsqu'on a utilisé une vitesse d'obturation rapide à la prise de vues : chaque image élémentaire est nette et l'on peut analyser avec précision le service du joueur de tennis ou le swing du golfeur.

L'enregistrement du mouvement en vue d'une analyse ultérieure (sport, danse, gymnastique, etc.) est pour beaucoup un outil de travail, demandant d'ailleurs les mêmes précautions que tout autre domaine vidéographique. Voici quelques conseils :

• Demandez au spécialiste du sport considéré quelle est la phase du mouvement la plus importante à saisir en vue d'analyse.

• Opérez camescope sur pied, en limitant les mouvements de caméra au strict minimum : ceux-ci seraient gênants lors de l'analyse des images.

• Veillez à ce que le sujet soit bien éclairé, de préférence de face. Cherchez un fond uni.

• Utilisez de préférence le grand-angle afin d'enregistrer la continuité du mouvement sans avoir à recadrer.

• Un moniteur portable permet la lecture immédiate des vues prises : la personne concernée peut analyser ses erreurs et perfectionner sa technique.

• Utilisez de préférence une bande magnétique de qualité "high grade".

Tennis et golf bénéficient grandement de l'analyse au ralenti et de la vision arrêt/image. Adoptez un champ assez large pour cadrer le joueur tout entier et l'ensemble de son geste (de face et de côté pour le golf).

Les sujets doivent être éclairés de face et placés devant un fond uni. On peut prendre des plans plus rapprochés sur des détails significatifs (position des jambes, "grip" du club, etc.). Opérez à distance au téléobjectif, afin de ne pas distraire le joueur.

LA NATURE • 1

Étudiez les habitudes de votre animal familier. Connaissant bien votre compagnon, vous pouvez prédire son comportement et, dans une certaine mesure, préparer les prises de vues. Par exemple l'animal pris au téléobjectif au ras du sol, en train d'explorer son territoire. Vous aurez des vues plus "naturelles" en excluant les personnages de la scène. Surprenez, sans qu'il s'en doute, le chien enterrant son os, le chat épiant une proie à travers les herbes hautes, faisant ses griffes contre un arbre ou jouant les acrobates sur l'arête d'un mur. Pensez à assurer une bonne continuité de mouvement et de direction d'un plan au plan suivant (*pp. 48-51*).

Il est facile de retenir l'attention des chiots et chatons en faisant bouger quelque objet. Un bouchon au bout d'une ficelle suffit à provoquer les attitudes les plus drôles. Les mouvements d'un chien poursuivant une balle à travers la pièce ou de deux chatons en train de jouer entre eux sont généralement trop rapides pour être suivis. Limitez leur latitude de déplacement (par exemple en accrochant le jouet au pied d'une table ou en mettant les chatons dans un panier d'osier). Vous pouvez faire de la mise en scène et du dressage, en incitant, par exemple, le chat à sauter d'un meuble à l'autre, à escalader un arbre, sauter d'un mur, etc.

Ces séquences doivent être cadrées à l'avance, mise au point pré-réglée. Appelez l'animal avant de déclencher le camescope afin de ne pas perdre le début de l'action (*voir p. 57*).

Prenez des gros plans de scènes statiques : le chien dévorant sa pâtée, le chat faisant sa toilette. Filmez-les à leur hauteur, c'est-à-dire au ras du sol (*ci-contre*).

L'enregistrement des bruits caractéristiques ne doit pas être négligé : utilisez un micro externe tenu ou posé sur un suppor

CAMESCOPE AU RAS DU SOL

Adoptez un point de vue surbaissé afin de filmer l'animal à sa hauteur. Mettez-vous à plat ventre, en reposant les deux coudes sur le sol, ou bien camescope sur les genoux, ou encore — schéma ci-dessous — en le posant directement à terre.

Un pied "de table" (mais posé sur le sol) permet de prendre des plans très stables d'un animal qui ne se déplace que très peu, tel le chat en train de lapper son assiette de lait. Il permet cependant, viseur relevé à 90°, de suivre l'action en panoramique. Une vue prise depuis le sol en contre-plongée met l'accent sur la puissante carrure d'un gros chien, tel un doberman ou un chien-loup.

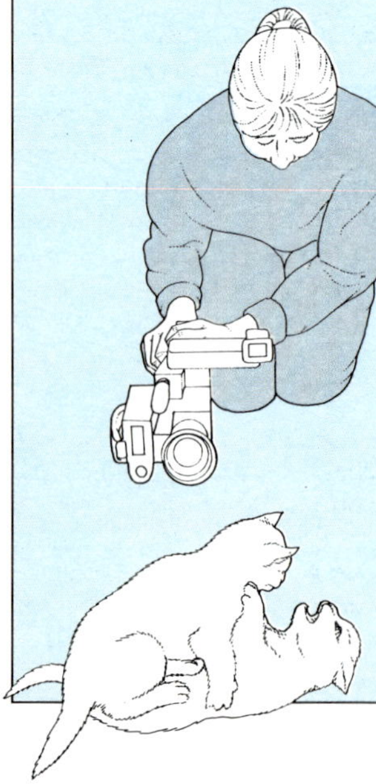

PRISES DE VUE EN MODE MACRO

Le zoom du camescope offre une "position macro", utilisable seulement en réglage grand-angle. Elle permet de faire manuellement la mise au point sur les sujets très proches, à partir de quelques millimètres de la lentille frontale. Les sujets sont innombrables : insecte explorant une fleur, goutte de rosée sur une herbe, araignée guettant sa proie, chenille dévorant une feuille.

En mode macro, zooming et autofocus sont débrayés : pour assurer la netteté jouez sur le levier du zoom ou sur la distance objectif-sujet. La profondeur de champ étant extrêmement limitée, il faut opérer sur trépied et assurer une mise au point très précise sur la partie la plus significative du sujet (les yeux pour un insecte, par ex.). Le camescope, très proche, peut projeter son ombre sur le sujet : opérez de préférence avec un éclairage latéral ou de contre-jour.

à proximité de l'animal, mais naturellement en dehors du champ embrassé.

Un pelage noir ou sombre absorbe beaucoup de lumière et risque de fausser l'exposition : pour éviter la sous-exposition, réglez le diaphragme manuellement ou pressez la touche de contre-jour. Si vous utilisez un éclairage d'appoint, placez-le de préférence en indirect, cela afin de ne pas effrayer l'animal et lui conserver son comportement naturel.

Un chien est généralement plus facile à filmer qu'un chat : il obéit volontiers aux indications qu'on lui donne et il est prêt à recommencer la même action (par exemple rapporter un bout de bois) autant de fois qu'on lui demandera. Pour saisir une telle scène, placez-vous près de son maître et suivez toute l'action en position grand-angle. Vous pouvez ainsi terminer la scène par la vue en gros plan du chien déposant l'objet aux pieds ou dans la main de son maître.

Le saut d'un chien au-dessus d'un obstacle se prend en contre-plongée : après avoir montré sa course, suivez l'action par un pano vertical. Il est essentiel d'opérer autofocus débrayé, avec pré-réglage de mise au point sur l'emplacement du saut.

Les oiseaux et autres animaux sauvages peuvent être attirés dans votre jardin par un appât, puis discrètement filmés depuis une fenêtre ouverte, camescope sur pied et zoom réglé en longue focale, voire équipé d'un complément téléobjectif. Cadrez serré sur l'endroit où vous avez placé la nourriture et attendez patiemment. Autre méthode : utiliser la télécommande (*p. 102*).

LA NATURE • 2

Patience, silence, immobilité : telles sont les règles essentielles à observer pour filmer la vie sauvage. Documentez-vous préalablement sur le comportement naturel des animaux que vous allez rencontrer. Habituez-vous à répondre rapidement et instinctivement à toute nouvelle situation imprévue.

Vous filmerez le plus souvent à longue distance, c'est-à-dire le zoom étant sur une longue focale : d'où une faible profondeur de champ et la nécessité d'opérer sur un solide trépied.

Dans les réserves aménagées se trouvent des affûts permettant de filmer les animaux à distance relativement proche. Vous pouvez également faire votre affût personnel, telle une tente camouflée. Elle doit être assez grande pour déployer le trépied et attendre l'occasion, confortablement assis sur un pliant. Seul l'objectif doit être visible de l'extérieur.

Une autre approche est d'utiliser une télécommande déclenchant le camescope à distance. Installez le camescope sur l'endroit que fréquente régulièrement l'animal et dissimulez-vous à quelques mètres en observant l'image sur un petit moniteur relié par un cordon vidéo au camescope. *Voir l'encadré ci-contre.*

Enregistrez des séquences simples montrant telle espèce animale et ses activités. Vous pouvez parfois les appâter avec de la nourriture. Variez vos approches et rendez votre vidéogramme plus didactique en filmant la même espèce animale à différentes heures de la journée.

La chasse vidéo de nos animaux des bois — cerfs, sangliers — ou les safaris offrent de grandes possibilités pour le vidéaste.

- Renseignez-vous auprès du guide ou du garde-chasse sur les emplacements plus favorables.
- C'est généralement en début et en fin de journée que les animaux sont les plus actifs.
- Installez de préférence votre affût à proximité d'un lieu régulièrement visité : un point d'eau par exemple.
- Gardez vos doigts sur la commande de zoom et la bague de mise au point pour être prêt à saisir l'action dès qu'elle se présente. Mouvements de la plate-forme du pied desserrés dans l'éventualité d'un panoramique impromptu.

SAFARI PHOTOGRAPHIQUE

- Emportez un trépied solide, de préférence à tête fluide. Le monopode, plus léger, est moins efficace.
- Un complément optique téléobjectif augmente la focale maximale du zoom, mais au prix d'une réduction de la profondeur de champ. La mise au point est alors plus difficile, surtout sur un sujet mobile.
- La télécommande serait idéale. Malheureusement, un camescope ne peut pas être mis en service par la télécommande (il stoppe de lui-même au bout de 6 minutes environ) : ce qui vous oblige à revenir fréquemment auprès de lui pour le réinitialiser.
- Pensez à emporter un tapis de sol pour la position allongée et un pliant pour les longues attentes immobiles...
- Un parapluie ou un parasol vous protègera (ainsi que votre équipement) du soleil et des intempéries.

Rappel : ne laissez pas votre matériel dans un véhicule au soleil. Protégez-le de la poussière et du sable. Emportez cassettes et batteries chargées de rechange. Laissez le filtre ultraviolet protecteur en permanence sur le zoom.

Le complément optique téléobjectif permet d'opérer à une plus grande distance (et avec plus de sécurité). La mise au point doit être particulièrement soignée, surtout sur un sujet en déplacement rapide (le lion). A courte distance, le complément télé est idéal pour les petits sujets (l'écureuil).

• Il est pratiquement impossible de filmer correctement depuis un véhicule en marche. A l'arrêt, montez sur le toit du véhicule, ce qui vous donne à la fois un point de vue élevé et une base stable pour le trépied.

• Si, pour des raisons de sécurité — lions, tigres — vous devez filmer de l'intérieur d'un véhicule fermé, positionnez l'objectif le plus près possible de la glace pour éviter les reflets.

“Ayez du respect, de la patience et de la compréhension envers la nature. Étudiez votre sujet dans les ouvrages spécialisés avant d'aller le rencontrer sur le terrain. La chasse vidéo commence dans votre jardin. Filmer la nature est un privilège qui doit se mériter.”

MAURICE R. TIBBLES,
RÉALISATEUR DE FILMS SUR LA VIE SAUVAGE, OPÉRATEUR

LA NATURE • 3

Les animaux marins, dauphins, otaries, etc. sont plus faciles à filmer d'un point dominant la piscine. Assistez une première fois au spectacle afin de repérer le meilleur angle et de répéter les mouvements de la caméra. Pour le saut du dauphin, adoptez un angle de champ assez large pour embrasser toute l'action et zoomez avant au moment de la récompense. La réaction d'un enfant (*ci-dessus*) aux exploits de l'animal est un plan de coupe tout trouvé.

Parcs naturels et zoos donnent accès, en toute sécurité, à une grande variété d'espèces animales. Dans un zoo, il n'est généralement pas difficile de trouver de bons points de vue. Rappelez-vous cependant que le système autofocus de votre camescope est inefficace en présence d'un grillage ou d'une vitre (*voir l'encadré*) : faites la mise au point manuellement. Avant de commencer à filmer, faites un tour du zoo afin de sélectionner les sujets intéressants et préparer un plan de tournage. Les attitudes des animaux étant souvent imprévisibles, il vaut mieux tourner beaucoup et sélectionner ultérieurement au montage. Efforcez-vous de construire des séquences cohérentes bien raccordées entre elles. Dans un zoo, les animaux sont plus ou moins conditionnés : beaucoup déploient une plus grande activité avant l'heure des repas; renseignez-vous et installez-vous en bonne place avant l'arrivée des spectateurs.

Une bonne connaissance préalable du comportement animal vous permet d'adopter une approche adaptée à chaque espèce. Par exemple, les grands félins, les ours et les loups tournent dans leur enclos de manière toujours semblable. Vous pouvez donc répéter les mouvements de caméra avant de les filmer. Soyez prêt à modifier vos réglages si besoin est.

Les animaux grégaires, zèbres, daims, etc., sont particulièrement nerveux. En observant l'animal leader, vous pourrez souvent anticiper un brusque déplacement du troupeau. Adoptez un champ large, quitte à prendre des vues plus proches lorsque les animaux se seront arrêtés pour brouter.

Les primates, chimpanzés, gibbons, lémuriens, etc., sont très actifs et difficiles à suivre, particulièrement les plus jeunes. Au lieu de chercher à les accompagner dans leurs déplacements, attendez-les dans un coin du terrain ou de la cage où ils se rendent plus fréquemment : telle branche ou plateforme qu'ils aiment à fréquenter. Le repas des singes est un moment privilègié parce que leurs attitudes et mouvements sont alors plus faciles à suivre. Ils s'emparent de leur nourriture sur le plateau commun pour aller la déguster dans un endroit isolé : c'est le moment de prendre des gros plans au téléobjectif.

Rhinocéros, girafes, éléphants, chameaux, et autres gros animaux, sont plus calmes et restent souvent à peu près immobiles. D'autres tels les pandas,

A TRAVERS LES GRILLAGES

Le système autofocus est trompé par la présence d'un grillage, filet ou vitre. Même en mise au point manuelle, le dessin du grillage apparaît si vous vous tenez trop près de la cage en position grand-angle (*à gauche*). Dans un tel cas, prenez du recul et opérez au téléobjectif : la faible profondeur de champ "efface" le grillage (*à droite*).

En présence d'une vitre (aquarium par ex.) placez-vous obliquement ou utilisez un filtre polariseur pour éviter les reflets parasites et faites une mise au point manuelle.

orangs-outangs, gorilles, restent assis sans bouger pendant de longues périodes. Cela vous permet de réaliser de véritables portraits bien composés, en partant d'un détail (l'œil du gorille par exemple), suivi d'un zoom arrière pour montrer l'animal en entier. Vous pouvez passer agréablement d'un individu à un autre, soit par panoramique lent, soit par modification de la mise au point. Au moment des repas, faites des plans de coupe et des contre-champs sur la foule et sur le gardien distribuant la nourriture, afin de raccorder les séquences entre elles.

Rappelez-vous que les pelages ou les peaux sombres absorbent beaucoup de lumière. Pour avoir suffisamment de détails, attendez que l'animal se place dans un endroit ensoleillé, ou bien pressez la touche de contre-jour, afin de détailler une girafe se profilant devant le ciel plus lumineux.

Les spectateurs sont souvent aussi "curieux" à observer que les animaux qu'ils regardent. Comme ils ne font aucune attention à vous, c'est une occasion très favorable pour filmer les réactions spontanées des enfants et adultes face aux animaux. Le montage ultérieur permet d'amusantes comparaisons visuelles entre, par exemple, le comportement d'une guenon avec son petit et celle tout aussi naturelle d'une maman avec son enfant.

Beaucoup d'animaux émettent des cris ou des chants qui méritent d'être enregistrés; plutôt que de compter sur le micro incorporé au camescope, utilisez un micro externe directionnel pointé vers le sujet qui vous permettra d'éviter les bruits "parasites" des personnes avoisinantes.

LA VIDÉO EXTRÊME

Si vous pratiquez un sport d'aventure telle la plongée sous-marine ou le parachutisme, faites partager votre expérience grâce à la vidéo. Jugez aussi objectivement de vos capacités réelles avant de prendre le risque supplémentaire d'utiliser votre camescope dans de telles circonstances.

Sports aquatiques. La voile, le canoë-kayak, le ski nautique, le surf, etc. se filment avec le camescope équipé d'une simple protection contre les projections d'eau (*voir l'encadré*). Vous prendrez ainsi des vues spectaculaires de descentes en canoë, rafting, yachting, ou courses de hors-bords depuis la rive ou en prenant place sur un bateau accompagnateur. Enregistrez le skieur nautique en pleine action depuis le hors-bord ou le windsurfer à partir d'un bateau voisin.

Dans un tel cas, il faut naturellement protéger le camescope qui craint normalement les projections d'eau, la poussière, le sable, etc. Outre un modèle de camescope "tout-temps" (Sony CCD-SP5), il existe dans le commerce des housses de protection imperméables s'adaptant sans problème à la plupart des modèles. La marque la plus répandue est commercialisée sous le nom de "Ewa Marine". Vous pouvez éventuellement improviser un imperméable pour votre camescope à l'aide d'un sac en plastique (polyéthylène) ménageant des ouvertures pour l'oculaire du viseur et la lentille frontale du zoom.

Le véritable caisson étanche permet d'explorer un domaine nouveau : celui de la vie sous-marine. Bien que lourd et encombrant sur terre, il se manie aisément sous l'eau. Il n'est pas nécessaire de plonger profond pour rapporter des images attrayantes : la meilleure lumière et la vie marine la plus active se trouvent parfois à moins de 10 mètres, c'est-à-dire dans la zone de plongée accessible avec masque et tuba. Même la simple observation du fond depuis la surface, le caisson étant immergé, peut donner des images

SOUS L'EAU

Le caisson sous-marin, tel celui de Sony (*ci-dessus*) permet de filmer jusqu'à 40 m de profondeur. L'objectif est à focale fixe, mise au point et balance des blancs sont préréglés. On dispose d'un microphone frontal et d'un viseur extérieur pour le cadrage. La torche — également étanche — fixée sur le caisson permet d'obtenir des couleurs naturelles. Les seules commandes sont celles d'arrêt/marche du camescope et d'allumage de la torche.

Un camescope protégé contre les projections d'eau, le sable, la poussière (*ci-dessous*) permet de filmer les sports aquatiques en toute sécurité.

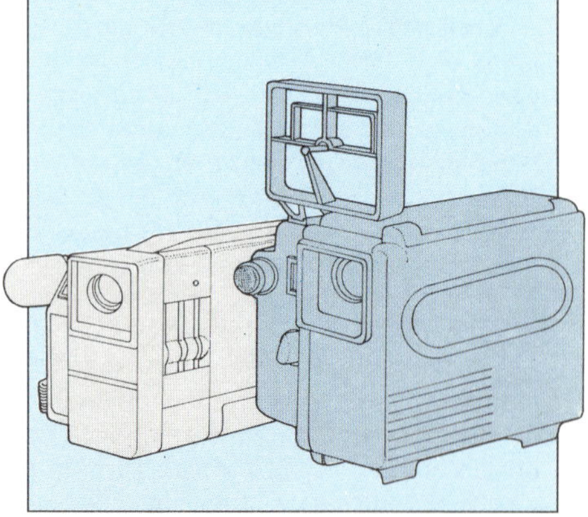

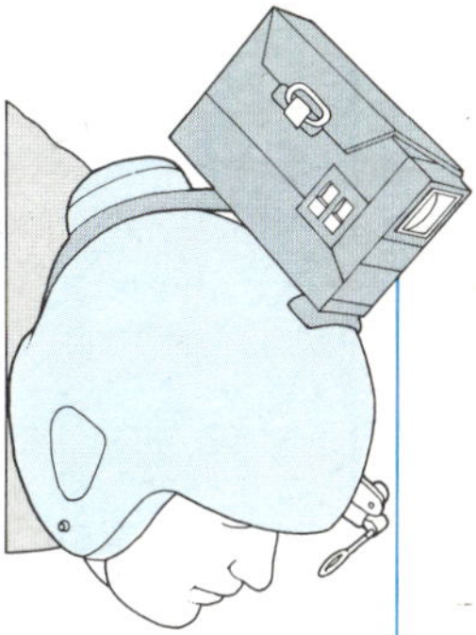

Le petit camescope monté sur le casque autorise des vues spectaculaires en parachute, deltaplane ou vol libre. Le réticule permet de cadrer par inclinaison de la tête.

intéressantes. En eau peu profonde, la lumière solaire est réfléchie par le sable.

Toutes les merveilles de la vie sous-marine ne sont cependant accessibles qu'au plongeur-vidéaste équipé d'un scaphandre autonome et d'une torche d'éclairage.

• *Ne plongez jamais seul.* La prise de vues est si absorbante que vous risquez d'oublier les précautions élémentaires. Soyez toujours accompagné d'un autre plongeur.

• Ne cherchez pas des angles complexes.

• Nagez régulièrement pour prendre des plans de longue durée, faciles à monter ultérieurement.

• Le zoom n'étant pas utilisable, approchez-vous pour les gros plans.

• Dans l'eau, la lumière solaire décroît rapidement et les radiations rouges du spectre sont plus absorbées que les bleues. La torche vidéo étanche permet de retrouver les couleurs naturelles. Sans éclairage d'appoint, les images ont une dominante bleuâtre.

Vues aériennes. On peut prendre des images spectaculaires depuis un avion de tourisme ou un hélicoptère. En raison du bruit ambiant qui empêche de communiquer, discutez par avance avec le pilote de ce que vous voulez filmer. Les meilleurs moments pour le tournage sont 2 à 3 heures après le lever ou avant le coucher du soleil, lorsque les ombres allongées mettent le terrain en relief.

Pour le tournage en vol, installez-vous de manière à bien dégager l'aile du champ. Serrez fermement le camescope sur votre épaule ou votre joue afin d'éviter les vibrations. Opérez au grand-angle et ne filmez que lorsque la vue est bien dégagée. Veillez à la surexposition en mode automatique, surtout si le cadrage inclut une large zone de ciel ou le soleil en contre-jour.

La montgolfière est plus favorable pour les vues près du sol. Le déplacement lent de l'aéronef permet de filmer le paysage en vertical ou vers l'horizon et même d'opérer au téléobjectif pour filmer les détails du terrain.

Les vues les plus spectaculaires se prennent en deltaplane, en parachute ou en vol libre (*ci-dessus*). Il faut opérer, camescope monté sur le casque, en mode tout-automatique.

LA TOUCHE PROFESSIONNELLE

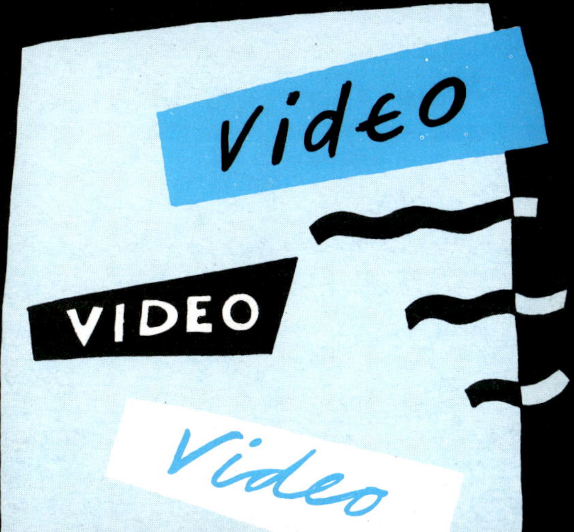

En consacrant une part importante de vos efforts créatifs au stade de la post-production, vous augmenterez considérablement la valeur et l'efficacité de vos programmes. Ce chapitre dévoile une variété de techniques utiles qui donneront un aspect plus "professionnel" à vos vidéogrammes. Par exemple, la réalisation de titres et les effets spéciaux, tant visuels que sonores. Les possibilités nouvelles permises par le montage — y compris l'incorporation de séquences extraites de films cinéma — étendent énormément le domaine de l'expression vidéographique.

LE TITRAGE • 1

Des titres et sous-titres bien conçus donnent un aspect professionnel à vos productions. Ils doivent être attrayants, bien lisibles et conservés assez longtemps à l'écran pour permettre leur lecture. Le choix des caractères, du fond et de la mise en page doivent s'accorder avec le thème. La méthode de titrage la plus aisée utilise un générateur de caractères : incorporé au camescope ou accessoire optionnel. Il permet de créer un texte présenté sur un fond ou incrusté dans les images réelles. En dehors des génériques de début et de fin, on peut incorporer des sous-titres, introduisant une nouvelle séquence, précisant un détail (par ex. le nom d'un personnage), indiquant une date, une heure ou un lieu.

Si vous montez "à la caméra", le titre doit être composé et incrusté en cours de tournage. Une autre manière de procéder est de garder une place libre sur la bande et de l'incorporer ultérieurement par insertion.

Un "titreur" performant génère des textes de différentes tailles et couleurs, sur plusieurs lignes, positionnables à volonté sur l'écran. Certains modèles permettent de les faire "dérouler" verticalement du bas vers le haut.

A chaque fois que possible, préparez un brouillon de mise en page du titre, afin de déterminer par avance l'emplacement et l'encombrement des mots et la meilleure composition du graphisme dans l'écran. Servez-vous d'une grille quadrillée en tant que gabarit pour l'imposition des lettres de votre titre.

La connaissance de certaines règles élémentaires de composition vous facilitera la création de titres agréables et dynamiques, personnalisant le vidéogramme. Les illustrations des pages 111 à 113 présentent, à titre d'exemple, quelques techniques simples de réalisation.

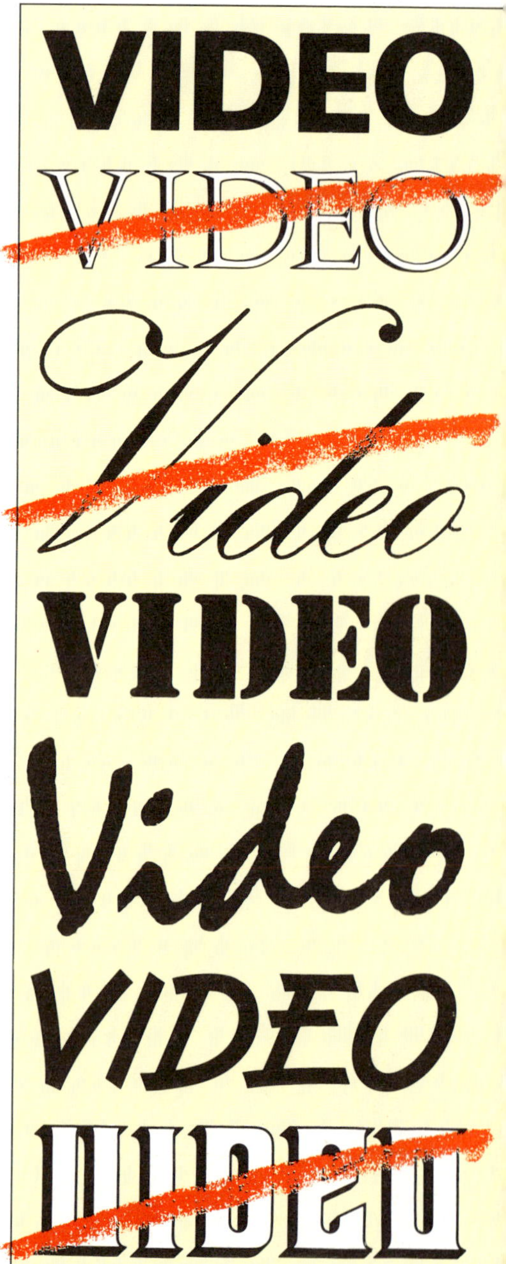

Lorsque vous utilisez un générateur de caractères, veillez à bien positionner le titre sur le fond. Le positionnement des trois premiers titres de droite convient bien au fond de ciel, mais la dernière ligne du quatrième se confond avec l'horizon. Evitez les arrière-plans confus et choisissez une couleur de caractères contrastant bien avec celle du fond.

Un titre d'une ligne est plus agréable lorsqu'il est positionné juste au-dessus de la ligne médiane de l'écran.

Composez un titre de 2 ou 3 lignes de manière à bien équilibrer les mots et former un ensemble homogène.

Le titre peut être justifié à gauche : à condition qu'il ne comprenne que quelques mots.

Justification à droite du même titre composé sur 2 lignes, centré dans la hauteur de l'écran

Dans le cas de titres composés à partir de lettres adhésives (*à gauche*) choisissez une police de caractères modernes, épais et sans déliés : nous vous présentons des exemples de caractères utilisables et d'autres qui le sont moins ou pas du tout. En raison du balayage télévision, certains types de caractères, même assez gros, deviennent difficilement lisibles. En cas de doute, procédez à des essais de lisibilité sur le téléviseur.

LE TITRAGE • 2

Au lieu d'utiliser un générateur de caractères dont les possibilités sont limitées, vous pouvez créer vos propres graphismes. Cette approche donne une plus grande liberté de style et de mise en page. Le titre principal est particulièrement important, car il évoque le "climat" spécifique du film-vidéo. Vos dessins peuvent être repris au banc-titre (*p. 114*) et insérés en cours de montage.

Choix des caractères: plusieurs méthodes vous permettent de créer des titres attrayants.

- La manière la plus simple est d'écrire directement le titre à la main sur un papier légèrement teinté (un fond blanc provoque un contraste excessif) avec un stylo feutre donnant des traits épais.
- Les lettres en plastique découpé procurent un certain relief.
- Les lettres adhésives sont variées et d'un graphisme parfait. La composition du titre est un exercice visuel ; appréciez par la pratique les espacements à donner entre les lettres et la mise en page du texte. Quelques conseils : tracez des lignes au crayon pour l'alignement (que vous gommerez ensuite) ; laissez un espace plus faible entre deux lignes successives que la hauteur des lettres ; jugez de l'espacement des lettres visuellement ; pour centrer un mot, commencez par positionner la lettre médiane ; laissez à peu près l'espace de la lettre "M" entre deux mots.
- Un texte tapé à la machine peut constituer un titre valable, à condition de le reprendre en mode macro : ce qui fait apparaître les imperfections de la frappe.
- Présentez de préférence des lettres noires sur un fond coloré. Les lettres blanches sur fond coloré sont également agréables.
- On peut coller les lettres adhésives sur feuille d'acétate transparent, laquelle sera placée devant un fond texturé ou uni, voire une photo ou un dessin.
- Une méthode plus originale : titre en lettres adhésives sur une plaque de verre, filmé au téléobjectif. Modifiez ensuite la mise au point pour révéler l'arrière-plan (ce qui fait disparaître le titre en fondu).

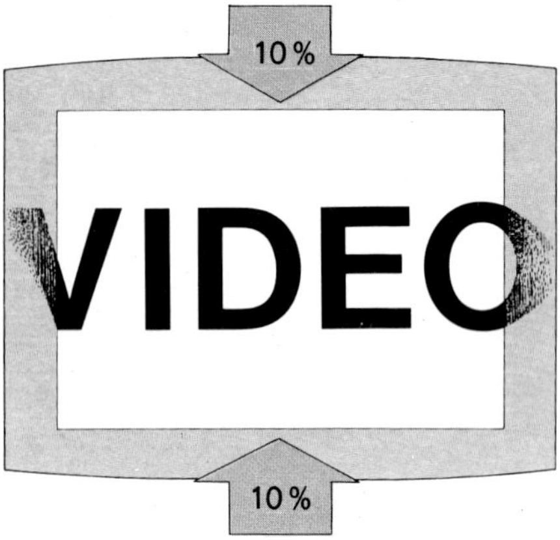

Cadrez le titre de telle manière qu'il ne soit pas coupé par les bords de l'écran. Par précaution, laissez un espace d'environ 10 % tout autour. Le viseur du camescope a tendance à embrasser un champ plus large que le téléviseur. Lorsque vous opérez chez-vous, cadrez vos titres sur l'image du téléviseur plutôt que dans le viseur du camescope.

Mise en page et composition : plusieurs aspects méritent considération.

- Les proportions du titre — compte-tenu de la marge de sécurité conservée sur les quatre côtés — doivent tenir compte du rapport hauteur/largeur (3 :4) de l'écran vidéo. Toute taille de document convient pourvu qu'elle respecte ce rapport (le format 22,5 x 30 cm est le plus couramment utilisé par les professionnels).
- Veillez à laisser suffisamment d'espace libre autour du titre(ci-dessus).
- Pour créer un titre plus attrayant, vous pouvez partager le fond (horizontalement ou verticalement) en bandes diversement colorées.
- Sélectionnez le type de caractères (police) avec soin : nous avons vu *page 110* que certains styles de lettres passaient mal à l'écran TV.

Les titres pivotants, montés dans une reliure à anneaux, sont attrayants : au bord d'une table, laissez-les tomber les uns après les autres. Cela ajoute du mouvement. Afin d'éviter les "sauts" sur l'écran, tous les titres doivent être composés et centrés exactement de la même manière.

- A moins que vous ne présentiez le générique sous la forme d'un déroulant, limitez le nombre de lignes de chaque titre à 5 ou 7 au maximum. Au delà, les caractères sont trop petits et deviennent difficilement lisibles. Partagez un long texte en plusieurs "cartons" présentés successivement.
- Veillez à laisser assez d'espace entre les caractères et entre les lignes, afin qu'ils restent parfaitement lisibles après reprise en vidéo. Il est sage de procéder à des essais préliminaires afin de vérifier la bonne lisibilité du titre après réenregistrement.
- Le titre principal doit être en lettres capitales. Le reste du texte s'accommode de minuscules.
- Ne mélangez pas différentes polices de caractères sur un même titre : cela fait "désordre" et diminue la lisibilité. Variez au contraire l'aspect du titre en utilisant plusieurs tailles (corps) d'une même police.

Titres personnalisés à la prise de vues. Au bord de la mer par exemple, tracez le texte dans le sable ou composez-le avec des galets ou des coquillages. Une vaguelette venant effacer le titre produit un agréable effet de "fondu". Bien d'autres éléments sont utilisables, au gré de votre inspiration et selon la nature du thème traité : fleurs, feuilles, brindilles, boutons, pièces de monnaie. Le prénom sur le gâteau d'anniversaire. Pour un vidéogramme familial, faites écrire, par exemple, le titre par un enfant.

LES TECHNIQUES DU BANC-TITRE

La méthode du banc-titre permet de reprendre en vidéo une grande diversité de documents, à inclure dans le vidéogramme : dessins, textes, œuvres d'art, coupures de presse, cartes, illustrations extraites de livres ou de magazines. Le mode insertion permet de les incorporer en n'importe quel endroit d'une cassette enregistrée. On peut également créer des programmes cohérents à partir de l'album de famille et lui donner la vie par l'addition d'un commentaire et/ou d'un fond musical.

L'installation est illustrée ci-contre. Les lampes d'appoint ne sont pas toujours nécessaires : sous un éclairage ambiant suffisant, vous pouvez filmer sur pied, les documents étant positionnés verticalement ou horizontalement. Vérifiez toutefois que le document reçoit un éclairage homogène et que le camescope ne projette pas son ombre.

En faible lumière, utilisez la petite torche vidéo fixée sur la griffe du camescope, en vérifiant qu'il n'y a pas de reflets gênants. Contrôlez le cadrage en branchant le camescope sur le téléviseur et composez soigneusement l'image sur l'écran.

Les conditions opératoires varient selon la nature des documents :

Titres, sous-titres et génériques :

- Déterminez avant tournage quelle durée vous devez donner au plan en lisant le texte lentement, à voix haute. Multipliez la durée par trois pour le titre principal.
- Cadrez de même manière des titres présentés successivement.

Photographies et tableaux :

- Evitez à tout prix les reflets sur la surface brillante du document. Si nécessaire inclinez-le légèrement par rapport à l'axe optique. Éliminez les reflets sur une surface brillante (photo glacée par exemple) en dissimulant le camescope — sauf l'objectif évidemment — derrière un grand voile noir.

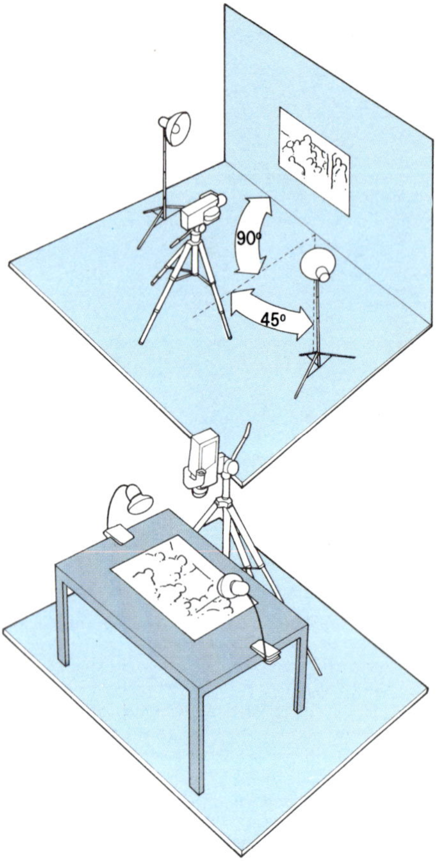

Une installation banc-titre idéale permet de filmer le document fixé sur un mur ou verticalement, posé sur une table. Montez le camescope sur trépied réglé à la hauteur convenable et de telle manière que l'axe optique du zoom soit exactement perpendiculaire au document. Éclairez uniformément avec deux lampes identiques, positionnées à 45° environ de part et d'autre. Pour contrôler l'uniformité de l'éclairement, placez un crayon perpendiculairement au centre du champ : les deux ombres projetées de part et d'autre doivent être d'égale densité. Un banc-titre doit permettre de filmer successivement diverses zones d'un document, comme sur le tableau de la page ci-contre. Faites très attention à la qualité de la mise au point.

Ce tableau très figuratif a été animé par la succession de plans sélectionnés et judicieusement cadrés pour "raconter une histoire". Le camescope étant installé en banc-titre, un tel sujet permet de faire panoramique ou zooming, comme sur une scène à trois dimensions. Exécution délicate : répétez chaque mouvement avant de le filmer. Pour ce tableau, la séquence pourrait être : gros plan de l'homme à la fenêtre, avec zoom arrière révélant le groupe ; les personnages près de la cheminée, suivi d'un pano vertical sur les deux femmes ; les deux dames apparaissant à la porte ; enfin, vue générale de la scène.

- En choisissant vos sujets, n'oubliez pas qu'ils doivent s'inscrire dans les proportions 3 :4 de l'écran vidéo.
- Certains documents ont des proportions qui ne sont pas homologues avec le format vidéo. Deux manières de résoudre ce problème : soit composer votre image à l'intérieur du document (vous en perdez donc une partie), soit présenter le document tout entier, mais en le montant sur un fond de couleur approprié.
- Une autre manière de procéder — dans le cas d'un document de dimensions non homologues — consiste à le partager en plusieurs zones d'intérêt qui sont filmées successivement. C'est la solution adoptée pour le tableau ancien ci-dessus. L'illustration sonore (musique et commentaire) ajoute beaucoup à ce type de réalisation.

Créez des films-vidéo récréatifs pour les enfants à partir de leurs propres dessins, peut-être établis spécialement pour l'occasion. Filmez et assemblez ces images dans un montage dynamique et ajoutez-y un commentaire approprié.

Coupures de journaux, gravures et cartes :

- Un vidéogramme de voyage nécessite souvent l'inclusion de cartes détaillées, de photos ou autres documents explicatifs regroupés sous le nom d'inserts. Au lieu d'utiliser le mode macro du camescope, pas toujours pratique, il est souvent préférable de visser une bonnette convergente (1 ou 2 dioptries) sur le zoom.
- Vous pouvez panoramiquer ou zoomer sur le document, mais très lentement afin de maintenir une bonne lisibilité.

EFFETS OPTIQUES

Les effets optiques donnent plus d'impact aux programmes. Des effets originaux et attrayants s'obtiennent à la caméra : certains d'entre eux ne demandent qu'un simple morceau de carton noir. Expérimentez, certes, mais ne créez pas d'effets "gratuits" qui ne seraient pas en harmonie avec le thème et le style de votre programme. Un effet doit mettre le sujet en valeur, non distraire de son contenu.

Fondus : beaucoup de camescopes incorporent un dispositif de fondu permettant de faire disparaître image et son à la fin d'un plan (fermeture), puis de les faire réapparaître au début du suivant (ouverture). A la fermeture, l'image devient progressivement noire (fondu au noir) ou blanche (fondu au blanc).

Les fondus, faciles à réaliser, servent essentiellement à :

- Assurer la transition entre deux scènes animées.
- Passer d'un titre du générique au suivant.
- Evoquer le passage du temps (événements de longue durée) ou le changement de lieu (vidéogramme de voyage).

Puisqu'il implique la fermeture à la fin du dernier plan, le fondu doit être prévu à l'avance : c'est-à-dire "lancé" en cours de tournage lorsque l'action et/ou le dialogue sont terminés. La scène suivante doit, en principe, commencer par un fondu à l'ouverture, mais ce n'est nullement une obligation. En débutant au contraire la nouvelle scène par un "cut", on crée un effet de surprise qui lui donne souvent plus d'impact. Le fondu automatique s'effectue toujours à la même vitesse, ce qui est parfois un inconvénient. Si votre camescope est doté de la commande manuelle du diaphragme, vous pouvez au contraire réaliser des fondus au noir de durée variable. Notez que le principe ne "fonctionne" bien que si le niveau d'éclairage ambiant n'est pas trop élevé (car sans cela l'image ne disparaît pas complètement) ; par ailleurs — contrairement au fondu automatique — le son ne s'évanouit pas en même temps que l'image.

Volets : ils assurent également une agréable transition entre deux scènes. Placez le camescope sur pied, en mode manuel. Au moment où vous voulez couper la scène, faites glisser régulièrement un morceau de carton noir juste devant l'objectif, jusqu'à ce qu'il soit masqué (volet à la fermeture). Un volet est plus efficace lorsqu'il est exécuté rapidement : il apparaît alors au spectateur comme un simple changement de plan.

Les volets se réalisent de diverses manières :

- En faisant glisser le cache latéralement, comme un rideau qui se ferme.
- En faisant suivre un volet au noir vers le bas de l'écran, d'un volet vers le haut, révélant la nouvelle scène. Vous pouvez utiliser pour cela un porte-filtre (Cokin, par exemple, *voir le schéma ci-contre*) qui facilite le guidage de déplacement du volet dans les deux directions.
- En utilisant deux caches verticaux pour "fermer" l'écran comme par des double-rideaux ; puis en révélant la nouvelle scène par l'ouverture des deux caches.
- En combinant fondu et volet. Par exemple, terminer la scène "A" par un fondu au noir, puis commencer la scène "B" par un volet à l'ouverture.

La réalisation de volets n'est praticable qu'avec un camescope pourvu d'un diaphragme débrayable, c'est-à-dire que l'on peut régler et "verrouiller" sur l'exposition adéquate pour la scène réelle. Avec le diaphragme "auto", on ne peut éviter un effet de "pompage" pendant le déplacement des volets.

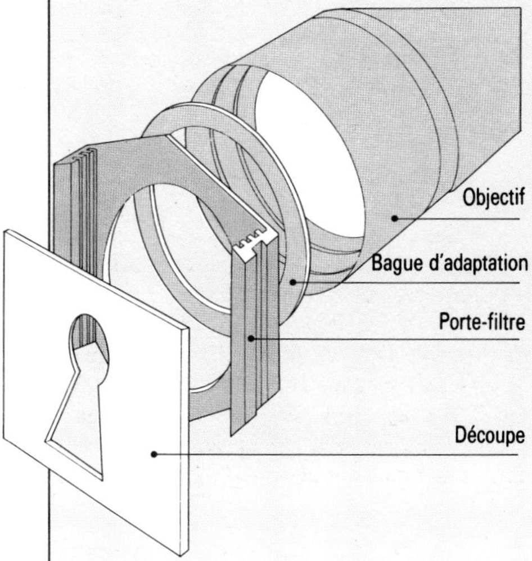

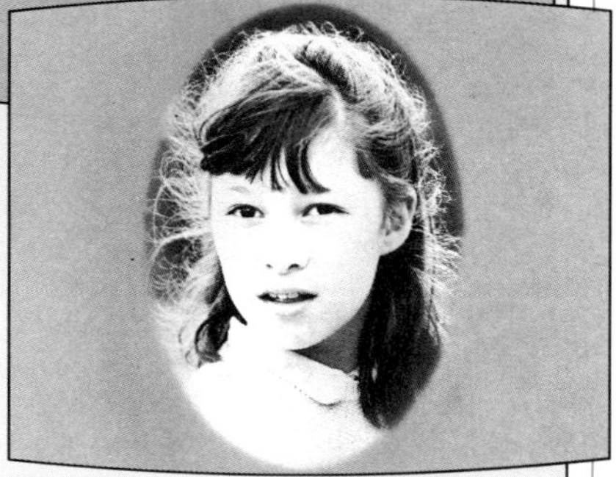

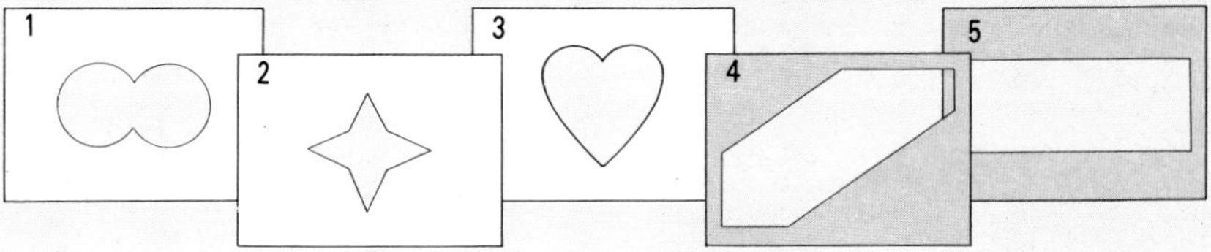

Une "vignette" montée dans un porte-filtre peut donner un climat approprié à une scène romantique (cœur) ou mettre le personnage en relief (ovale). Outre les découpes "standard" (1-3), vous pouvez réaliser une découpe en diagonale (4) ou en "cinémascope" (5).

EFFETS DE VIGNETTES

En montant un cache découpé d'une ouverture de forme convenable dans un porte-filtre standard (*ci-dessus*), vous introduisez une nouvelle forme ou "découpe" à l'intérieur de l'écran. Les caches pré-découpés se trouvent dans le commerce, mais il est aussi simple de les préparer soi-même. L'effet de découpe est visuellement fort, utilisez-le avec discrétion. Le cache étant placé près de l'objectif, les bords de la découpe sont flous : un peu plus nets en forte lumière (le diaphragme est alors très fermé) ou en position grand-angle (plus grande profondeur de champ).

- Combinez une découpe avec les titres d'un générateur de caractères : les textes n'apparaissant alors que devant les parties opaques de l'image.
- Associez, dans le même porte-filtre, un volet au noir et une découpe. Servez-vous du volet pour révéler la forme de la découpe.
- Zoomez avant sur une découpe circulaire ou ovale : jusqu'à ce qu'elle encadre agréablement le sujet.

EMPLOI DES FILTRES

Les filtres corrigent ou modifient la lumière et créent des effets spéciaux. Il en existe une grande variété. Les filtres en verre se vissent sur le filetage du zoom, tandis que les filtres gélatine ou en matière plastique se montent plus habituellement dans un porte-filtre (*schéma p. 117*). On peut parfois associer plusieurs filtres (*encadré*).

Filtres transparents ou neutres : ce sont des accessoires utiles pour filmer sous différentes conditions d'éclairage.

- Le *filtre anti-ultraviolet* (UV), transparent, absorbe l'ultraviolet en excès : ce qui améliore le rendu des lointains.
- Le filtre *gris-neutre* (ND) réduit la quantité de lumière atteignant le capteur du camescope. Il est nécessaire dans le cas de scènes particulièrement lumineuses (*p. 85*). Autre effet important : il réduit la profondeur de champ.
- Le *filtre polariseur*, gris clair, élimine ou réduit les reflets sur les surfaces non métalliques (l'effet est maximum sous une incidence de 33°). Vous devez le faire tourner sur lui-même jusqu'à obtenir visuellement l'effet cherché. Il donne une plus grande saturation aux couleurs et fait ressortir les nuages blancs dans le ciel bleu.

Filtres correcteurs : en éliminant certaines longueurs d'onde, ils modifient la qualité spectrale de la lumière, donc les couleurs naturelles du sujet. Ne les utiliser qu'en balance des blancs manuelle.

- Le filtre saumon élimine une dominante bleuâtre (ciel couvert) ou donne une atmosphère plus chaude à l'image.
- Le filtre bleu atténue la dominante rouge-orangé aux heures extrêmes du jour et donne une dominante plus froide à l'image.
- Un filtre magenta clair peut améliorer les couleurs des vues prises sous les tubes fluorescents.

Filtres à effets : les filtres de cette famille modifient l'aspect du sujet. Comme pour tout "trucage" visuel, utilisez-les avec modération et seulement si c'est justifié.

- Un filtre coloré dense ajoute un climat dramatique à une scène (*photo 1*).
- Le filtre sépia donne un aspect "rétro" aux images.
- Le filtre dégradé (moitié transparent, moitié coloré) colore ou fonce le ciel (*photo 2*). Le filtre dégradé gris-neutre est idéal pour les paysages au ciel trop lumineux.
- Le filtre diffusant adoucit l'image en dispersant davantage la lumière dans les

Effets spéciaux par l'emploi de filtres spécifiques. *De gauche à droite :* filtre rouge, filtre dégradé orangé, filtre de diffusion, filtre "à étoiler".

zones les plus lumineuses (*photo 3*).

- Le filtre brouillard produit une sorte de halo autour des hautes lumières.
- Filtre "à étoiler" : formé d'un fin réseau de stries parallèles, il transforme en étoile chaque point très lumineux ; une vue de nuit par ex. (*photo 4*). On peut le faire tourner pendant la prise de vues : ce qui donne un intéressant dynamisme à l'image, mais que l'on ne peut guère "placer" qu'une seule fois dans un vidéogramme afin de ne pas en banaliser les effets...
- La lentille multiprisme multiplie la zone centrale du sujet. Son effet est plus efficace devant un fond sombre.

D'une manière générale, les filtres transparents ou neutres sont utilisables aussi bien en balance des blancs automatique que manuelle. Les filtres colorés ne sont, par contre, efficaces qu'avec un camescope dont la balance des blancs peut être débrayée au profit d'une valeur (jour ou tungstène) préétablie. En mode automatique le camescope s'efforce de corriger ce qu'il assimile à un déséquilibre des couleurs.

CONSEILS SUR LES FILTRES

- Manipulez-les avec soin. Ne mettez pas les doigts sur les filtres gélatine.
- Essayez des effets inédits en combinant, par ex. un filtre diffusant avec un filtre à étoiler.
- Effet de flou "artistique" : une mince couche de vaseline étalée sur un verre transparent, ou encore (vieux truc hollywoodien) un morceau de bas nylon. L'effet est plus approprié en éclairage high-key (*p. 134*).
- Effet de clair de lune : utilisez un filtre bleu et sous-exposez la scène d'environ deux ouvertures de diaphragme.
- Deux polariseurs superposés permettent — en faisant tourner l'un par rapport à l'autre — de créer un effet de fondu. La plupart des camescopes n'accepteront ce "trucage" difficile à réaliser pratiquement qu'en mode manuel.
- Cherchez d'autres effets amusants ou curieux en filmant à travers des matières transparentes diverses : verre cathédrale, plastique, prismes, miroirs déformants, etc.

TRANSFERT PHOTO-CINÉ-VIDÉO

La reprise en vidéo des films cinéma et des diapositives (transfert) présente plusieurs avantages :

- Les documents sont immédiatement accessibles et plus faciles à visualiser : pas besoin d'installer projecteur et écran.

- Ils peuvent faire l'objet d'un montage et acquérir ainsi un nouvel attrait, en particulier par l'emploi d'effets spéciaux (volets, fondus, transitions par fond coloré, etc.). On peut y ajouter un commentaire, un fond musical et des titres.

- Vos précieux films et diapositives d'origine sont désormais préservés des détériorations dues à des projections répétées. La cassette vidéo supporte au contraire une utilisation fréquente, sans subir de dégradation notable (*p. 211*).

Le procédé a l'inconvénient d'induire une certaine perte de la qualité, d'ailleurs minimale si le transfert est fait avec soin. Plusieurs méthodes sont utilisables. Pour les films, la plus courante est l'emploi d'un boîtier de transfert (*voir l'encadré*). On trouve également des adaptateurs se fixant sur le zoom du camescope (*schéma ci-contre*). Le plus simple est de projeter les images sur un écran et de filmer ce dernier avec le camescope. Procédez alors comme ceci :

- Installez le projecteur dans un local obscur afin d'avoir une image très lumineuse sur l'écran.

- Placez le camescope tout près du projecteur. Les deux appareils doivent être perpendiculaires à l'écran, afin que les images ne soient pas déformées.

- Réglez la balance des blancs sur "tungstène" et faites une mise au point précise.

- Branchez le camescope sur le téléviseur. C'est ce qui vous permet de contrôler la qualité de l'image avant de l'enregistrer.

- Si le diaphragme de votre camescope est débrayable, réglez si nécessaire la luminosité de chaque image par variation de l'ouverture. Le diaphragme automatique risque de créer des effets de "pompage" d'une vue à la suivante.

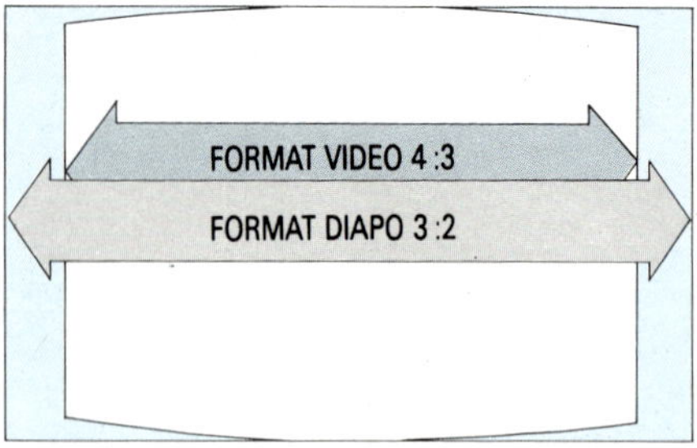

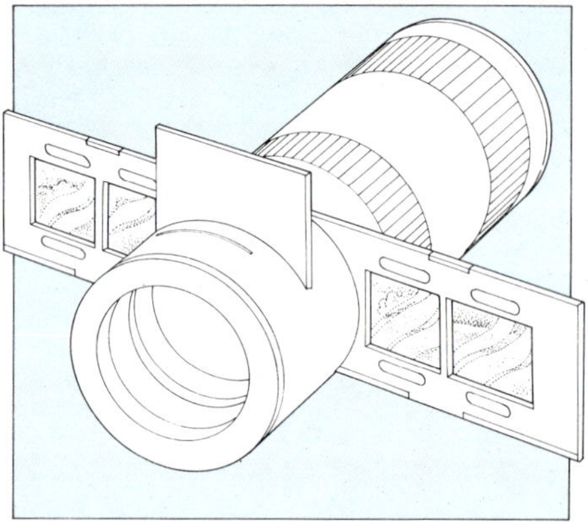

Le format d'une diapositive 24 x 36 de rapport 2 :3 ne s'inscrit pas exactement dans l'écran TV. Recadrez et centrez.

L'adaptateur, se fixant sur le zoom du camescope, assure le bon positionnement des vues 24 x 36 mm.

- Si le film est sonore et que vous voulez conserver le son, branchez la sortie audio du projecteur dans l'entrée micro du camescope (une adaptation d'impédance est généralement nécessaire). N'utilisez pas le micro du camescope.

Vous pouvez rencontrer quelques problèmes. Certaines images sont trop contrastées pour donner une bonne reproduction. Seule solution : régler manuellement le diaphragme pour la partie impor-

TRANSFERT FILM-VIDÉO

Un boîtier de transfert, placé entre le projecteur et le camescope, facilite la reprise des films ciné et des diapositives. L'image lumineuse, parfaitement alignée, est projetée sur un écran translucide. Un miroir interne redresse l'image afin qu'elle soit bien orientée par rapport au camescope placé à 90°. Ce dernier, pourvu d'une bonnette convergente, doit être connecté sur le téléviseur de contrôle. Le transfert du son est possible au moyen d'un cordon audio.

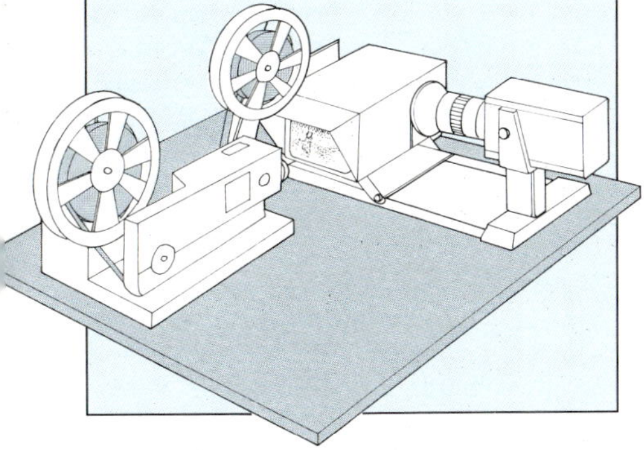

tante de la vue, en sacrifiant des détails dans les autres zones de l'image. Lors d'une reprise de film ciné, il peut y avoir du scintillement, provoqué par les différences de fréquence image entre les deux appareils. Si votre projecteur est à vitesse variable, faites-la varier (nombre d'images par seconde) afin de réduire le scintillement au minimum.

Le format 24 x 36 mm des diapositives n'étant pas homologue du rapport 3 :4 de l'image télévision (*schéma*), vous perdrez un peu des bords latéraux des vues horizontales et vous devrez recadrer à l'intérieur des vues verticales (à moins de laisser des marges noires des deux côtés).

Comme pour un tournage normal, filmez les diapos dans un ordre logique, en les groupant par séquences. Variez la durée de chaque plan selon son importance : ce qui donne du rythme au programme. Vérifiez la qualité de l'image sur l'écran du téléviseur.

On peut aussi utiliser un adaptateur fixé sur le zoom du camescope ou, plus simplement, filmer en mode macro les diapos placées sur une boîte à lumière ou devant une fenêtre. Éliminez la lumière parasite en entourant les diapositives d'un large cadre noir. Certains camescopes, pourvus d'un dispositif d'inversion, permetttent de reprendre les négatifs couleur. La reprise directe donne une meilleure qualité de reproduction, mais vous ne pouvez pas — comme en reprise sur écran de projection — zoomer, panoramiquer ou recadrer.

Reprise des photographies sur papier. Aujourd'hui, la plupart des photographies sont prises sur film négatif couleur, qui donnent des épreuves sur papier de format 9 x 13 ou 10 x 15 cm. Il est de plus en plus courant de transférer ces photographies assemblées dans un ordre logique pour constituer ce qu'on appelle un "album vidéo".

La réalisation d'un album vidéo est un exercice très intéressant, surtout si l'on s'efforce d'y apporter de la variété en introduisant ça et là quelques effets (fondus, volets, zooming, etc.) entre deux vues fixes successives. Pour la reprise vidéo, utilisez la méthode du banc-titre (*voir p. 114*) ou un boîtier de transfert offrant également la possibilité de reprise des documents opaques. Un album vidéo est plus intéressant à visionner en petit groupe sur l'écran du téléviseur que sous la forme de photos papier que l'on se fait passer de main en main. Une musique d'accompagnement et un commentaire ajoutent de l'impact à la présentation.

MONTAGE CRÉATIF

> *« Le montage est primordial. Imaginez James Stewart regardant une maman donnant le biberon à son bébé. Gros plan du bébé ; Stewart sourit : c'est un charmant vieil homme. Remplacez le bébé par une fille en bikini : le voilà devenu personnage libidineux. »*
>
> **ALFRED HITCHCOCK, RÉALISATEUR**

Réaliser un montage, c'est sélectionner certains plans, en changer l'ordre dans la séquence, afin de donner à cette dernière une bonne continuité visuelle. Votre montage sera encore plus créatif si vous remodelez chaque plan, afin de donner le rythme approprié au programme. L'efficacité de votre montage dépend à la fois de votre imagination et des moyens dont vous disposez. Le montage par assemblage (*voir p. 62*) est la méthode la plus courante : chaque plan assemblé devient un élément immuable de la bande finale. Si un plan s'est mal monté, vous devez revenir au plan précédent et trouver un autre point de montage. Il est rarement possible de reprendre le même point de montage sans perte de synchro de l'image.

Si votre magnétoscope de salon est doté du mode insertion, vous pouvez insérer image et son n'importe où sur une bande déjà montée. La bande étant enregistrée d'un bout à l'autre, vous ne risquez pas de perte d'image ou de parasites aux points d'entrée et de sortie. Le montage par insertion permet d'inclure titres, illustrations, images d'ordinateur. Plus important encore, vous pouvez introduire des plans de coupe ou des effets pour lier les séquences entre elles. L'insertion demande néanmoins une grande précision (longueur et durée). Une table de montage commande à la fois le fonctionnement de l'appareil lecteur (généralement le camescope) et celui du magnétoscope enregistreur (de salon). Elle permet de fixer les points de montage avec précision (par exemple, en plein milieu d'une scène d'action) et de prévisualiser le résultat "à blanc", sans l'enregistrer.

Outre la continuité assurée par le montage, il y a toute une série de méthodes créatives à utiliser pour dynamiser et améliorer le vidéogramme. Parmi celles-ci :

• **Action parallèle :** en alternant des plans issus d'événements différents, vous signifiez qu'ils sont liés d'une certaine manière. Si vous montez alternativement les plans d'un homme marchant dans la rue un bouquet de fleurs à la main et ceux d'une jeune femme chez-elle en train de se maquiller, votre spectateur en déduira — jusqu'à la fin de la séquence — que ces deux personnes vont se rencontrer (il sera très déçu si le jeune homme offre les fleurs à sa maman et que la jeune fille sort avec son voisin de palier).

• **Plans fractionnés :** ils renforcent les relations entre événements. Si vous montez, par exemple, un chat buvant son lait,

En alternant les plans issus de 3 cassettes différentes (les enfants, la statue, le cheval en train de galoper), on a créé une nouvelle histoire. Cette séquence suggère que, pour les enfants, la statue s'est animée.

suivi du plan plus long d'un enfant le regardant, l'accent est mis sur ce dernier. L'intérêt devient "fascination" si vous insérez, dans le plan de l'enfant, un bref retour sur le chat.

• **Juxtaposition** : le passage entre deux sujets très différents crée une association d'idées. Imaginez par exemple, un troupeau de moutons suivi d'une vue de la foule se pressant à l'entrée du métro.

• **Rythme** : en montant des plans de plus en plus courts, on accélère le rythme du montage. Procédé très utilisé pour les poursuites.

• **Montage** : une succession de vues traitant du même thème évoque un climat ou le passage du temps. Par exemple la suite de vues de paysages suggère la tranquillité ; le passage rapide d'une scène d'automne à un paysage d'hiver, puis au printemps évoque la fuite du temps par la succession des saisons.

• **Tension** : en alternant de manière répétitive 2 ou 3 plans dans la séquence, vous créez le suspense et augmentez la tension.

• **Plans "chocs"** : en incitant le spectateur à imaginer l'issue d'une action et en lui en montrant une autre, vous créez un choc psychologique. Un homme ouvre doucement une porte pour jeter un coup d'oeil dans la pièce ; mais c'est une main qui lui tape dans le dos...

• **Plans "sautés"** : le changement subit de position des personnages d'un plan à l'autre suggère le temps qui passe. Un homme commande un repas au restaurant ; le plan suivant le montre en train de vider son verre : le temps est passé.

• **Raccords dans le mouvement** : la transition entre deux plans est moins sensible si l'on coupe dans le mouvement. Par exemple, la vue en plan moyen d'un homme levant son verre sera suivie d'un gros plan du verre porté à la bouche. Les deux plans ne se montent bien que si le point de montage est pris dans le mouvement, exactement au bon moment. Seul l'emploi d'une table de montage permet une telle précision " à une ou deux images près ". Par ailleurs, la technique n'est applicable qu'à des plans tournés "longs", répétant la même action sur des prises différentes (programmes de fiction).

Aspects techniques : à la prise de vues, des signaux de synchronisation s'enregistrent en continu sur la bande en même temps que les pistes vidéo. Ce qui permet de lire ultérieurement la bande à la même vitesse.

Lors du montage, ces signaux de synchro se réenregistrent en même temps que les images et la piste sonore. Cela signifie qu'on ne peut enregistrer sans rupture aux points de montage que sur une bande déjà enregistrée. On prépare, par exemple, une cassette de "noir vidéo" (enregistrement sans image ni son) ; cette bande est dite "prétrackée".

POST-SONORISATION • 1

Bien utilisé, le son apporte beaucoup à n'importe quel programme. On peut aussi l'employer pour engendrer un climat différent de celui qui est évoqué par les images. Pensez à la sonorisation dès la préparation du programme, spécialement s'il s'agit d'un documentaire ou d'une fiction pour lesquels le son direct est essentiel à la compréhension. Avec le camescope, le son s'enregistre automatiquement en même temps que les images. Il peut toutefois être remodelé lors du montage, afin d'augmenter son efficacité. Si telle est votre intention, vous réglerez et égaliserez les différents niveaux sonores à l'aide d'un mélangeur audio, intercalé entre le camescope lecteur et le magnétoscope enregistreur.

Si le son enregistré en direct ne vous satisfait pas, vous pouvez le compléter, l'améliorer ou le remplacer. Musique, commentaire, effets sonores sont introduits en tant que nouveaux éléments. Vous les utiliserez seuls, associés entre eux, ou mélangés avec le son d'origine. La piste sonore finale sera plus ou moins élaborée selon les moyens dont vous disposez. Un simple doublage audio peut déjà s'avérer très efficace. Les appareils S-VHS "hi-fi stéréo" disposent de deux pistes audio indépendantes : le doublage de la cassette est possible sans effacer les sons d'origine.

“Dans un film, je m'intéresse beaucoup à l'association harmonieuse des éléments sonores et du climat psychologique... Il faut trouver des sons qui conviennent spécifiquement. L'éclairage crée une certaine atmosphère ; la sonorisation encore davantage.”

DAVID LYNCH, RÉALISATEUR

MUSIQUE

C'est sans doute l'élément sonore de complément le plus efficace. N'utilisez pas la musique pour combler systématiquement des silences : ceux-ci ont aussi leur valeur expressive. N'oubliez pas que la plupart des musiques enregistrées sont protégées par des droits : leur utilisation *en public* doit être déclarée aux autorités compétentes (SACEM). On trouve cependant des disques ou des bandes prévus pour l'illustration musicale et dont les droits d'utilisation sont pré-payés.

Le choix d'une musique est fonction du sujet, du rythme, du style et surtout de la manière dont elle est employée. Evitez les thèmes rabâchés qui sont déjà associés à des images précises dans l'esprit des gens. Servez-vous de la musique pour :

- Etablir l'ambiance et le style du programme. Choisissez un thème d'ouverture que vous reprendrez, identique, pour la concusion.
- Lier des séquences entre elles par un même thème.
- Créer une atmosphère ou un climat psychologique.
- Donner du rythme aux images.
- Dramatiser certains passages ou leur donner une plus grande signification. La musique folklorique apporte, par exemple, du réalisme à un film de voyage. Pensez à vous procurer les musiques enregistrées "authentiques" dans la région ou le pays où vous avez filmé.

COMMENTAIRE

Pour écrire et enregistrer un commentaire (*voir p. 158*). Avant enregistrement, faites une répétition afin de vérifier que votre texte "colle" parfaitement aux images : durée, rythme, diction. Pour l'enregistrement :

- Opérez dans un local tranquille, ayant une bonne acoustique (*p. 32*).
- Commentez en fonction des images apparaissant sur le téléviseur. Coupez le volume du haut-parleur pour éviter l'effet Larsen. (*Voir p. 208.*)
- Le commentateur est assis devant le micro, face à un pupitre supportant les pages de texte (dans une chemise plastique supprimant les bruits de papier froissé).
- Placez un micro directionnel sur support à environ 30 cm de la bouche. Procédez à un essai de niveau sonore. Un micro placé trop près de la bouche du commentateur risque d'enregistrer également des bruits parasites (sifflantes, ou saturation en début de phrase).
- Veillez à la voix qui baisse d'intensité à la fin d'une phrase. N'enregistrez si possible que quelques paragraphes à la suite.
- Donnez au narrateur le départ de chaque phrase par une petite tape sur l'épaule.
- En cas d'erreur, arrêtez l'enregistrement et reprenez tout le passage incriminé : la reprise au milieu d'une phrase est pratiquement impossible.

EFFETS SONORES

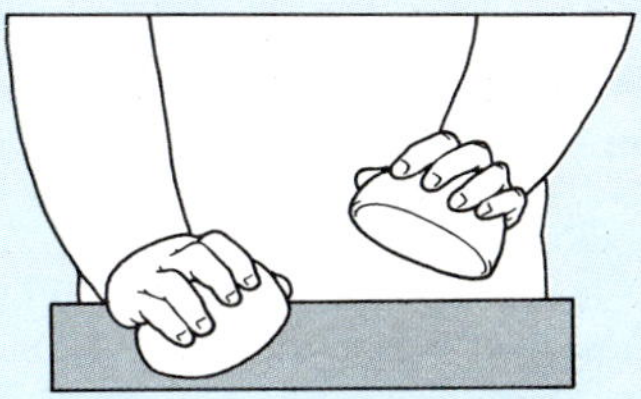

Ils sont très efficaces en accentuant la véracité du récit. On trouve dans le commerce des disques (ou cassettes) d'effets tout enregistrés. Il est plus amusant de les créer soi-même avec toutes sortes d'accessoires "de bruitage" improvisés (noix de coco, peigne, feuille métallique, etc., *voir p. 127*) ou de les enregistrer sur le terrain avec un magnétophone portable. Les effets sonores, subtils ou humoristiques, amélioreront vos programmes, mais n'en abusez pas ! Utilisez-les pour :

- Renforcer un élément visuel, par exemple, bruits de vagues pour une scène de plage ou bruit de la circulation pour une séquence filmée au centre ville.
- Suggérer des éléments non visualisés (chant d'oiseau, carillon dans le lointain, pour une paisible scène campagnarde).
- Créer une atmosphère ou une ambiance (orage, vent, pluie, rire lointain).
- Symboliser un climat émotionnel (coeur qui bat, tic-tac d'une horloge, bruits de pas).

En raison des contraintes du montage, il est difficile de bien synchroniser des effets courts et précis (tonnerre, coup de revolver, sonnerie de téléphone, etc.). Pour cette raison, préférez des bruits "d'ambiance" se poursuivant sur toute la séquence.

POST-SONORISATION • 2

La méthode permettant de remplacer la piste sonore enregistrée au tournage par une autre, dépend à la fois du système vidéo et de la complexité de la sonorisation à créer. Dans le cas d'une cassette "montée à la caméra", vous pouvez remplacer tout ou partie des sons originaux, ou mélanger de nouveaux éléments sonores par doublage. S'il s'agit d'un système avec lequel le son s'enregistre sur les mêmes pistes que les images (Video-8, par ex.), le doublage ne peut se faire qu'après montage final. La manière simple consiste à utiliser le mode "doublage sonore" offert par certains camescopes et magnétoscopes (de la famille VHS). Le cas le plus favorable est le système offrant deux pistes audio indépendantes : les sons originaux restent sur les pistes Hi-Fi et l'on effectue le doublage sur la piste longitudinale. Cette procédure "parallèle" n'est possible qu'avec les systèmes VHS Hi-Fi ou 8 mm doté de l'audio numérique (PCM).

Pour le doublage, branchez un micro externe sur la prise spécialisée. Répétez le texte sans enregistrer, en suivant les images sur l'écran. Puis, à l'endroit où vous voulez ajouter le commentaire, faites avancer la bande en pressant la touche "doublage sonore". Interrompez l'enregistrement à la fin de chaque séquence. Rappelez-vous que, dans la majorité des cas, il n'y a qu'une seule piste audio indépendante sur la bande (VHS par exemple) : le son original est irrémédiablement effacé. La méthode "doublage audio" permet tout aussi bien d'introduire de la musique ou des effets sonores : entrez le signal audio issu de la source audio dans l'entrée "Audio In" de l'appareil enregistreur. Le contrôle automatique de gain (CAG) du camescope compense automatiquement les variations de niveau sonore : le bruit de fond augmente de manière parfois désagréable pendant les silences.

PRISE DE SON SUR LE TERRAIN

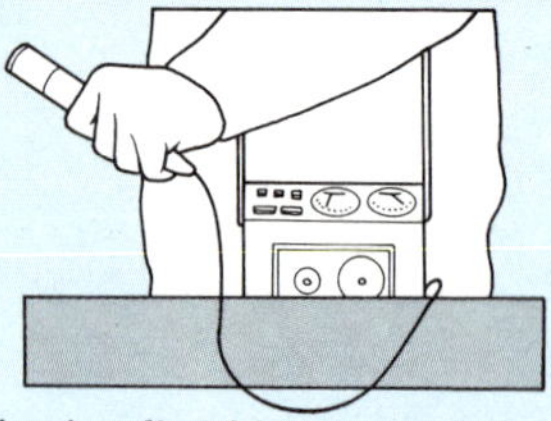

Les bruits d'ambiance (par ex. chant d'oiseau, ruisseau) enregistrés sur place pourront être mélangés en cours de montage avec les autres éléments sonores (en particulier les sons directs recueillis en même temps que les images). Il est préférable d'enregistrer indépendamment ce son en continu, puisqu'il sera réintroduit après le montage de toute la scène. C'est par exemple le principe à adopter pour un orphéon ou une fanfare, un marché en plein air, etc. Si vous ne disposez que du son enregistré en direct, celui-ci est forcément haché et interrompu à chaque prise. Comme vous ne pouvez pas filmer et enregistrer en même temps avec le magnétophone, demandez à un ami de jouer le rôle "d'ingénieur du son". Coiffé d'un casque de contrôle, il dirigera le microphone directionnel pour capter les bruits dans les meilleures conditions.

En extérieur par temps venteux, protégez le micro du bruit de vent avec votre corps, une bonnette en mousse plastique, un mouchoir, etc. Quelques camescopes sont dotés d'un sélecteur "coupe-vent" sur le micro. Lorsqu'il est engagé, celui-ci a pour effet de "couper" les plus basses fréquences sonores : le bruit de vent, mais également le ronronnement des moteurs du camescope lorsqu'on l'utilise dans un silence relatif.

MIXAGE SONORE

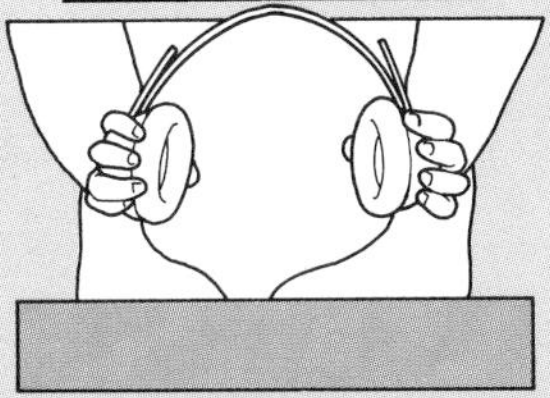

Un mélangeur audio permet de créer une piste sonore élaborée par le mélange de deux sources ou plus. La méthode consiste à faire un "pré-mixage" sur un magnétophone stéréo, puis à doubler le tout sur la cassette vidéo. La possibilité d'insertion audio est ici utile. Autre méthode : connectez directement le mélangeur audio sur le magnétoscope enregistreur. Vous pouvez par exemple pré-enregistrer un commentaire sur bande, bien synchronisé avec les images ; puis lancer en même temps la parole et la musique pendant le réenregistrement sonore. Cela demande une grande précision de mise en place et un bon compteur de bande. Il faut aussi conserver la même intensité au commentaire, mais remonter le niveau de la musique (et/ou des effets) dans les pauses : repérez-vous sur le texte du commentaire et les chiffres du compteur. Pour mélanger le son direct (capté au tournage) avec d'autres éléments sonores, intercalez le mélangeur audio entre le camescope (lecteur) et le magnétoscope (enregistreur) et faites-y transiter les autres sources (micro commentaire, lecteur de disque, magnétophone, etc.). Une autre solution est de préparer une bande de "pré-mixage" que vous mélangerez aux sons directs — à travers la table de mixage — lors du report son définitif.

SOYEZ CRÉATIF

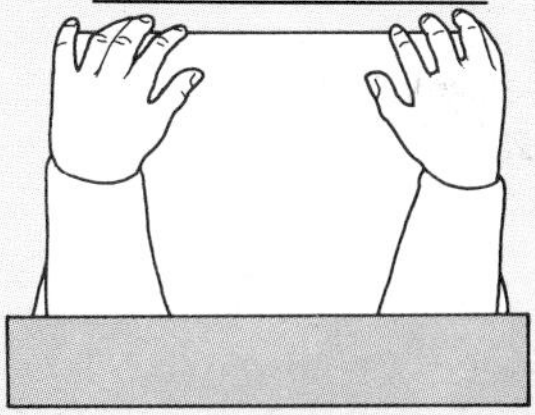

Quelle que soit la méthode de création de la piste sonore "mixée", les possibilités d'expérimentations sont vastes. Voici quelques suggestions :

- Donnez de la variété au commentaire en utilisant plusieurs voix. Dans un programme familial, par exemple, juxtaposez le récit d'un adulte aux réflexions amusantes des enfants.
- Une musique peut souligner un effet humoristique. Par exemple, un air de tango sur un match de boxe.
- N'hésitez pas à juxtaposer son et image de manière amusante ou inattendue. Par exemple : des bruits de basse-cour sur une groupe de commères en train de discuter.
- Comme le font les "bruiteurs" professionnels, amusez-vous à imiter des bruits d'animaux, simulez une tempête en soufflant dans le micro, etc.
- Plutôt que d'employer de la musique pré-enregistrée (qui peut éventuellement poser des problèmes de copyright si vous projetez votre vidéogramme devant un public, même restreint) la solution idéale — si vous en avez le talent — est de composer et d'exécuter votre propre musique en fonction des images à illustrer. L'utilisation d'un synthétiseur (un orgue électrique par exemple) permet des effets très attrayants que vous pouvez de plus "entrer" directement dans l'appareil enregistreur, sans passer par le micro.

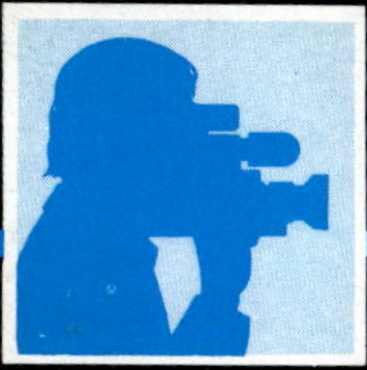

LES TECHNIQUES AVANCÉES

Même si vous ne disposez que d'un équipement relativement modeste, rien n'empêche vos réalisations d'être esthétiquement et techniquement réussies. L'emploi de certains équipements complémentaires vous permettra néanmoins de développer votre créativité et d'aboutir à des vidéogrammes très élaborés. Ce chapitre montre comment donner plus d'impact au traitement des thèmes familiers, mais aussi comment explorer de nouveaux et passionnants domaines vidéographiques. "Techniques avancées" n'est pas forcément synonyme d'investissements personnels coûteux. Vous pouvez créer des spectacles de haute qualité en travaillant en équipe avec d'autres vidéastes aussi passionnés que vous.

ÉCLAIRAGE ÉLABORÉ • 1

L'éclairage a pour fonction d'assurer une exposition correcte, donnant des image nettes, aux couleurs saturées et de contraste agréable. Il offre d'autres aspects bien plus créatifs : donner de l'attrait au sujet en révélant sa texture, le mettre en valeur par le jeu de la lumière et de l'ombre, ou encore suggérer la notion de profondeur, par les intensités lumineuses relatives du sujet principal et de son environnement. Mieux encore, l'éclairage crée l'atmosphère et l'ambiance. Comme la musique, il transmet des émotions au spectateur.

La complexité de l'éclairage à mettre en oeuvre dépend du sujet. Si un éclairage "standard" peut suffire à un vidéogramme familial, il n'en est pas de même pour un documentaire ou un programme de fiction qui demandent des images attrayantes et efficaces ; la qualité de l'éclairage est alors primordiale.

Dans les situations les plus simples, une torche vidéo apporte l'appoint nécessaire à la lumière ambiante du jour ou artificielle. Même si l'éclairage ambiant est suffisant, une source supplémentaire "élève" la qualité de l'image : en séparant les personnages de l'arrière-plan ; en donnant de la vivacité à leur regard ; en permettant le contrôle du contraste ou la compensation d'un contre-jour.

Sachez cependant qu'une torche fixée sur le camescope donne des images "plates" et projette des ombres disgracieuses sur le fond. En réfléchissant ou en diffusant la lumière par les murs ou le plafond, vous obtiendrez une lumière douce, créant une ambiance plus naturelle.

Deux lampes placées de part et d'autre du sujet, donnent un éclairage homogène convenant à la reproduction de sujets à deux dimensions. Vous bâtirez avec trois sources des éclairages très élaborés (*ci-contre*).

C'est la source principale qui crée le modelé. La placer, à droite ou à gauche du modèle, de 30° à 45° au-dessus des yeux. Cette seule source "clé" met en valeur les traits du visage, mais forme des ombres trop fortes dans les yeux et sous le nez.

La source de "remplissage", placée du côté opposé à la source principale, a pour objet d'éclaircir les ombres trop denses (elle les "remplit"). La lumière doit être diffusée et moins intense afin de ne pas créer un autre jeu d'ombres sur le sujet.

La source d'effet de contre-jour, positionnée à l'arrière et au-dessus du sujet, forme un liseré lumineux dans les cheveux et sur les épaules. Elle sépare mieux le sujet du fond. Réglez son intensité et son orientation en fonction de l'effet désiré.

L'éclairage du fond est généralement nécessaire. Afin de créer un contraste avec le modèle, son intensité doit être plus faible que celui de la source principale. Il est conseillé d'utiliser une source diffuse, éclairant le fond de manière régulière.

Avec la seule lumière d'une fenêtre (*en haut*) une moitié du visage est trop sombre. Pour obtenir une image plus harmonieuse, placez une lampe d'appoint "en remplissage" qui éclaircit les ombres et abaisse le contraste. Dans un cas d'éclairage "mixte" comme celui-ci, placez un filtre bleu devant la lampe. Si la lumière du jour est faible, la torche vidéo devient éclairage principal (et la fenêtre, source d'appoint).

Ces schémas d'éclairage "de studio" à 3 ou 4 sources s'appliquent en extérieur, avec l'appoint d'une torche vidéo et/ou de réflecteurs (artificiels ou naturels) et/ou de réflecteurs (artificiels ou naturels).

ÉCLAIRAGE ÉLABORÉ • 2

Bâtir un éclairage implique le contrôle de la forme et de l'intensité du faisceau lumineux issu de chaque source. La lumière peut être directe, indirecte ou diffusée. C'est la manière dont vous associez ces trois techniques qui vous permet de créer le "climat" de la scène.

La lumière directe donne les images les plus "dramatiques" : ombres denses, contraste, accentuation des contours. L'effet dépend à la fois de la distance de la source au sujet et du faisceau plus ou moins concentré ("spot" ou "flood").

La lumière indirecte s'obtient par la réflexion de la lumière sur une surface claire (*p. 38*). La réflexion, diminue de beaucoup l'intensité lumineuse : la surface réfléchissante doit être placée assez près du sujet. Le réflecteur doit faire partie de votre équipement de base. Il est particulièrement utile pour les gros plans : il ne gêne pas le sujet et éclaircit les ombres avec beaucoup de délicatesse.

La lumière diffusée donne, elle aussi, un éclairage très doux, sans ombres marquées. On l'obtient en intercalant une surface translucide (le diffuseur) entre la source et le sujet. Malgré la diminution de l'intensité lumineuse, cette méthode donne des images peu contrastées qui conviennent admirablement à la vidéo.

Certaines torches vidéo permettent l'emploi d'un diffuseur ininflammable (grillage, verre opale, etc.) se glissant directement dans un logement de la face avant. Vous pouvez fabriquer un diffuseur en papier calque ou en gaze à installer sur support devant le projecteur ou à fixer (avec des pinces à linge) sur ses volets. Vous ferez varier l'effet diffusant en éloignant ou en rapprochant le diffuseur de la source, ou encore en doublant l'épaisseur du matériau. Une large surface éclairante placée très près du sujet, donne un magnifique éclairage "sans ombres".

L'éclairage crée l'atmosphère. Avec une seule lampe, la lumière directe forme des ombres dures (*en haut*). En diffusant la lumière (*ci-dessus*) on obtient un effet plus agréable.

Les volets métalliques orientables — accessoires des projecteurs vidéo — permettent de limiter la surface éclairée (parfois à une simple bande de lumière) et de contrôler les ombres. Un filtre en acétate coloré, placé devant la source, peut créer d'intéressants effets. Un filtre rouge ou vert reconstitue l'atmosphère d'un dancing. Le filtre orange, évoque l'éclairage d'un feu de bois, surtout si vous suspendez de petites bandes de papier devant le projecteur pour simuler le vacillement des flammes. Nous avons déjà parlé (*p. 39*) du filtre bleu élevant la température de couleur d'une lampe halogène, pour son mélange avec la lumière du jour.

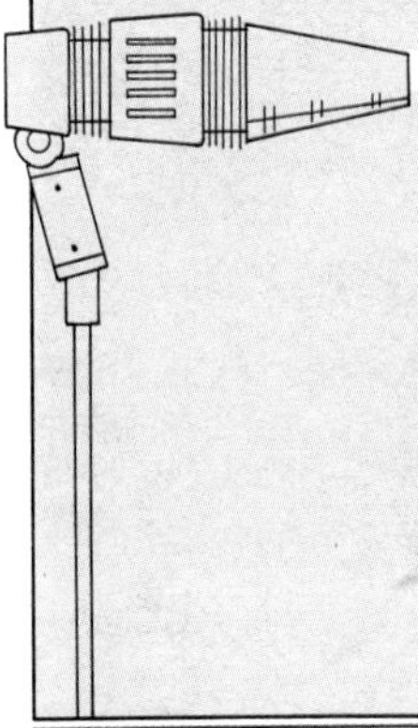

CACHES DÉCOUPÉS

L'ombre de la découpe se projette sur le fond ou sur le sujet. Fixé directement à l'avant du projecteur ou sur pied à une certaine distance de celui-ci, le cache découpé forme un dessin d'ombres évoquant, par exemple, celles projetées par une fenêtre, un store à persienne ou la lumière solaire distillée à travers des feuillages. Réglez la distance de la découpe par rapport à la lampe de manière à obtenir, selon l'effet désiré, des bords plus ou moins flous.

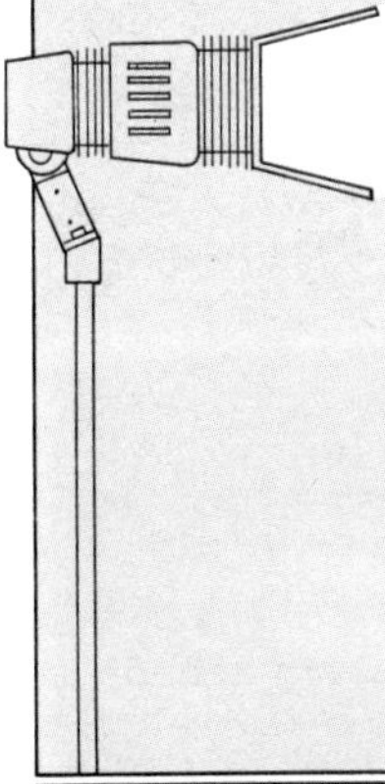

CÔNE

Le cône ou "snoot" est un entonnoir métallique se fixant à l'avant du projecteur afin de réduire le diamètre du faisceau. Vous pouvez en fabriquer un avec du carton noir, maintenu par des bandes adhésives. Le faisceau circulaire, parfaitement délimité, permet de effets intéressants, mettant par exemple un seul objet en valeur dans un environnement sombre, ou créant un halo lumineux derrière un personnage.

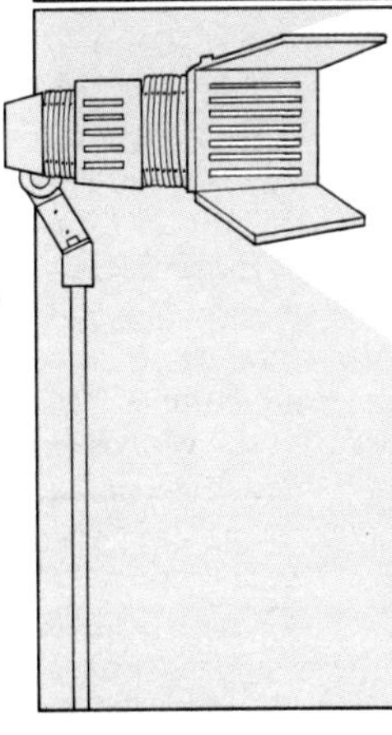

VOLETS ET COUPE-FLUX

N'importe quelle feuille de matériau opaque (métal, contreplaqué, carton, etc.) placée entre le projecteur et le sujet permet de contrôler la forme du faisceau. On l'utilise souvent pour éliminer la lumière "parasite" éclairant le fond ou frappant directement l'objectif du camescope. Le volet sert également à créer volontairement une zone d'ombre sur le sujet ou sur le fond. Le contour de l'ombre est d'autant plus net que le masque est plus éloigné du projecteur.

ÉCLAIRAGE ÉLABORÉ • 3

> “ *Il faut s'efforcer — par l'éclairage — de créer une atmosphère différente et originale pour chaque film et chaque scène... J'ai de plus en plus tendance à utiliser une seule source, ce qui donne un aspect plus naturel... Je m'efforce de donner une orientation plausible à la lumière, qu'elle provienne d'une fenêtre ou de sources artificielles dans une scène de nuit.* ”
>
> **NESTOR ALMENDROS,**
> **DIRECTEUR DE LA PHOTOGRAPHIE**

Les différents styles d'éclairage créent l'atmosphère particulière à la scène ou au vidéogramme tout entier. Un éclairage en "high key" (valeurs claires) donne une sensation de clarté et de douceur, tandis qu'un éclairage en "low key" (valeurs sombres) — avec un fort contraste entre la lumière et l'ombre — engendre un climat dramatique. Une seule source directe éclairant le sujet par en dessous, déforme les traits du visage en lui donnant un aspect "satanique" ; l'éclairage vertical de dessus, au contraire, "minimise" la présence humaine et évoque une atmosphère de claustration, comme celle d'une prison. Vous pouvez doser subtilement ces effets, avec une seule source complémentaire à l'éclairage de base, en créant ainsi le "climat psychologique" désiré.

Un filtre "diffusant", placé sur l'objectif du camescope, donne un aspect "romantique" aux images ; un projecteur en plein contre-jour forme un halo autour du modèle, tandis qu'une petite source placée près du camescope donne de l'éclat à ses yeux.

En intérieur, vous pouvez évoquer la lumière naturelle par un éclairage diffus ou simuler une fenêtre par une lampe latérale. Lorsque vous filmez une scène

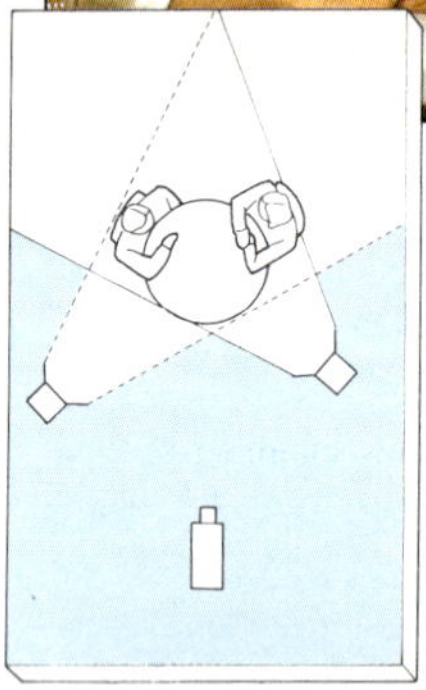

L'éclairage en high key donne un faible contraste et une lumière uniforme sur l'ensemble de la scène. Le schéma ci-contre montre sa réalisation à l'aide de deux lampes diffusées éclairant les personnages devant le fond clair.

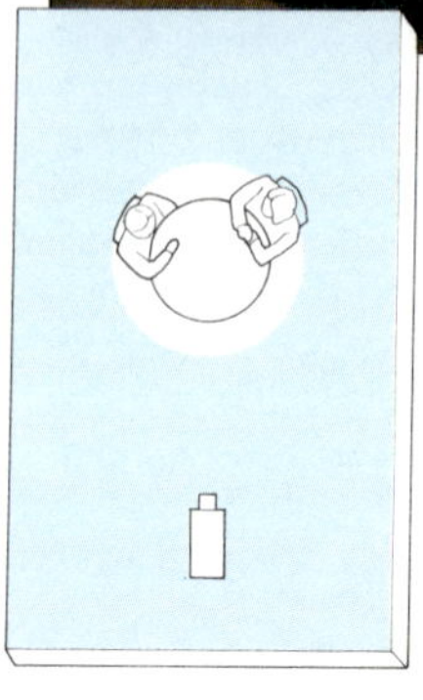

L'éclairage vertical, créant un climat dramatique, nécessite de remplacer la lampe du plafonnier par une plus puissante, dont le faisceau sera délimité — ici sur la table et les 2 personnages — par des volets ou un cache découpé.

L'éclairage en low key est créé dans cette image par une seule source basse dirigée obliquement : ce qui laisse — sans illuminer le fond — une grande partie de la scène dans l'ombre.

CONSEILS D'ÉCLAIRAGE

- Réduisez ou éliminez les reflets indésirables sur les surfaces brillantes en modifiant la hauteur ou l'orientation des lampes, ou bien en utilisant diffuseur ou volet supplémentaires.
- Veillez à la stabilité de vos appareils d'éclairage et empêchez que l'on ne se prenne les pieds dans les câbles.
- Apprenez à voir : clignez les yeux pour mieux apprécier le contraste et la répartition générale de la lumière sur la scène. Chez vous, contrôlez l'effet obtenu sur le téléviseur.
- Pour deux personnages face à face, arrangez-vous pour que la lumière principale de l'un soit la lumière de remplissage de l'autre (et inversement).

Pour obtenir cet effet de silhouettes, n'éclairez que le fond blanc ; dans ce cas, avec deux lampes. Les volets masquent la lumière qui pourrait éclairer directement les personnages.

incluant, par exemple, une lampe de chevet, amplifiez son effet avec un projecteur d'appoint dissimulé, mais éclairant la scène sous la même direction. Traitez cette source comme "principale", quitte à ajouter, si nécessaire, une source de remplissage ou de contre-jour.

Lorsqu'un personnage se déplace dans une pièce, il est habituellement nécessaire d'éclairer toutes les zones qu'il va occuper. Dans le cas d'un panoramique, suivez le mouvement du personnage avec le projecteur principal. Pour une scène d'action en intérieur, le plus simple est cependant d'éclairer l'ensemble de la "scène" avec la lumière réfléchie et diffusée par les murs et le plafond : si le local est vaste, plusieurs lampes sont nécessaires. Dans une scène "de nuit", il est tout à fait normal que les personnages se trouvent par instant dans des zones d'ombres.

TOURNAGE A PLUSIEURS CAMÉRAS

Certains événements, tels que mariage, pièce de théâtre, rencontre sportive, sont mieux "couverts" par l'emploi conjoint de plusieurs camescopes. Cette approche "multi-caméra" conduit à des vidéogrammes d'aspect professionnel. Formez équipe avec d'autres vidéastes et établissez ensemble un plan de tournage. Deux manières de procéder : avec la première, chaque vidéaste enregistre l'événement selon le plan de tournage, puis les diverses cassettes servent de matériau pour un montage commun. La deuxième méthode nécessite l'emploi d'une régie (un mélangeur vidéo) permettant de commuter plusieurs caméras — synchronisées entre elles et connectées par des câbles aux entrées de la régie — pour un montage en direct, enregistré sur un unique magnétoscope.

La couverture d'un événement par plusieurs caméras implique une importante préparation. Chaque cadreur doit par exemple filmer l'action sous des angles et selon des cadrages différents.

Mariage : un camescope sera placé, par exemple, à l'intérieur de l'église, un autre à l'extérieur. Le couple de jeunes mariés peut être ainsi suivi en continu, depuis la descente de voiture, jusqu'à l'arrivée près de l'autel. On peut également placer les deux camescopes dans l'église, l'un se concentrant sur les premiers rôles et les phases principales de la cérémonie, l'autre étant chargé de prendre des plans de coupe ou des vues générales sur l'assistance. Les deux opérateurs ne doivent pas couvrir le même événement en même temps. Il est préférable que l'un d'eux devance l'action et se prépare pour la phase suivante, tandis que l'autre enregistre l'action en cours. Il y a toujours — de cette manière — un vidéaste "au bon endroit, au bon moment".

Conférence : dans ce cas, au contraire, il vaut mieux que les deux opérateurs tournent en même temps : l'un enregistre le conférencier, l'autre les vues générales et les réactions en gros plan des personnes de l'assistance. Ces derniers seront insérés en "plans de coupe" en plusieurs points du plan continu de l'orateur.

Sport. La technique multi-caméra est idéale, car un seul point de station ne permet pas de montrer tous les aspects d'un match (*voir pp. 2-7*). Chaque camescope se voit attribuer une zone privilégiée sur laquelle il est prioritaire. Ainsi que nous l'avons vu (*p. 48*), il faut veiller à la continuité et aux raccords de directions selon tous les points de vue.

Une bonne méthode de montage — permettant de conserver la qualité originale pour la plus grande partie du programme — consiste à filmer l'action en *continu* avec un camescope principal (VHS ou 8 mm en mode LP) et de monter dans sa bande — en mode insertion — les plans plus significatifs pris par les autres opérateurs.

Spectacles scéniques : l'emploi d'un mélangeur vidéo permettant le montage "en direct" est une alternative intéressante pour de tels événements demandant une parfaite synchronisation. Cet équipement, pouvant également servir de géné-

Trois camescopes filmant le match de hockey permettent grâce au montage d'en donner un compte rendu plus attrayant qu'avec un seul. Un camescope en haut des gradins est chargé des vues d'ensemble, les deux autres, au niveau du sol, couvrent l'action en plans rapprochés, surtout à proximité des buts.

Le mélangeur audio/vidéo permet comme ici de filmer un spectacle scénique à l'aide de 2 camescopes sur pied, placés de part et d'autre de la scène. Un 3e cadreur prend, camescope à l'épaule, les plans de coupe et les inserts. Les signaux A/V parviennent par câbles au mélangeur et sur des moniteurs : ce qui permet le montage en direct par le 4e membre de l'équipe, avant enregistrement sur un seul magnétoscope.

rateur d'effets spéciaux (*voir p. 138*) accepte les signaux audio/vidéo provenant des différentes caméras : on peut non seulement passer en "cut" ou en fondu enchaîné d'une source à l'autre, mais également faire la transition à travers un effet de fondu ou de volet, etc. Cette technique très professionnelle exige que les différents appareils soient synchronisés entre eux. Les caméras doivent être "genlockées" par le signal de synchro issu du mélangeur vidéo. En pratique, aucun camescope actuel n'étant synchronisable à partir d'une source extérieure, on utilise de préférence des caméras vidéo de type semi-professionnel, lesquelles sont toutes "genlockables" à partir d'un signal "horloge", issu d'un unique "générateur de synchro". Aucun des membres de l'équipe, ni même un club vidéo n'étant généralement assez fortuné pour posséder en propre de tels équipements, il est d'usage de les louer pour la durée de l'événement à enregistrer. On a vu récemment apparaître des régies vidéo de prix relativement modéré permettant la synchronisation sans genlock de deux camescopes ou de deux caméras.

EFFETS ÉLECTRONIQUES

Quelques effets spéciaux sont réalisables par la simple modification des réglages des équipements vidéo ou en refilmant l'écran d'un téléviseur avec le camescope. Un générateur d'effets spéciaux (GES, *ci-contre*) permet de créer des effets plus spectaculaires, dont certains sont illustrés page suivante.

• Beaucoup de magnétoscopes de salon permettent de recopier les images en noir et blanc : ce qui leur donne un aspect "rétro".

• Plusieurs camescopes possèdent un mode "inversion", donnant directement des images couleur négatives (clips vidéo, scènes cauchemardesques et autres fantaisies). On obtient des images encore plus abstraites par sous- ou surexposition volontaire ou par déréglage de la balance des blancs.

• Certains effets de solarisation s'obtiennent par surexposition massive d'un sujet à la fois lumineux et très contrasté. D'autres moyens de création d'images "à effet" : reprise de l'écran d'un téléviseur volontairement déréglé, modification de la balance des blancs, utilisation de filtres colorés.

• De surprenantes images "d'écho vidéo" à créer en plaçant des titres sur support transparent devant l'écran du téléviseur et en reprenant le tout avec le camescope.

• Au montage, vous pouvez assurer des transitions inhabituelles entre les scènes, par volets ou fondus ou autres effets électroniques élaborés à partir d'un générateur d'effets spéciaux intercalé entre le lecteur et l'enregistreur. Signalons également l'existence d'un GES incorporé à de nouveaux camescopes intégrant une mémoire d'image. C'est par exemple le cas d'un appareil Sony qui permet d'introduire des effets attrayants tant à la prise de vues qu'au montage ou à la lecture sur téléviseur : zoom électronique, solarisation, multi-images, etc.

GÉNÉRATEUR D'EFFETS SPÉCIAUX

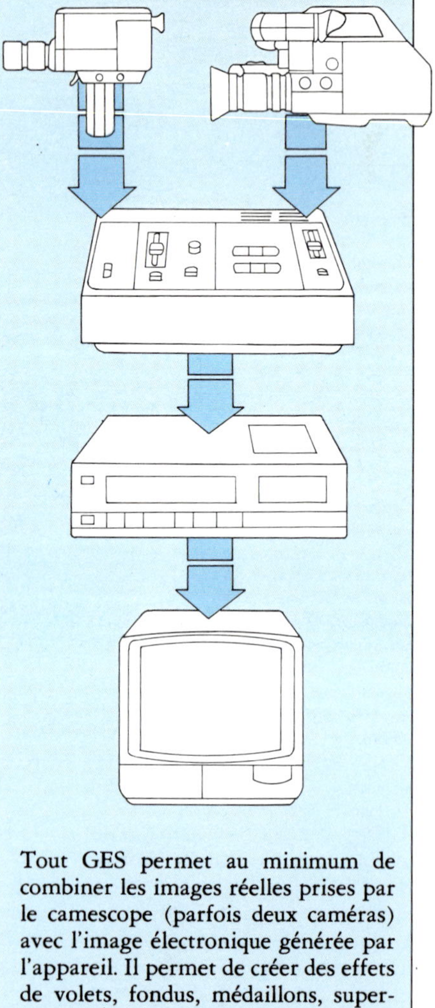

Tout GES permet au minimum de combiner les images réelles prises par le camescope (parfois deux caméras) avec l'image électronique générée par l'appareil. Il permet de créer des effets de volets, fondus, médaillons, superposition ou incrustation de titres ou de fonds. Le GES génère son propre signal de synchro ou le reçoit d'une source vidéo extérieure. Les effets sont visualisables avant enregistrement (preview).

L'image négative, inversion à la fois des couleurs et des valeurs, s'obtient à partir d'un camescope ou d'un GES dotés de cette fonction.

La solarisation "à la caméra" est possible avec un camescope à diaphragme débrayable. Un filtre colore les parties claires.

Incrustation d'un titre coloré avec le GES. Celui-ci peut généralement être positionné librement sur l'écran.

Le volet vertical partage ici l'écran en deux images : ce qui suppose que les deux sources ont été synchronisées (ou que l'une est "gelée").

Médaillon, un effet spectaculaire, auquel on peut donner la forme et la localisation désirées sur l'écran. L'une des 2 images est généralement "gelée".

Lettres découpées, à l'intérieur desquelles apparaît une image issue d'une autre source vidéo.

LES CLIPS VIDÉO • 1

Réaliser un clip vidéo est une activité passionnante. Le mariage intime des images et de la musique implique la création d'effets vidéo imaginatifs et l'emploi d'équipements élaborés ; tel un GES offrant des possibilités créatives : volets, mélanges, médaillons, solarisation, etc.

Si vous devez montrer votre clip à un public — même restreint — rappelez-vous que l'utilisation d'une œuvre musicale enregistrée est interdite, sauf autorisation préalable et paiement de droits qui peuvent être élevés.

L'approche la plus simple consiste à choisir des images qui s'accordent, par leur nature et par le montage, au rythme de la musique et/ou aux paroles de la chanson. Voici quelques suggestions :

- Créez votre propre scénario illustrant la musique en contrepoint plutôt qu'en respectant strictement le texte. Cherchez le contraste et la surprise, en opposant, par exemple, des images exubérantes à des scènes conflictuelles.
- Adoptez un thème visuel servant de lien et de support à la musique. Un morceau de "hard rock" peut s'illustrer, par exemple, par une "mosaïque" de plans courts et animés. L'esprit d'une ballade romantique s'évoque mieux par une succession lente de panoramiques sur des paysages.
- En playback (*p. 142*), faites mimer la chanson. Le résultat peut être plus amusant si c'est une femme qui imite un homme, ou inversement.
- Procédez à un montage — sur banc-titre (*p. 114*) — de documents : couvertures ou illustrations d'albums, coupures de presse, portrait des artistes, photos de l'album de famille, extraits de films d'amateur, etc.
- Créez des image très abstraites à partir d'un ordinateur ou par reprise de l'écran TV avec effet "miroir" ; sujets mobiles volontairement flous, filtres à effets, etc. (*voir p. 138*).

Travaillez uniquement sur scénario et établissez un storyboard (ci-dessous) portant toutes les indications de tournage et la durée de chaque plan. Pour assurer une bonne synchronisation, commencez par enregistrer la musique sur la cassette camescope (prévoyez une amorce de 30s en début de bande) ; puis déterminez les points de montage de chaque plan, à repérer soigneusement au compteur. La musique s'effacera au tournage, mais vous la réenregistrerez ultérieurement en synchronisation par doublage. Le montage en post-production donne une plus grande liberté au moment du tournage. Le choix des points de montage dépend avant tout

Le storyboard est une base indispensable à la réalisation d'un clip vidéo. Vous pouvez le modifier et l'améliorer au cours du tournage. Outre la description technique de chaque plan, portez sous chaque dessin sa durée exacte : c'est un point capital si le montage est fait "à la caméra" (*voir p. 60*).

de la musique. Vous pouvez, par exemple, changer de plan sur des effets de batterie ou au début d'une phrase musicale. Un montage en plans courts convient généralement mieux, si toutefois son rythme est accordé à celui de la musique.

Il faut néanmoins savoir que la réalisation d'un clip vidéo parfaitement synchronisé avec la musique, pourvu de nombreux effets visuels, offrant par ailleurs une indiscutable originalité d'angles de prise de vues, d'éclairage, de décors, de costumes, etc. est extrêmement difficile à réaliser avec des moyens insuffisants en hommes et en équipements. Une saine méthode d'aborder ce type de réalisation avec de bonnes chances de réussite consiste à filmer à plusieurs caméras si possible, en prenant des plans très longs (par exemple toute la durée du morceau musical). Chacune des cassettes sera ensuite montée selon un plan extrêmement précis dans une salle bien équipée en moyens de post-production. Il est intéressant de signaler à ce propos que les "points de montage" (Sony) se multiplient actuellement dans toute la France chez les principaux revendeurs vidéo. C'est peut-être dans un de ceux-là que vous pourrez vous rendre, afin de disposer — pour le simple prix de la location — de l'ensemble des matériels élaborés nécessaires à la post-production d'un vidéogramme aussi ambitieux.

LES CLIPS VIDÉO • 2

> ❝ *La petite équipe, utilisant un équipement portable léger, a permis à la vidéo d'entrer comme par effraction dans la grande industrie du film.* ❞

LOL CREME (GODLEY AND CREME), RÉALISATEUR DE CLIPS VIDÉO

Les clips vidéo de groupes et chanteurs passent régulièrement sur les chaînes de télévision. Dans ces spectacles de variétés, les artistes ne font le plus souvent que mimer en playback, sur la piste sonore d'une bande magnétique réalisée en studio. Vous pouvez, par exemple, réaliser vos propres clips au profit d'un groupe débutant dont vous favoriserez ainsi la promotion.

Un système simple de playback consiste à copier directement le son sur le camescope (mieux encore sur un magnétoscope recevant les images du camescope), puis à le rejouer avec amplificateur et enceintes sonores : ceci assure la synchronisation. Prenez un plan continu "master" de toute la durée du spectacle, en faisant quelques zooms avant sur les artistes au moment approprié. Prenez ensuite divers plans supplémentaires, tels que des gros plans de visages et d'instruments qui n'exigent pas une parfaite synchronisation. Ces plans seront inclus, par insertion dans la bande "master", au moment du montage final.

Adoptez une approche créative qui, tout en illustrant le contenu musical, met en relief la personnalité de chaque musicien. C'est véritablement l'occasion d'adopter un style de tournage très libre, qui serait inapproprié à toute autre réalisation. Brisez les règles : cassez la continuité, répétez plusieurs fois la même action. Augmentez la force expressive des images en utilisant un générateur d'effets spéciaux (GES, p. 138), etc.

Laissez libre cours à votre créativité en employant toute la gamme des techniques visuelles. Exploitez au maximum les possibilités offertes par les décors, les costumes, le maquillage. Employez les éclairages dramatiques, les filtres et les effets spéciaux. Adoptez des angles inhabituels et faites des mouvements de caméra.

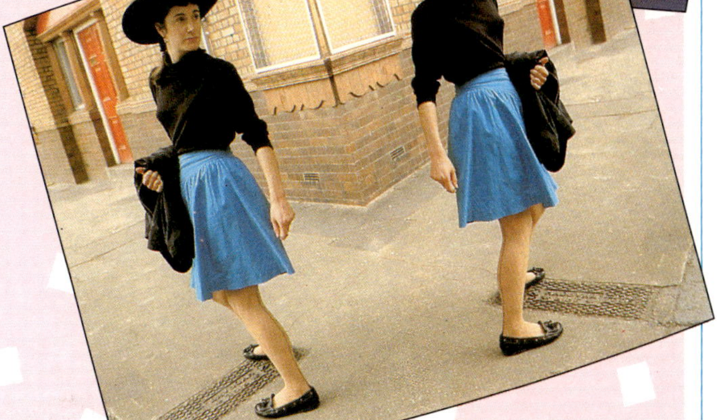

LA CAMÉRA MOBILE

Le montage de l'ensemble camescope-trépied sur roues ou roulettes permet de suivre l'action d'une manière très souple. Ce dispositif accessoire complémentaire permet d'effectuer les mouvements de caméra appelés "travellings". Le déplacement se fait parallèlement au sujet ("en crabe"), en s'approchant ou en s'éloignant de lui. En cinéma professionnel, le chariot de travelling est habituellement monté sur rails.

Le travelling "mécanique", puissant moyen d'expression du langage vidéographique, ne doit pas être confondu avec le travelling optique ou "zooming". Avec ce dernier, seule la focale de l'objectif varie : ce qui modifie la taille du sujet dans le cadre de l'image, mais sans changer la perspective.

Le véritable travelling, avant par exemple, donne un effet subjectif : comme lorsqu'on se dirige en marchant vers quelqu'un ou quelque chose. Les différents objets contenus dans la scène changent de position les uns par rapport aux autres et sont "chassés" vers les deux bords latéraux de l'image. La rapidité apparente de ce déplacement est accentuée par les objets ou personnages flous situés au premier plan. Utilisez le travelling avec modération pour :

- Suivre l'action, par exemple d'une personne traversant une pièce ou marchant dans un couloir.
- Mettre un sujet statique en valeur. Le travelling avant en direction d'un indice ou d'une pièce à conviction est souvent employé dans les films policiers. La combinaison d'un travelling arrière et d'un zoom avant fait naître de très surprenants effets de perspective.
- Accentuer une action dramatique : le travelling avant sur deux amoureux échangeant leur premier baiser souligne l'intimité de la scène.
- Révéler ou présenter un sujet, tel un travelling arrière à partir d'une toile qui fait découvrir le peintre au travail ou un travelling latéral, le long d'un mur, détaillant les affiches, graffitis, etc.

Pour être efficace, le travelling doit être exécuté "en souplesse" (et sans bruit si l'on enregistre le son) sur un sol uni. Minimisez l'effet des chocs et vibrations en réglant le zoom sur une courte focale. Le "pousseur de chariot" doit avancer d'un pas régulier, démarrer et arrêter le déplacement sans à-coup. Marquez sur le sol — avec des morceaux de bande adhésive — les points de départ et d'arrêt du mouvement.

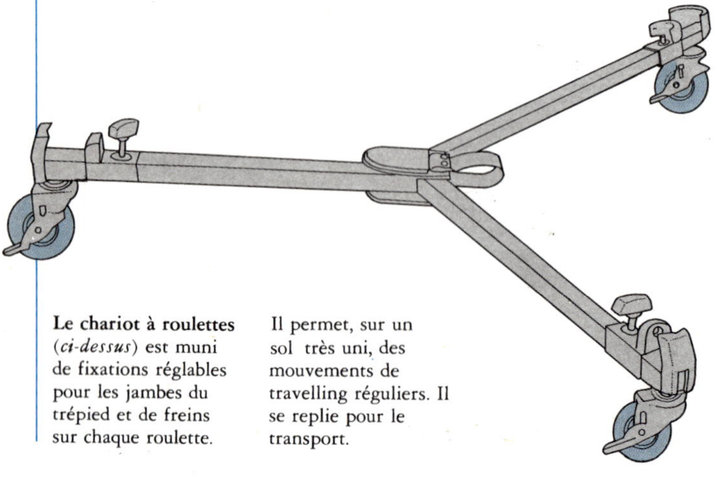

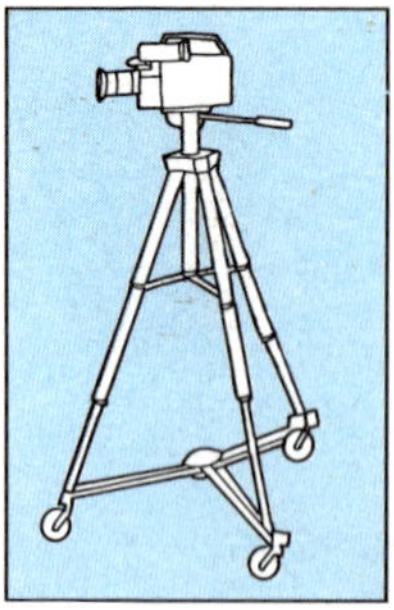

Le chariot à roulettes (*ci-dessus*) est muni de fixations réglables pour les jambes du trépied et de freins sur chaque roulette. Il permet, sur un sol très uni, des mouvements de travelling réguliers. Il se replie pour le transport.

Le fauteuil roulant est un chariot de travelling idéal ; très mobile, il s'oriente facilement et se déplace dans un espace limité.

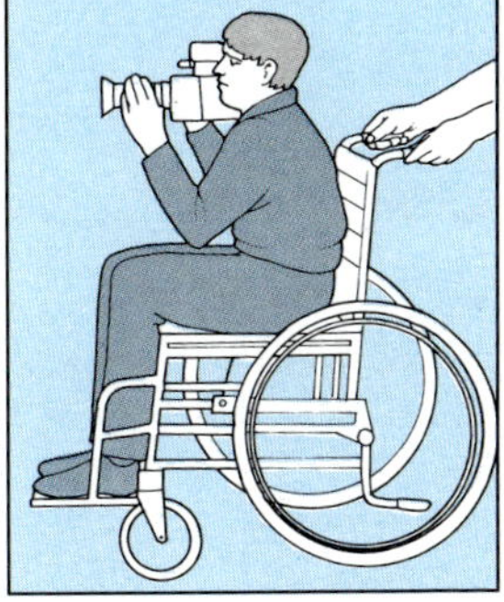

Le caddie grand modèle donne une position de prise de vues confortable à l'opérateur dont le poids contribue à la régularité de déplacement. Graissez les roulettes pour éviter les bruits.

Chariot de travelling construit sur mesures. Prévoyez un plateau assez large pour porter l'opérateur et le camescope sur pied, voire un assistant et un projecteur.

Suivi de mise au point. Plutôt que de faire confiance au système autofocus du camescope — qui risque de "s'affoler" — il vaut mieux "refaire le point" manuellement au fur et à mesure qu'on s'approche ou qu'on s'éloigne du sujet. Pour y parvenir, il faut — par de méticuleux essais préalables — repérer sur la bague de mise au point de l'objectif les positions assurant la netteté du sujet au point de départ et d'arrivée du travelling. Durant le mouvement, un assistant fait tourner doucement et régulièrement la bague entre les deux positions. L'opérateur peut ainsi se concentrer sur la composition de l'image dans le viseur : un léger recadrage est parfois nécessaire.

Chariots de travelling improvisés. Tout ce qui roule de manière régulière peut servir au travelling. Parmi les plus directement utilisables, il y a (*ci-dessus*) le fauteuil roulant, le caddie type "supermarché" et le chariot fabriqué exprès. On peut également s'asseoir sur un petit tapis qu'un assistant tire sur un sol très lisse ; ou encore filmer de l'intérieur d'une automobile poussée à la main (afin d'éviter bruits et cahots). Dans tous les cas, tenez fermement le camescope en serrant les coudes contre la poitrine ou en les faisant reposer sur les genoux.

Chariot de travelling sur mesure. Si vous êtes bricoleur, construisez-vous un chariot de travelling adapté à vos besoins. Il doit être pourvu d'un plateau suffisamment large et solide pour porter l'opérateur (prévoyez assez de place vers l'arrière pour qu'il soit possible d'exécuter des mouvements) et le camescope sur pied, branches complètement déployées. Les roues, très solides, doivent avoir au minimum 10 centimètres de diamètre. Afin de permettre la conduite de l'engin sur une trajectoire non rectiligne, prévoyez deux roues orientables à l'arrière, ainsi qu'une barre de direction placée à bonne hauteur pour l'assistant "pilote", mais repliable afin de permettre, par exemple, le transport du chariot dans le coffre d'une automobile. Pour empêcher le trépied de glisser vers l'avant, percez trois cavités dans le plateau recevant l'extrémité des branches, ou bien montez une butée en équerre sur l'avant.

CRÉATION GRAPHIQUE PAR ORDINATEUR

Les graphismes créés par ordinateur et visualisés sur l'écran de son moniteur sont enregistrables sur bande magnétique, à condition que les deux systèmes soient convenablement "interfacés". Vous pouvez dessiner ainsi des figures simples et diversement colorées. Le stockage des données en mémoire et un logiciel approprié permettent de créer des graphismes, éventuellement animés. Les applications sont innombrables ; par exemple, la flèche se déplaçant sur une carte pour indiquer un itinéraire, des symboles fixes ou animés pour les vidéogrammes sportifs, des statistiques commerciales présentées sous la forme d'histogrammes, de "camemberts" ou autres graphismes fixes ou animés, montrant les évolutions d'une société.

Tout micro-ordinateur personnel peut convenir. Les modèles spécialement adaptés à la vidéo offrent cependant de plus grandes possibilités. Renseignez-vous auprès d'un revendeur spécialisé sur les capacités "graphiques" offertes par tel ou tel modèle. Il existe maintenant de nombreux logiciels graphiques sur disquette, dont certains sont très performants et faciles d'emploi. La méthode de reprise la plus simple est de filmer l'image formée sur l'écran ordinateur avec le camescope. Opérez dans une pièce obscure pour éviter les reflets parasites. Les images vidéo peuvent être affectées de défauts divers (barres noires, décrochage) dues à la non-synchronisation entre l'image écran et le balayage télévision du camescope.

Il est préférable d'insérer les images ordinateur au stade du montage final, à l'aide d'un ordinateur équipé d'une carte interface vidéo adéquate. A titre de premier exercice, vous pouvez composer (tout ordinateur le permet normalement) un générique de début dont les caractères seront composées de larges "pavés" colorés. Effacez le premier titre et faites apparaître le suivant. Voici comment procéder :

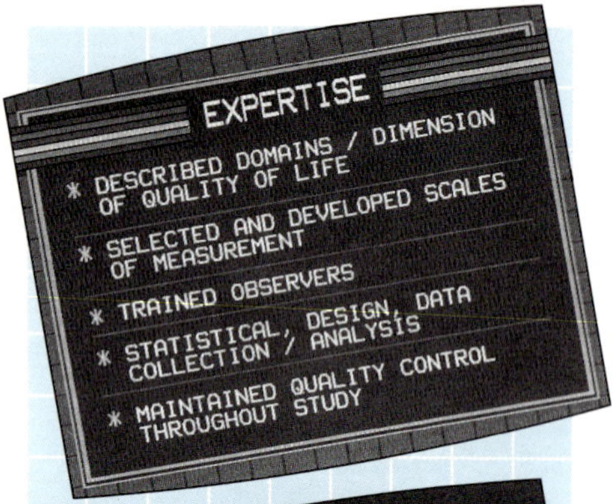

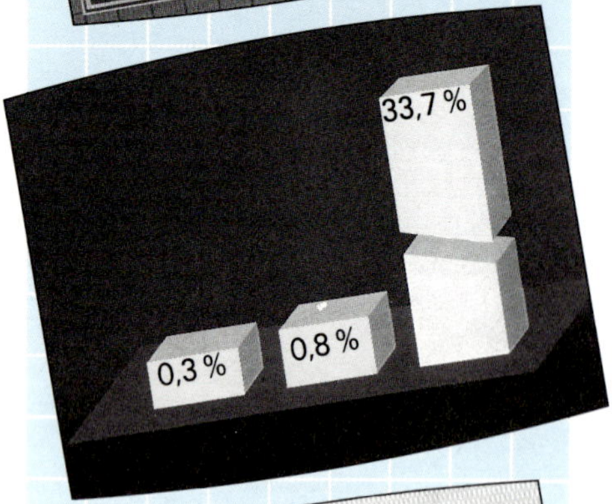

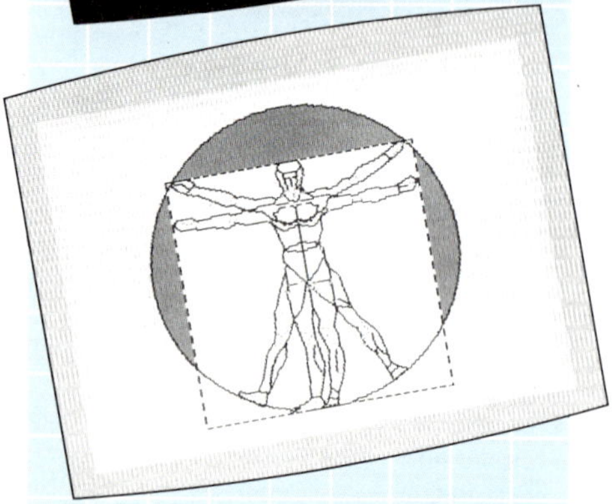

La création graphique par ordinateur prend maintenant bien des aspects. **De haut en bas :** Textes à gros caractères pour génériques. Histogrammes à trois dimensions pour l'information commerciale. Image haute résolution servant de base à des dessins animés.

1 Composez les titres, soit à partir d'un logiciel, soit par frappe au clavier.
2 Connectez l'ordinateur sur le magnétoscope enregistreur en mode pause enregistrement.
3 Lancez le programme "titres" sur l'ordinateur et, simultanément, relâchez la pause du magnétoscope.
4 En fin de séquence, mettez le magnétoscope en pause. Les titres enregistrés peuvent être insérés dans votre vidéogramme en mode "assemblage" (*p. 62*).

Un ordinateur plus évolué, muni d'un "genlock", associé à un mélangeur vidéo, permet de réaliser conjointement des effets de superposition, de volets, de fondus et même des déformations, explosions, incrustations, images vidéo numérisées, etc. Explorez ces possibilités avec un ami connaisseur en informatique personnelle ou chez un revendeur spécialisé.

N'oublions pas les effets sonores générés par ordinateur : cela va de simples "bips", à la musique électronique et à la synthèse vocale. Vous pouvez les enregistrer à l'aide du micro ou, mieux encore, par liaison audio directe entre l'ordinateur et l'enregistreur audio/vidéo.

Ce n'est qu'assez récemment que les spécialistes en informatique et en infographie (graphismes générés par ordinateur) se sont intéressés à des systèmes et logiciels performants, mais restant abordables pour le budget forcément limité de "l'amateur vidéaste éclairé". Les micro-ordinateurs de marque "Amiga" ont particulièrement été étudiés pour l'interfaçage vidéo/ordinateur. Un ensemble complet comprend, par exemple : Amiga 500 avec extension mémoires 512K, genlock (PAL-Y/C avec filtre RGB), une mémoire numérique d'image ("digitaliseur"), ainsi que deux logiciels (titreur, dessin, effets) "D Paint III" et "D Video III".

GRAPHISMES CRÉATIFS

L'ordinateur personnel permet de nombreux effets graphiques, tous enregistrables sur bande magnétique. Ceux-ci sont utilisés, par exemple, pour les génériques ou les transitions entre séquences.

- Les logiciels graphiques de base génèrent des figures géométriques simples (cercles, carrés, rectangles, etc.). Combinées entre elles, ces formes peuvent composer des dessins abstraits ou présenter des statistiques.
- Les formes colorées (ou "modules" graphiques) peuvent être répétées pour former un fond géométrique. Certaines zones seront effacées pour laisser place, par exemple, à l'incrustation d'un titre. Le changement de couleur du fond servira d'introduction à une nouvelle séquence.
- Un logiciel plus élaboré autorise la réalisation de véritables formes animées automatiquement "programmées".
- A l'aide d'un micro-ordinateur équipé d'une tablette graphique ou d'une "souris" et d'un logiciel graphique spécifique, on peut dessiner n'importe quelle forme, comme on le ferait sur une feuille de papier avec des crayons de couleur. A défaut d'un moniteur haute résolution qui augmente le prix de l'équipement, on peut visualiser les images sur le téléviseur couleur normal. L'image de synthèse est formée d'un grand nombre de points individuels colorés juxtaposés ou "pixels". La résolution de l'image est d'autant plus grande que les pixels sont plus petits, et par conséquent plus nombreux. La matrice de 256 × 192 pixels d'un ordinateur personnel courant permet déjà de réaliser des graphismes complexes, mais aux contours un peu imprécis (aliasing).

VIDÉO GRAFFITI

Nous appelons "vidéo-graffiti" — traduction très libre du terme anglais "scratch video" — un moyen très original de créer des vidéogrammes amusants, sans même avoir à quitter son domicile. Lorsque vous aurez accumulé un nombre suffisant de cassettes enregistrées avec votre camescope et/ou avec le magnétoscope de salon, vous pouvez procéder à un ou plusieurs montages vidéo, en faisant se succéder les images et les sons de la manière la plus cocasse et disparate qui soit. Lorsque vous utilisez des séquences tirées d'émissions télévisées ou de spots publicitaires, réservez la présentation du montage "détourné" à votre seul entourage : un procès en copie illicite est toujours possible !

Un exercice amusant consiste à monter alternativement les questions et les réponses de deux interviews différentes. Donnons un exemple : faites succéder aux questions posées à un agent municipal ou à un guide (faisant partie d'un documentaire que vous avez tourné) et les réponses données par de jeunes enfants (interrogés sur ce qu'ils pensent de l'école). Pour que la fausse interview fonctionne, il faut surtout que les personnages semblent se regarder et dialoguer mutuellement (raccords de regard). Pareillement, l'environnement, l'éclairage, etc. doivent être à peu près analogues. L'effet comique naît inévitablement de la disparité des questions et des réponses, chacun des protagonistes gardant évidemment un imperturbable sérieux.

Il va sans dire que tous les coups sont ici permis, pourvu qu'ils conduisent le spectateur — plus ou moins rapidement d'ailleurs — à s'apercevoir que vous "l'avez mené en bateau". Le fait que celui-ci cherche obstinément à trouver une logique dans un récit par nature irrationnel, augmente beaucoup les possibilités de la vidéo-graffiti. Les vues de personnages regardant ou désignant un objet "hors écran" sont particulièrement propices. Alternez, par exemple, des enfants assistant joyeux à un spectacle de marionnettes, avec la vue d'une tribune où professe un grave conférencier.

Si vous avez déjà collecté un bon nombre de cassettes où figure la même personne (votre enfant, votre conjoint), il y a bien des chances que vous puissiez les faire dialoguer entre eux-mêmes en se regardant affectueusement : il vous suffit de trouver des plans dans lesquels les regards se croisent d'un plan à l'autre. La personne "piégée" se donne à elle-même une réponse qui n'a naturellement rien à voir avec la question qu'elle vient de poser.

Le montage en action parallèle se prête fort bien aux effets comiques. On intercale, par exemple, dans les vues de la future mariée en train de se préparer longuement, le même plan plusieurs fois répété de son fiancé inquiet l'attendant sur le parvis de l'église.

Il est tout à fait évident que certains utilisateurs adroits, mais mal intentionnés, peuvent utiliser cette méthode de "collage" d'images prises en des lieux et à des époques différentes, afin de recréer une fausse réalité : de la même manière que le photomontage a souvent été utilisé dans des buts de propagande politique, par exemple. C'est la raison pour laquelle une bande magnétique — qu'elle soit sonore ou vidéo — ne peut en aucun cas servir de preuve devant un tribunal : elle peut avoir été truquée par un habile faussaire. Votre connaissance de plus en plus approfondie de la vidéo et la pratique du montage vous permettront sans doute de découvrir la supercherie : il y a toujours quelque chose qui "cloche".

La vidéo-graffiti consiste à monter entre eux des plans pris en des lieux et à des moments différents. Le résultat est atteint lorsque les raccords de regard et de mouvement sont assurés d'un plan au plan suivant.

VIDÉOGRAMMES DOCUMENTAIRES

Un vidéogramme documentaire communique des idées et des informations ; il peut être, à la fois, didactique et distrayant. Ce chapitre présente les techniques de tournage particulièrement appropriées à ce domaine : l'interview et la rédaction du commentaire. Il montre en même temps comment développer vos capacités créatives et intéresser un plus large public. Les meilleurs documentaires résultent souvent d'un travail en équipe dont les membres mettent en commun idées, compétences et ressources.

L'ÉQUIPE DE TOURNAGE VIDÉO

Vous n'avez pas besoin d'aide pour traiter les thèmes les plus courants : voyages, fêtes familiales, activité sportive personnelle, etc. Il y a bien sûr quelques cas où vous apprécierez la présence d'un assistant bénévole pour le micro, la torche vidéo ou la conduite de l'interview. Une production plus ambitieuse demande au contraire le travail en équipe : particulièrement pour un vidéogramme documentaire "en profondeur", lequel implique des activités aussi diverses que la documentation, l'écriture, la mise en scène, l'interview, l'éclairage, les prises de vues, la sonorisation, le titrage et le montage. Un seul n'y peut suffire. La synergie de plusieurs personnes permet le partage du temps et du travail, l'échange des idées, la mise en commun des ressources financières, bref, des facteurs conduisant à des vidéogrammes élaborés et imaginatifs.

Chaque membre de l'équipe doit avoir la sentiment que ses efforts sont appréciés par les autres. La meilleure façon d'y parvenir est d'attribuer à chacun une part de travail et une responsabilité bien déterminées. Il y a cependant un "patron" unique : le réalisateur. Dans le cas d'une équipe réduite, la même personne peut se voir attribuer plusieurs tâches : par exemple, le réalisateur assure aussi les interviews, l'opérateur s'occupe également de l'éclairage, etc.

Un vidéogramme de fiction (ce qu'on appelle "téléfilm") nécessite souvent d'autres compétences : décors, costumes, maquillage, etc. On peut d'ailleurs s'attacher les services d'un de ces spécialistes pour la seule durée du tournage ou même pour la réalisation d'une scène particulière. L'équipe de tournage "type", que nous vous présentons à simple titre d'exemple, comprend 6 personnes dont les responsabilités sont définies ci-dessus. Il ne faut pas que leur spécialisation soit telle qu'ils ne puissent si nécessaire tenir d'autres postes.

L'intervieweur prépare, avec le réalisateur, une stratégie et une liste de questions. Délaissant l'équipe de tournage, il s'occupe de "relaxer" les personnes à interroger. Il peut être à l'écran ou "hors écran" ou s'adresser à la caméra, comme un présentateur de télévision.

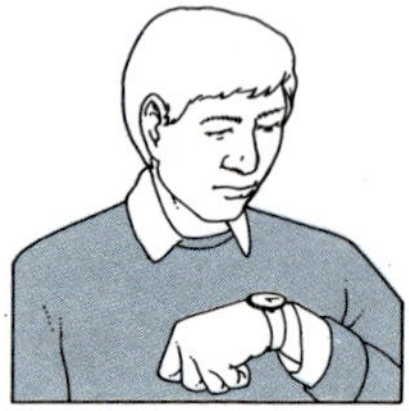

Le régisseur organise le groupe, s'occupe des questions financières, coordonne les tournages, contrôle la disponibilité des équipements et des lieux de tournage (y compris le transport et l'hébergement).

Notre équipe de tournage "type" (pour un vidéogramme documentaire) comprend 6 membres, y compris l'intervieweur. Chaque personne est chargée d'une tâche spécifique.

L'opérateur, en liaison avec le réalisateur et l'éclairagiste, est responsable de tout ce qui concerne les prises de vues et la manipulation de la caméra.

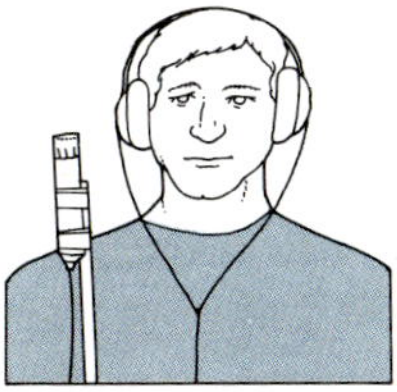

L'ingénieur du son prend en charge toute la partie "audio" : choix et position des micros, perche, enregistrements sonores indépendants.

L'éclairagiste, selon le style souhaité par le réalisateur, installe les projecteurs, s'occupe des branchements électriques. Il surveille aussi la présence d'ombres portées par le micro.

Le réalisateur est le chef de l'équipe. Il restera le seul responsable du vidéogramme jusqu'à son achèvement total.

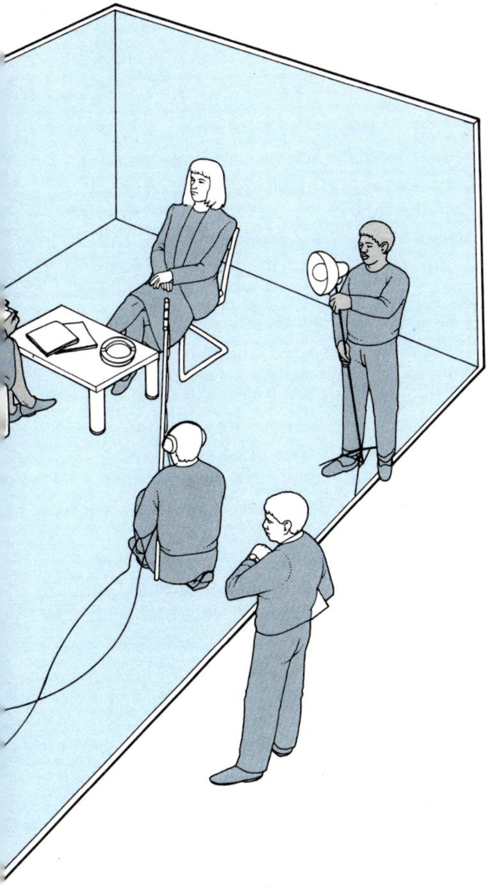

CONSEILS AUX MEMBRES DE L'ÉQUIPE

- Réalisateur et régisseur s'assurent préalablement des conditions de tournage (éclairage, prise de son).
- Le régisseur a en charge les transports, les repas, l'hébergement.
- Le réalisateur doit expliquer à l'équipe le tournage de chaque plan et définir le style d'éclairage de la scène.
- L'ingénieur du son peut envisager de monter le micro directionnel à l'extrémité d'une perche qu'il tiendra à bout de bras, au-dessus ou au-dessous du sujet. Il vérifie que ce micro n'est jamais visible dans le champ et qu'il ne projette pas d'ombre.
- Le début de chaque prise — un seul plan peut en nécessiter plusieurs — doit être identifié, soit à l'aide du titreur du camescope, soit par un "clap" (ou "ardoise").
- La présence de la personne qui fera le montage est très souhaitable : elle notera tous les plans tournés et fera éventuellement des suggestions assurant de meilleurs raccords lors du montage final. D'une manière générale, c'est au réalisateur qu'il incombe de veiller à ce qu'aucun plan ne soit considéré comme "acceptable" tant qu'il n'est pas prouvé qu'il raccordera parfaitement avec le plan précédent et avec le plan suivant.

L'INTERVIEW • 1

L'interview fait partie intégrante d'un programme documentaire : sa technique mérite d'être approfondie. Une bonne interview commence bien avant que l'on soit face à la personne interrogée. Préparation, recherches préalables sont indispensables. Il faut savoir relaxer l'interviewé, lui poser les bonnes questions sous une forme correcte et, surtout, écouter ses réponses. Le "journaliste" doit en priorité étudier le plus complètement possible le sujet traité, puis décider qui doit être interrogé, ce que la personne choisie peut avoir à dire sur le sujet et comment en tirer le meilleur parti.

Il existe plusieurs types d'interviews, demandant des approches différentes. Quel que soit le thème traité, il y a les spécialistes capables de donner des réponses circonstanciées et précises à des questions spécifiques ; les "témoins" narrant leur propre expérience, décrivant les événements qu'ils ont vus ou auxquels ils ont participé ; enfin, les opinions recueillies un peu au hasard dans la foule.

La réalisation de ces trois types d'interviews varie notablement. Dans le cas d'un expert ou d'un témoin, il est essentiel d'avoir avec lui un entretien préalable, afin de définir clairement les raisons et le contenu de l'interview. A partir de ce recueil d'informations, vous pouvez préparer un questionnaire orientant la conversation et lui donnant une progression logique. Ceci n'est cependant qu'une base, à partir de laquelle vous devez être capable d'improviser, de poser de nouvelles questions précisant certains points. Pour donner un tour plus naturel au dialogue, indiquez seulement les idées générales que vous allez aborder, non les questions précises dont les réponses pourraient être "préparées". Évitez à tout prix les répétitions : une interview doit être stimulante, informative et spontanée.

Il y a deux façons de couvrir une interview avec une seule caméra :

• L'interview "hors champ", fréquemment utilisée pour les reportages TV. On ne conserve pas les questions dans le montage, mais l'on sent nettement que la personne répond à des interrogations précises. Au montage, on forme une narration continue en mettant les réponses bout à bout. Dans un tel cas, les questions posées doivent déjà contenir les éléments orientant les réponses. Elles utilisent des mots tels que : quoi, dont, où, comment, etc., afin d'empêcher les réponses laconiques "oui" et "non".

• L'interview "à l'écran" est, au contraire, une conversation classique, plus en profondeur, mettant journaliste et interviewé face à face. La méthode permet de filmer séparément les deux personnes et de monter les plans en alternance (*p. 156*). La réussite demande un sujet décontracté et confiant. Cette mise en condition n'est pas seulement le travail de l'intervieweur, mais celui de toute l'équipe. Un environnement familier est le meilleur endroit pour la conduire. Si cela n'est pas possible, le lieu de tournage doit être confortable et bien organisé, les préparations techniques étant déjà terminées lorsque la personne à interviewer entre dans le local. Avant de débuter le tournage, on fera un essai de voix et d'emplacement de la caméra. Pour mettre le sujet à l'aise, on peut lui poser une question de courtoisie, telle que "où êtes-vous allé en vacances l'année dernière ?". Si celui-ci est particulièrement nerveux, adoptez le ton de confidence, en enregistrant l'entretien presque à son insu. N'hésitez-pas à tourner "large" et à proposer de reprendre des phases de l'entretien qui ne conviendraient pas à l'une ou l'autre des deux parties.

Interviews dans la foule. Les courts échanges "question-réponse" dans la rue sont très utilisés pour les enquêtes d'opinion. Filmez-les sous forme de gros plans, en variant cadrages, angles et décors afin de donner aux opinions recueillies un caractère plus universel. Montez ces plans bout à bout en séquence ininterrompue.

Pour ce type d'interview dans un lieu public, il est très largement préférable de travailler à deux personnes : le cameraman qui ne s'occupe strictement que du cadrage et des problèmes de prise de vues et un intervieweur tenant un microphone, relié au camescope par un cordon suffisamment long, qu'il dirige alternativement vers sa bouche (question), puis vers la personne interrogée (réponse). La méthode offre deux avantages : d'une part l'opérateur peut rester relativement éloigné de son sujet qui pourrait être intimidé par la proximité de la caméra, d'autre part, le micro — de préférence assez directif — est suffisamment près de l'interviewé.

> « *C'est facile de conduire une interview : il suffit de trouver une personne intéressante et de savoir quelles questions lui poser... parce qu'on les a déjà préparées dans sa tête. Je préfère travailler caméra à l'épaule, de telle manière que le sujet s'adresse au spectateur plutôt qu'à moi.* »
>
> **ED MURROW, JOURNALISTE CHEZ CBS**

Transcrivez l'interview par écrit afin d'en faire une narration continue ne conservant que les réponses. Marquez, comme ici, les passages à garder et les endroits où vous introduirez un plan de coupe.

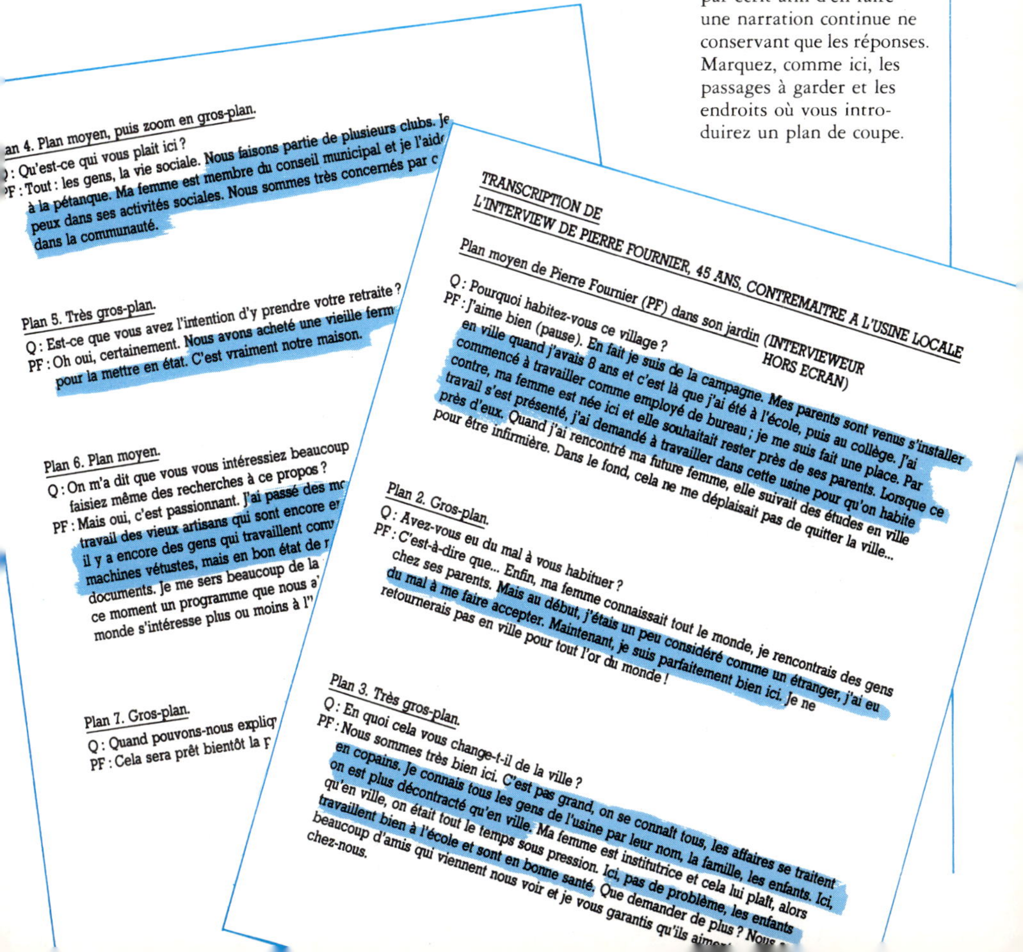

an 4. Plan moyen, puis zoom en gros-plan.
Q : Qu'est-ce qui vous plait ici ?
PF : Tout : les gens, la vie sociale. Nous faisons partie de plusieurs clubs. Je … à la pétanque. Ma femme est membre du conseil municipal et je l'aid… peux dans ses activités sociales. Nous sommes très concernés par c… dans la communauté.

Plan 5. Très gros-plan.
Q : Est-ce que vous avez l'intention d'y prendre votre retraite ?
PF : Oh oui, certainement. Nous avons acheté une vieille ferm… pour la mettre en état. C'est vraiment notre maison.

Plan 6. Plan moyen.
Q : On m'a dit que vous vous intéressiez beaucoup … faisiez même des recherches à ce propos ?
PF : Mais oui, c'est passionnant. J'ai passé des m… travail des vieux artisans qui sont encore e… il y a encore des gens qui travaillent com… machines vétustes, mais en bon état de … documents. Je me sers beaucoup de la … ce moment un programme que nous a… monde s'intéresse plus ou moins à l'…

Plan 7. Gros-plan.
Q : Quand pouvons-nous expliq…
PF : Cela sera prêt bientôt la p…

TRANSCRIPTION DE
L'INTERVIEW DE PIERRE FOURNIER, 45 ANS, CONTREMAITRE A L'USINE LOCALE
Plan moyen de Pierre Fournier (PF) dans son jardin (INTERVIEWEUR HORS ECRAN)
Q : Pourquoi habitez-vous ce village ?
PF : J'aime bien (pause). En fait je suis de la campagne. Mes parents sont venus s'installer en ville quand j'avais 8 ans et c'est là que j'ai été à l'école, puis au collège. J'ai commencé à travailler comme employé de bureau ; je me suis fait une place. Par contre, ma femme est née ici et elle souhaitait rester près de ses parents. Lorsque ce travail s'est présenté, j'ai demandé à travailler dans cette usine pour qu'on habite près d'eux. Quand j'ai rencontré ma future femme, elle suivait des études en ville pour être infirmière. Dans le fond, cela ne me déplaisait pas de quitter la ville...

Plan 2. Gros-plan.
Q : Avez-vous eu du mal à vous habituer ?
PF : C'est-à-dire que... Enfin, ma femme connaissait tout le monde, je rencontrais des gens chez ses parents. Mais au début, j'étais un peu considéré comme un étranger, j'ai eu du mal à me faire accepter. Maintenant, je suis parfaitement bien ici. Je ne retournerais pas en ville pour tout l'or du monde !

Plan 3. Très gros-plan.
Q : En quoi cela vous change-t-il de la ville ?
PF : Nous sommes très bien ici. C'est pas grand, on se connaît tous, les affaires se traitent en copains. Je connais tous les gens de l'usine par leur nom, la famille, les enfants. Ici, on est plus décontracté qu'en ville. Ma femme est institutrice et cela lui plaît, alors qu'en ville, on était tout le temps sous pression. Ici, pas de problème, les enfants travaillent bien à l'école et sont en bonne santé. Que demander de plus ? Nous … beaucoup d'amis qui viennent nous voir et je vous garantis qu'ils aime… chez-nous.

L'INTERVIEW • 2

Il faut d'abord décider si l'intervieweur et le micro seront présents ou non sur l'image en même temps que la personne interrogée. S'il s'agit d'un "compte rendu" — intervieweur hors champ — il faut varier les cadrages à chaque prise afin d'éviter les sauts au montage. A chaque nouvelle question, on passe par exemple du plan moyen à un plan plus rapproché. Si le journaliste se tient tout à côté de la caméra, la personne interrogée se trouve pratiquement de face. On peut faire un léger zoom avant sur la personne, mais jamais un zoom arrière qui donnerait le sentiment que l'on se désintéresse de ce qu'elle raconte.

L'entretien style "dialogue" (intervieweur dans le champ) implique — avec une seule caméra — de ne filmer qu'une personne à la fois (*ci-contre*). Commencez par une vue générale de la personne faisant face au journaliste, placé de trois quarts arrière, plus près de la caméra. Enregistrez toute l'interview dans sa continuité au seul bénéfice de la personne interrogée, en changeant légèrement de cadrage à chaque nouvelle question posée. Ne "serrez" pas trop le cadre afin de laisser une certaine liberté de mouvement au sujet (faire un geste de la main, se pencher en avant, etc.) sans avoir besoin de recadrer. L'interview étant terminée, demandez au journaliste — que vous filmerez maintenant en contrechamp et en plaçant la caméra dans l'axe de la position auparavant occupée par l'interviewé — de reposer toutes les questions : ces plans seront mis en bonne place au montage. Veillez au sens du regard et prenez quelques plans "de réaction".

Si vous ne voulez pas que le micro apparaîsse dans le champ, utilisez un micro cardioïde ou directionnel fixé sur perche, en l'orientant à chaque fois vers la personne qui parle. Si vous utilisez un micro cravate pour chaque protagoniste, baissez à chaque fois le gain du micro de la personne qui ne parle pas.

Situez le lieu de l'interview par une vue d'ensemble : sujet de face et l'intervieweur de dos au premier plan. Gardez ce cadre pour la première série de question/réponse. Pendant la deuxième question "serrez" sur le sujet par un zoom avant. Jamais de mouvement caméra pendant une réponse.

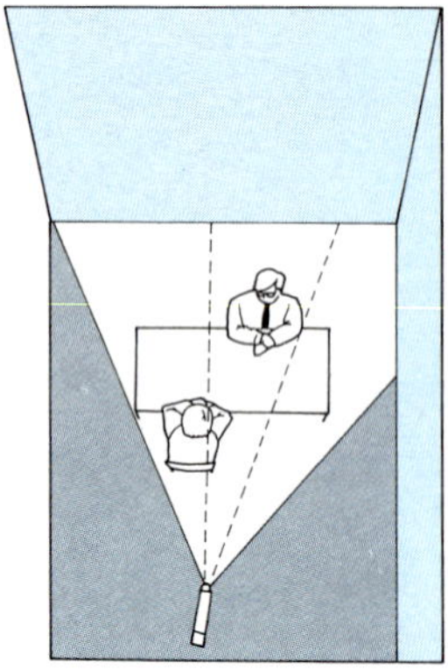

Filmez l'essentiel de l'interview en plaçant la caméra à côté du journaliste qui n'apparaît plus à l'image. Servez-vous du zoom pour passer — entre deux réponses — du plan moyen au gros plan : sans toutefois risquer un décadrage accidentel.

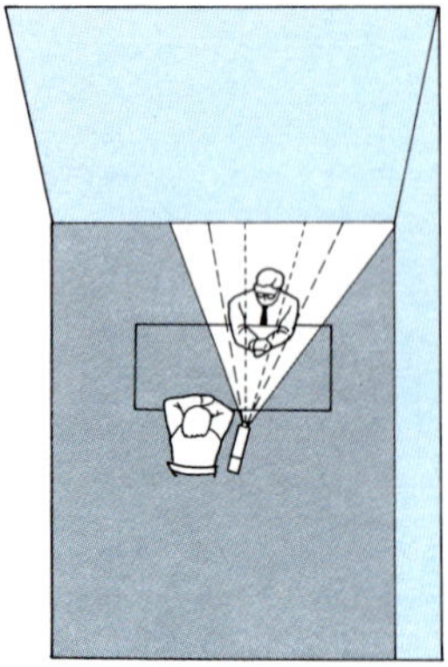

L'interview étant terminée, prenez en contrechamp les questions (si nécessaire) et des plans "de réaction" de l'intervieweur. Pour retrouver la direction du regard, placez la caméra dans l'axe auparavant occupé par le sujet. Ces plans permettront à la fois les raccords et de raccourcir une réponse trop longue.

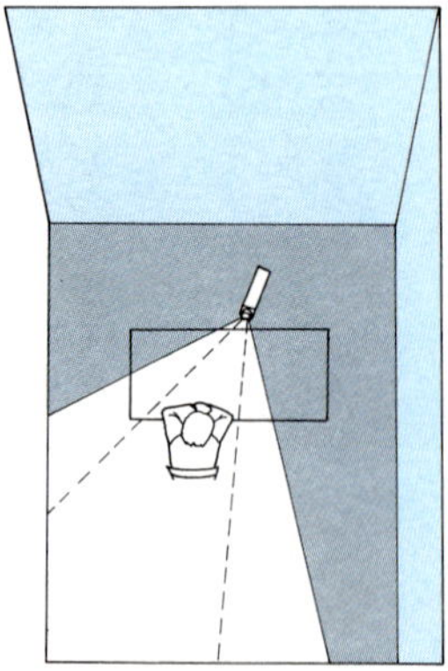

L'ÉCRITURE DU COMMENTAIRE

Le vieil adage "une image vaut mille mots" est également valable pour la vidéo. Il est toutefois nécessaire de compléter les images par la parole : ne serait-ce que pour donner au spectateur des informations complémentaires sur des particularités que les images ne précisent pas suffisamment. On peut par ailleurs exprimer par la parole un concept différent de celui évoqué par les images, ou encore lier entre eux des événements d'une manière non visuelle. Le commentaire peut répondre à tous ces objectifs, mais en restant "naturel", bien présenté et précis. Il doit, sans être redondant avec les images, distraire et informer à la fois.

Le rôle fréquent du commentaire est d'interpréter les images, en imposant un point de vue particulier. Prenez, par exemple, une belle image de rivière dans la campagne : elle est en elle-même "idyllique". Le sens du message change complètement si le commentaire indique que son eau est empoisonnée en amont par les décharges toxiques d'une usine. A la sensation de beauté tranquille ressentie par le spectateur succède bientôt l'angoisse de la pollution.

Le commentaire sert aussi à introduire une interview : "Nous avons interrogé un marin-pêcheur sur la pêche au voisinage des îles" (puis l'on passe à l'homme en train de parler). Il assure aussi la liaison entre des séquences disparates, en créant une continuité qui n'existerait pas entre les images. Prenons comme exemple deux plans montés en succession : une forêt tropicale et un hamburger. Le spectateur ne peut pas établir de rapport entre ces deux sujets, sauf si le commentaire précise qu'une vaste zone forestière a été dégagée pour faire place à l'élevage des bovins, afin de satisfaire au goût des consommateurs pour la viande de bœuf.

On ne peut rédiger le commentaire qu'après montage final du vidéogramme. La plupart du temps, les phrases doivent être écrites en fonction des images et de la durée des séquences. Cela influence le style d'écriture : si vous ne disposez que de 12 secondes d'image, vous êtes obligé d'être cursif et simple. Un débit de 3 mots par seconde est considéré comme rapide par les professionnels ; adoptez une diction plus lente. Le texte du commentaire influence l'opinion du spectateur : soyez précis et simple afin d'éviter la mauvaise compréhension. Une bonne manière de procéder est d'enregistrer le commentaire sur magnétophone et de juger, en l'écoutant objectivement, de son adéquation. Evitez les clichés et les tournures pédantes et redondantes (du genre : "Il est également primordial de bien comprendre la signification profonde de..."). Chaque mot du commentaire doit "compter". Faites des phrases courtes et utilisez-les pour indiquer au spectateur ce qu'il a besoin de savoir et rien d'autre. Laissez de grandes pauses entre deux phrases successives : que le spectateur puisse pleinement profiter des images, de la musique et des effets sonores.

Lorsque vous êtes satisfait de votre commentaire, tapez-le à la machine à double interligne, en laissant une vaste marge à gauche pour les modifications de dernières minutes et les repères de synchronisation. Répétez avec les images, plusieurs fois si nécessaire, avant de procéder à l'enregistrement. Cela vous permettra de noter les départs de phrase avec précision, en d'autres termes de "faire coller" les mots et les images. Prenez au besoin des repères temporels à l'aide du compteur.

Pour l'enregistrement définitif du commentaire, installez-vous le plus confortablement possible devant le microphone sur support (*voir pages 124-25*). Le téléviseur de contrôle doit être placé de telle sorte que vous n'ayez pas à déplacer la tête pour suivre les images. Adoptez un rythme de parole régulier, en faisant attention à ne pas attaquer chaque nouvelle phrase avec une voix plus forte.

LE COMMENTAIRE SUIVANT POURRAIT CONVENIR A CETTE SÉQUENCE :

Situé sur la route de Skye, le château d'Eilan Donan fut bombardé en 1719 par les Anglais, parce qu'il abritait des Jacobites, partisans de Jacques II, et une garnison espagnole... Restauré en 1932, c'est aujourd'hui un musée.

Nous voici en route pour Lewis : la plus grande et la plus au Nord des îles de l'archipel des Hébrides.

PAS DE COMMENTAIRE : BRUITS DE VAGUE ET DE MOTEUR DU BATEAU. ON ENTEND, DANS LE LOINTAIN, UNE MUSIQUE FOLKLORIQUE GAÉLIQUE.

Jadis point de ralliement des envahisseurs nordiques, Stonaway est la capitale de Lewis. Le centre vital et culturel de la pure tradition gaélique.

La plupart des insulaires vivent de la pêche, du cabotage, du tissage de la laine. C'est un peuple fier, farouchement indépendant...

ON REVIENT SUR L'INTERVIEW DU PÊCHEUR.

EMPLOI DE DOCUMENTS D'ARCHIVES

Les documents d'archives peuvent, soit compléter un vidéogramme, soit constituer la totalité d'un programme original, basé sur des éléments anciens tels que photographies, films, tableaux, gravures. Vous pouvez aussi — afin de mieux opposer le passé au présent — insérer des photos anciennes dans les images d'aujourd'hui.

Il y a bien des manières de recréer le climat à l'aide d'images fixes par la sonorisation : bruit des sabots martelant le sol sur des scènes de chasse ; hurlement des sirènes sur l'ancienne fabrique ; refrains d'autrefois dans les rues de la ville au début du siècle... L'époque peut aussi être évoquée par des extraits littéraires. Les sources de documentation ne manquent pas : sociétés historiques locales, musées, galeries d'art, bibliothèques, collections privées. Il y a aussi les vieilles machines, amoureusement entretenues par les passionnés, que vous pouvez filmer en pleine action. Un travail méticuleux à la caméra est un véritable plaisir pour de tels sujets : composition, rythme et environnement sonore.

Chez vous ou en déplacement, reprenez les documents en employant la technique du banc-titre (*voir p. 114*). Voici quelques indications utiles :

• **Pour filmer à travers le verre.** Muni des indispensables autorisations, vous pouvez filmer peintures, photographies anciennes ou gravures dans les musées ou galeries d'art. Ces précieux documents sont habituellement présentés sous verre ou dans une vitrine. Il faut cependant les éclairer uniformément. Montez le camescope sur pied, perpendiculairement au centre du document : cela afin d'éviter les déformations. Placez deux lampes sur pied, à 45° de part et d'autre. Vérifiez dans le viseur que la lumière des lampes ne se réfléchit pas dans la glace. L'emploi d'une focale assez longue permet d'opérer de plus loin, en évitant les déformations trop gênantes. Dissimulez les éventuelles erreurs de perpendicularité en cadrant à l'intérieur du document. Éliminez les reflets en portant des vêtements sombres et en plaçant un voile noir, face au document (avec une ouverture pour le passage de l'objectif).

Le filtre polariseur permet de réduire ou d'éliminer les reflets sur les matériaux non métalliques — donc le verre — mais seulement si la surface réfléchissante est placée obliquement par rapport à l'axe de visée. Il est le plus efficace lorsque l'axe optique du zoom fait un angle assez prononcé (maximum : 33°) avec la surface. La technique professionnelle de "polarisation croisée" permet de supprimer pratiquement tous les reflets, sur un tableau verni par exemple. Elle consiste à monter des filtres polariseurs devant l'objectif et devant chaque projecteur d'éclairage.

Pour filmer des objets enfermés dans une vitrine — instruments scientifiques, joaillerie, bijoux, etc. — adoptez un angle de vue oblique, masquez les reflets avec le voile noir, éclaircissez les ombres à l'aide d'un réflecteur passif.

Description à la caméra. Pour donner de la vie au document, filmez-le comme un objet à trois dimensions, avec mouvements de caméra (*voir p. 115*). Répétez le mouvement caméra, lequel doit être lent et régulier, d'autant qu'ici l'immobilité du

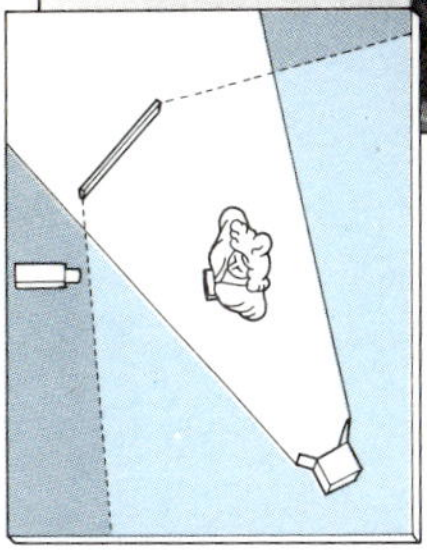

La statuette faisant partie de la collection historique, *ci-dessous*, a été filmée sur un plateau tournant, éclairée par une source latérale dont la lumière est diffusée dans les ombres par un réflecteur.

sujet souligne chaque à-coup ou vibration.

Un mouvement de travelling donne un effet plus agréable qu'un zooming ou un panoramique, avec en particulier une meilleure sensation de profondeur due à la modification continuelle de la perspective. Il nécessite toutefois de longs préparatifs et des répétitions qui ne sont autorisés, dans un musée par exemple, que par dérogation et entente préalable avec les responsables. Mieux vaut opérer tranquillement en dehors des heures d'ouverture. Un programme traitant des objets ou œuvres d'art relatifs à une certaine période sera valorisé par le commentaire — en direct ou en "voix off" resynchronisée au montage — du spécialiste ou du conservateur. Après avoir décrit un tableau, on peut terminer le plan par un zoom arrière faisant apparaître le narrateur.

VIDÉO DÉMONSTRATION

Application simple du documentaire, la vidéo-démonstration expose, clairement et succinctement, les étapes d'un processus ou le mode d'emploi d'un instrument ou d'une machine. Elle demande à la fois un déroulement logique des séquences et un commentaire explicatif. Ce type de programme s'applique à des sujets variés : cela peut aller de la préparation culinaire, au stoppage d'un tissu, de la pose du papier peint, à l'assemblage d'un modèle réduit, de la technique de montage d'un moteur, au réglage d'une machine-outil, etc.

La méthode la plus directe est de filmer une personne en train de travailler, en montant les plans "à la caméra". Le commentaire en post-sonorisation précisera ultérieurement les points qui n'ont pu être décrits par l'image. On peut également ajouter des titres ou des sous-titres avec le générateur de caractères pour appuyer le commentaire ou indiquer des valeurs (proportions d'ingrédients, par ex.). Pour monter à la caméra, il faut avoir assisté au moins une fois à la démonstration et préparer un découpage technique précis sur storyboard (*ci-contre*). Entendez-vous avec le démonstrateur pour qu'il sache ce qu'il a à faire et à quel moment. Après les plans d'ensemble situant l'action, travaillez en cadrages plus serrés pour bien détailler les procédures. Insérez des plans de coupe pour la continuité et faites des fondus afin de condenser le temps (cuisson d'un plat, par ex.). Tenez le plus grand compte de ce que nous avons indiqué sur les raccords de direction et de mouvement (*p. 48*). Composez des images simples, faciles à "lire", mais en variant les angles et les grosseurs de plans, afin d'aboutir à une démonstration logique et ininterrompue. Vous éviterez les ombres gênantes et vous accélérerez le tournage en adoptant un éclairage diffus, baignant l'ensemble de la scène. Ne conservez le son direct que s'il apporte des informations importantes.

Une autre manière de procéder est de filmer la suite des opérations en continu d'un même point de vue, accompagné du commentaire direct du démonstrateur. Reprenez ensuite les phases principales sous des angles variés et en plus gros plans : vous les insérerez en bonne place dans le montage final. Le scénario doit

être précis. Si l'action se déroule à peu près au même endroit, un micro en poste fixe peut suffire ; sinon, utilisez un micro cravate attaché aux vêtements du démonstrateur : relié par un cordon de bonne longueur, il lui donne une plus grande liberté de mouvement. Veillez aux bruits de frottement contre le vêtement.

Un découpage technique sur storyboard est particulièrement utile lorsqu'on monte à la caméra. La plupart des images parlant d'elles-mêmes, vous pourrez préciser certains détails par un commentaire ou des sous-titres en incrustation. Avec montage en post-production, et dans le cas ci-dessus, vous pouvez filmer toutes les opérations de 9 à 16 du même point de vue et reprendre en gros plan toutes les phases essentielles.

VIDÉO PORTRAIT

Le portrait d'un être humain peut être le sujet idéal d'un documentaire. En choisissant un personnage à forte personnalité, vous serez certain d'en faire un vidéo-portrait qui ne sera pas seulement artistique, mais également informatif et psychologique. Ce personnage doit être capable de parler de son travail ou de sa vie affective de manière vivante. Artistes, artisans, musiciens, paysans, personnes âgées aux souvenirs fascinants, sont des sujets de premier choix. Il est très souhaitable de filmer le personnage dans son environnement familier. Le vidéo-portrait demande une sincère collaboration entre le vidéaste et la personne qui lui fait confiance. Abordez-la gentiment, mais franchement. Par l'observation, la conversation, l'écoute attentive, vous vous ferez une bonne idée de sa personnalité. Telles sont les conditions de la réussite, demandant de votre part une totale disponibiité. En préparant votre portrait par des entretiens préalables, imaginez déjà ce qui apparaîtra sur l'écran et comment vous mettrez votre personnage "en scène". Recueillez des informations sur son origine et sa formation professionnelle. Passez un maximum de temps à converser, faites une interview très documentée et prenez des notes qui faciliteront l'écriture du scénario. Observez-le attentivement, à la recherche des gestes significatifs et des attitudes qui révèlent le caractère. Étudiez votre personnage, aussi bien dans sa vie de famille que dans son activité professionnelle ; appréciez ses compétences et ses techniques ; laissez-lui vous confier ses croyances, ses prises de positions morales ou religieuses, les influences qu'il a subies. Ces éléments psychologiques vous permettront de tracer un portrait complet et honnête.

Chaque séquence prend pour base les informations recueillies dans les précédentes ; ceci crée une progression dramatique apportant continuellement de nouvelles touches au portrait. La séquence d'ouverture de votre programme aura pour but d'intriguer le spectateur, en lui donnant un premier aperçu sur le mode de vie du personnage. Vous montrerez, par exemple, le potier en train de malaxer de la glaise ou le peintre faisant une esquisse ; quel que soit le thème, essayez de donner à cette séquence, accompagnée d'un sobre commentaire un impact maximum. Faites une interview très poussée du sujet, dont les éléments seront montés en divers endroits du programme, ou bien utilisés en tant que commentaire accompagnant les séquences visuelles appropriées. N'oubliez pas de poser des questions obligeant à une réponse détaillée et de varier les cadrages en vue du montage ultérieur.

Précisez le portrait en interviewant des personnes de son entourage. Leur opinion peut mettre en lumière des aspects moins connus de son caractère. Incluez dans le storyboard une séquence expliquant la technique ou les méthodes de son travail ; écrivez les grandes lignes du commentaire afin d'évaluer la durée de chaque plan.

Cherchez à inclure des effets sonores directs donnant plus de vérité au portrait. Ils peuvent être en relation avec le travail du personnage : frottement de la brosse sur la toile, la roue du potier qui tourne, le coup de sifflet de l'agent de police. La musique sera en relation avec l'atmosphère du vidéogramme et la personnalité du sujet. Cherchez enfin une conclusion nerveuse, résumant en une ou deux phrases bien structurées la personnalité et le travail de l'homme ou de la femme dont vous venez de faire le portrait.

Nous avons pris comme exemple d'illustration pour ces pages le travail du potier, en raison de ses connotations artistiques et de son caractère "exemplaire". Il faut cependant avouer que c'est un sujet bien banal, maintes fois traité. Nous vous engageons à diriger votre camescope vers des thèmes moins exploités traitant, par exemple, des "nouveaux métiers" : ceux-ci ne manquent pas.

Le potier : ce thème a été choisi comme exemple de portrait-vidéo." Décrivez son travail et utilisez l'interview en "voix off" sur les images. Si les gestes parlent d'eux-mêmes, contentez-vous d'un accompagnement musical et de bruits naturels synchrones, sans autre commentaire.

La manière la plus rapide et la moins dérangeante est d'opérer en lumière ambiante. L'atelier des artistes et artisans est généralement bien éclairé par la lumière du jour. Au besoin, "débouchez" les ombres avec des réflecteurs ou des lampes en indirect.

Complétez la séquence "travail" en montrant - dans le décor - le produit final de ses efforts. De petites touches sur la vie personnelles (un animal familier, une blouse suspendue au crochet, etc.) donnent encore plus de véracité au récit.

L'HISTOIRE D'UNE VILLE

Réalisez un documentaire historique de la ville où vous habitez. Ce type de projet peut demander plusieurs mois de préparation : recherche de documents, écriture du scénario et du découpage technique, repérage des lieux, interviews. Le travail en équipe permet de partager et de développer des idées : chacun peut apporter ses opinions sur les raisons qui font l'originalité du lieu. Ne conservez que celles qui expriment un large consensus.

Les recherches porteront sur les habitants (historiques et contemporains), dans le but de montrer l'histoire de la ville et les circonstances qui l'on faite ce qu'elle est devenue aujourd'hui. Les sources de documentation sont diverses : sociétés historiques et musées disposent d'une masse de documents et de témoignages révélateurs (tableaux, gravures, photographies, cartes-postales, vieux films, journaux, etc.). La Chambre de Commerce peut vous documenter sur l'évolution économique de la ville. Cherchez aussi dans les collections privées.

Tel ou tel membre de l'équipe peut avoir une connaissance plus approfondie d'un point particulier : demandez-lui d'apporter sa contribution personnelle.

Les interviews, recueillies dans toutes les classes de la société, sont des éléments importants, dont la juxtaposition illustre les diverses facettes de la vie citadine. Le commentaire lie les séquences entre elles et introduit les nouveaux thèmes.

Un premier synopsis décrira les grandes lignes des thèmes à développer et la manière dont on va les aborder. Après discussion, ce document permet d'établir un découpage détaillé "image et son", tel celui présenté page suivante. Veillez surtout à la durée du programme final : il est conseillé de ne pas dépasser 30 minutes. Le travail du régisseur est fondamental pour la réussite du projet : il doit programmer les jours de tournage, vérifier les équipements, demander les autorisations nécessaires à certaines scènes, coordonner la disponibilité des personnes et des membres de l'équipe.

Le portrait général d'une ville demande de nombreux lieux de tournage. Il faut plusieurs jours, voire plusieurs semaines pour repérer chacun d'entre eux, étudier les positions de la caméra, réunir les moyens techniques. Étudiez à quel moment de la journée chaque séquence doit être tournée (lumière solaire, circulation). Efforcez-vous de montrer tous les aspects de la vie citadine : boutiques, dimanches tranquilles, vie nocturne, détails architecturaux. Enregistrez les bruits caractéristiques : carillon, cour d'école, etc.

Une bonne manière de conclure un tel programme est de montrer un événement local : foire-exposition, carnaval, orphéon municipal, rencontre sportive.

Le montage final — utilisant un grand nombre d'éléments de diverses origines — est une phase extrêmement importante de la réalisation. Il implique une analyse et un repérage précis des éléments visuels et sonores, leur choix, leur mise en ordre. Le travail sera singulièrement facilité si l'on peut disposer d'une salle de montage et de techniciens compétents (par exemple dans un club vidéo ou un centre culturel municipal). Procédez à un pré-montage qui, après discussion et modifications, donnera naissance au montage définitif.

Si ma ville était contée

Il y a autant d'intéressants vidéogrammes à réaliser qu'il y a de villes et de villages. Tous n'ont pas la même importance historique, géographique, économique, mais chacun d'eux offre une spécificité qu'il vous appartient de mettre en évidence. Pour notre exemple de scénario, l'accent est surtout mis sur la très grande importance historique d'une petite ville de 7 000 habitants. Voici quelques sujets que vous pouvez traiter successivement : Les origines de la ville (romaine) et de son nom — Les familles nobles qui en ont été autrefois les seigneurs — Les armoiries, gravures ou peintures se rapportant à ces époques (avec commentaires) — S'il y a un château : les personnages célèbres qui y vécurent — L'époque de la Révolution — L'arrivée du chemin de fer et les premières industries (cartes postales, gravures) — Les guerres 1914-1918, puis 1939-1945 (la Libération) — Comparer les vieux quartiers aux immeubles modernes. Les nouvelles activités, les fêtes locales ou patronales, les clubs sportifs, les associations culturelles, les marchés, etc. Terminez en montrant, par exemple, que le présent et le futur de la ville puisent leurs forces dans la connaissance et l'expérience du passé.

Le découpage technique décrit le contenu de chaque séquence : d'un côté les images, de l'autre, les éléments sonores.

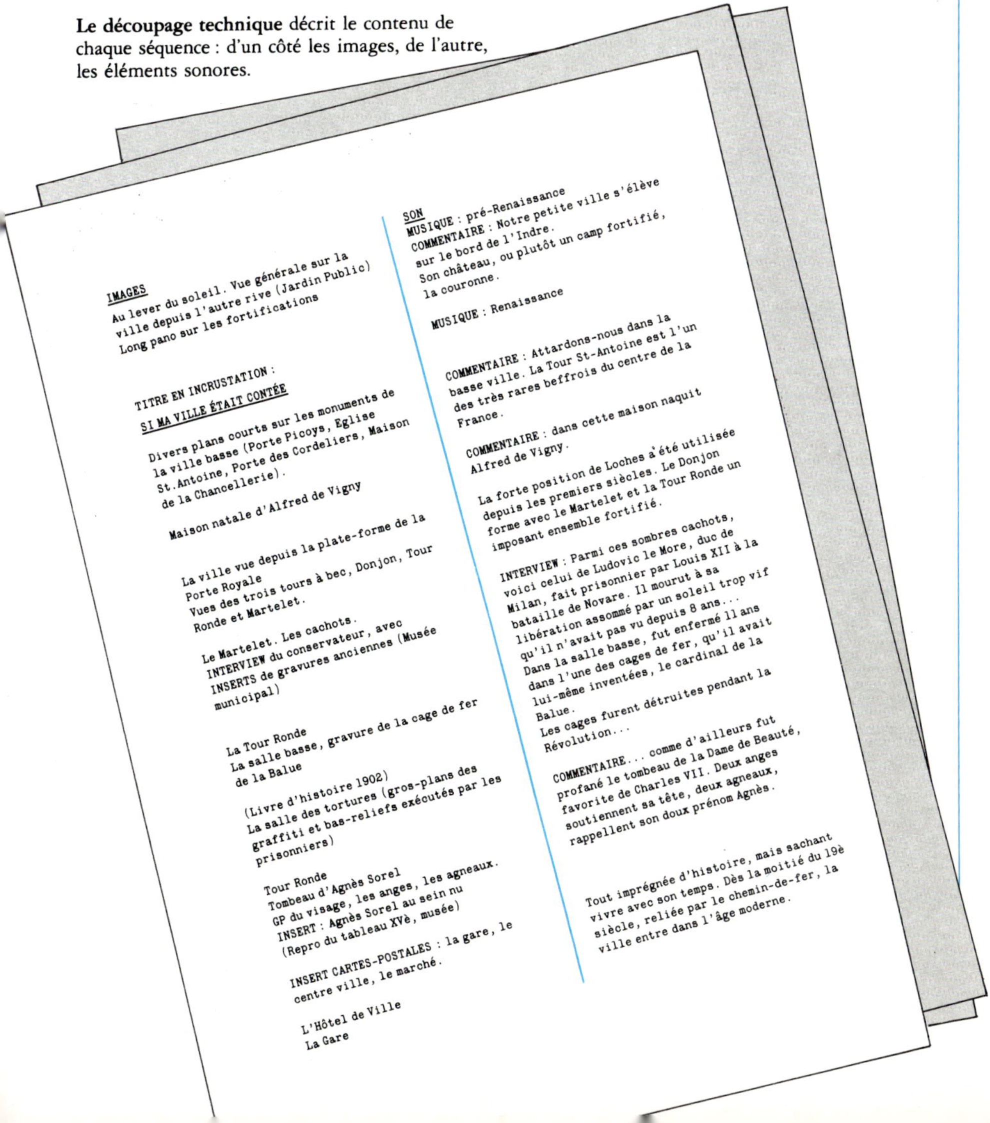

IMAGES	SON
Au lever du soleil. Vue générale sur la ville depuis l'autre rive (Jardin Public) Long pano sur les fortifications	MUSIQUE : pré-Renaissance COMMENTAIRE : Notre petite ville s'élève sur le bord de l'Indre. Son château, ou plutôt un camp fortifié, la couronne. MUSIQUE : Renaissance
TITRE EN INCRUSTATION : SI MA VILLE ÉTAIT CONTÉE	
Divers plans courts sur les monuments de la ville basse (Porte Picoys, Eglise St.Antoine, Porte des Cordeliers, Maison de la Chancellerie).	COMMENTAIRE : Attardons-nous dans la basse ville. La Tour St-Antoine est l'un des très rares beffrois du centre de la France.
Maison natale d'Alfred de Vigny	COMMENTAIRE : dans cette maison naquit Alfred de Vigny.
La ville vue depuis la plate-forme de la Porte Royale Vues des trois tours à bec, Donjon, Tour Ronde et Martelet.	La forte position de Loches a été utilisée depuis les premiers siècles. Le Donjon forme avec le Martelet et la Tour Ronde un imposant ensemble fortifié.
Le Martelet. Les cachots. INTERVIEW du conservateur, avec INSERTS de gravures anciennes (Musée municipal)	INTERVIEW : Parmi ces sombres cachots, voici celui de Ludovic le More, duc de Milan, fait prisonnier par Louis XII à la bataille de Novare. Il mourut à sa libération assommé par un soleil trop vif qu'il n'avait pas vu depuis 8 ans...
La Tour Ronde La salle basse, gravure de la cage de fer de la Balue	Dans la salle basse, fut enfermé 11 ans dans l'une des cages de fer, qu'il avait lui-même inventées, le cardinal de la Balue.
(Livre d'histoire 1902) La salle des tortures (gros-plans des graffiti et bas-reliefs exécutés par les prisonniers)	Les cages furent détruites pendant la Révolution...
Tour Ronde Tombeau d'Agnès Sorel GP du visage, les anges, les agneaux. INSERT : Agnès Sorel au sein nu (Repro du tableau XVè, musée)	COMMENTAIRE... comme d'ailleurs fut profané le tombeau de la Dame de Beauté, favorite de Charles VII. Deux anges soutiennent sa tête, deux agneaux, rappellent son doux prénom Agnès.
INSERT CARTES-POSTALES : la gare, le centre ville, le marché. L'Hôtel de Ville La Gare	Tout imprégnée d'histoire, mais sachant vivre avec son temps. Dès la moitié du 19è siècle, reliée par le chemin-de-fer, la ville entre dans l'âge moderne.

DÉFENSE D'UNE BONNE CAUSE

Un vidéogramme bien construit peut contenir un message ayant un fort impact sur les spectateurs. Le thème sera issu de vos propres réflexions ou représente celles d'une collectivité (organisation de jeunes, écologistes, aide sociale, etc.). En raison de sa nature, un tel programme sera inconsciemment comparé, par les spectateurs, aux émissions TV. Vous devez donc lui donner un aspect aussi professionnel que possible : séquences bien construites, argumentation solide et directe. Il ne doit pas dépasser 15-20 mn. S'il y a enquête d'opinion, ne conservez que des réponses courtes, intimement liées au thème traité. Travaillez en équipe réduite.

Pour être persuasif, le document doit viser une audience bien précise : ce qui définit votre approche. Si vous voulez par exemple plaider une cause auprès d'un large public, vous devrez introduire le thème et l'expliquer point par point. Allez plus directement aux faits s'il s'agit d'un auditoire déjà informé.

Quel que soit le thème, commencez par réunir vos idées sur papier, puis faites un découpage mettant bien en évidence l'objectif du vidéogramme, sa structure et son contenu. Lorsque ce plan a été accepté par toutes les parties concernées, procédez à des recherches approfondies, afin de devenir vous-même un expert sur le thème traité. Réalisez alors le découpage précis avec scénario et storyboard.

Tous les programmes de défense d'une cause (environnement, problème social, campagne "ville propre", etc.) ont sensiblement la structure générale décrite ci-après. Nous vous engageons cependant à découvrir — par un travail en profondeur réunissant un petit groupe de passionnés — une approche non-conventionnelle pour un vidéogramme qui doit avant tout être "dérangeant" et déclencher une "prise de conscience" chez le spectateur.

LE PROBLÈME

La première séquence doit "accrocher" l'intérêt du spectateur et focaliser son attention sur le sujet. Il faut donc des images fortes, soigneusement composées qui introduisent le thème en termes clairs. La musique augmente l'impact. Utilisez un commentateur en voix off, exposant les grandes lignes du "problème", coupé de courtes interviews de témoins contant leur expériences personnelles.

INTÉRÊT GÉNÉRAL

Apportez la preuve "qu'il faut faire quelque chose". Recueillez des opinions sur la situation par des enquètes dans la rue, l'avis des spécialistes, les titres des journaux. Rendez compte des réunions et manifestations, ponctuées de brèves interviews recueillies auprès des membres les plus actifs (ou les plus responsables) de la communauté.

LA CAUSE

La partie centrale du programme développe en détail chaque argument. Les faits cités par le narrateur ou les personnes interviewées seront illustrés par des vues appropriées. Ne donnez pas une trop forte densité au flux d'informations : trop de paroles fatigue. Illustrez les aspects techniques ou statistiques par des schémas ou des animations.

Un documentaire défendant une "cause" doit présenter celle-ci d'une manière logique. Les arguments seront développés de manière à impliquer directement les spectateurs. Exposez le problème dans la première séquence (*en haut*), son importance pour la communauté (*au centre*), puis donnez les raisons qui sont à l'origine du problème (*ci-dessus*). Concluez avec les solutions possibles à ce problème et le rôle que l'assistance peut lui apporter.

L'ARGUMENTATION

Vos recherches vous auront fait comprendre les motivations de ceux qui défendent la cause ou sont à l'origine de la situation présente. Traitez sans réserve les aspects politiques et financiers. Laissez une place à ceux qui sont opposés au projet et laissez-les développer leurs points de vue. Développez ensuite vos propres arguments.

L'alternance des arguments "pour" et "contre" donne à la séquence une efficace intensité dramatique. Si, par exemple, l'opposition prétend "qu'il n'y a pas de problème", montrez des images qui parlent d'elles-mêmes (rivière polluée, colline déboisée, etc).

LA SOLUTION

Il faut prouver que le problème a une solution. Expliquez, par des images et des arguments positifs, quelle nouvelle politique adopter et les résultats immédiats qu'elle apporterait. Montrez que le même problème a été bien résolu ailleurs. Introduisez la notion d'urgence par le rythme et la musique.

ACTION

A la fin du vidéogramme, listez les arguments forts, de préférence par des textes incrustés dans les images. En conclusion, expliquez clairement aux spectateurs ce que vous attendez d'eux. Ne délayez pas votre message par un interminable générique de fin.

CONSTITUTION D'ARCHIVES VIDÉO

Les cassettes documentant la vie d'une communauté, recueillies au cours des années, deviennent la mémoire audiovisuelle permanente de l'histoire locale. Avec le temps, ces archives vidéo constituent une précieuse "banque de données" au service des générations présentes et futures. La création de telles archives est plus agréable si vous travaillez avec des amis vous aidant dans vos recherches, vous assistant pour le tournage ou les interviews.

L'une des principales sources d'informations sont les habitants les plus âgés de la localité. Interviewez-les de manière informelle, en les installant dans un environnement confortable et sous un éclairage diffus, plus favorable à la relaxation. Alimentez de préférence le camescope sur secteur, afin de ne pas avoir à interrompre le tournage (pour changer de batterie) en plein milieu d'une conversation. Conduisez gentiment votre interlocuteur à évoquer ses souvenirs et ses expériences personnelles. Il est souvent préférable de faire l'interview en groupe : les souvenirs évoqués par l'un stimulent les autres personnes présentes, lesquelles ont aussi des choses intéressantes à raconter.

Les coutumes locales et les manifestations traditionnelles — qui tendent à disparaître — sont également des éléments historiques. Il y a les "petits métiers", encore pratiqués dans les provinces : tailleur de pierre, rempailleur de chaise, tisseur, cardage de laine, meunier, etc. Toutes ces activités, les personnes qui les perpétuent, présentent un grand intérêt documentaire et historique. Utilisez la voix off des personnages pour illustrer les images.

Les manifestations annuelles (défilé, fanfare, comices agricoles, fête locale, etc.) méritent d'être enregistrées. Il en va de même de certains événements (élections, visite d'une personnalité). Vous serez étonné de la masse de documents que vous pouvez ainsi recueillir. Efforcez-vous — par des interviews — de montrer l'origine et le déroulement de ces manifestations.

Mémorisez les coutumes locales avant qu'elles ne disparaissent à jamais : vos images auront un jour une valeur inestimable. Spectacle folklorique (*ci-dessus*) ; maçonnerie sans mortier (*au centre*), fête locale (*à droite*).

L'architecture et les rues de votre localité sont une autre source majeure d'informations pour les archives locales. Recherchez les anciennes photos et cartes-postales, représentant telle rue ou groupe d'immeubles tels qu'ils étaient autrefois. Puis montrez, selon le même point de vue, ce qu'ils sont devenus aujourd'hui. Alternez l'ancien et le moderne et illustrez le tout par la voix off d'un ancien qui mettra en évidence les changements intervenus au cours du temps. Il est également très important de filmer les vieux bâtiments et usines avant leur démolition. Demandez les autorisations nécessaires pour y pénétrer en toute sécurité. Accompagnez ces images d'une sonorisation propre à évoquer le style et les particularités d'antan.

Le contrôle de la perspective est un point important pour les vues d'architecture. Travaillez de préférence sur pied, le camescope suffisamment horizontal pour

que les lignes verticales ne convergent pas. Au besoin, cherchez un point élevé montrant le bâtiment sous une perspective naturelle. Un autre facteur à considérer pour le filmage des bâtiments est l'heure du jour. Opérez à un moment où le soleil en éclaire la façade de manière agréable. Évitez l'éclairage de contre-jour. L'étude du plan de la ville vous permettra de prédire à quel moment le site sera le plus favorablement éclairé. Si vous devez tourner toute une journée, la méthode vous permet de planifier vos déplacements et de vous trouver à temps en chaque lieu.

Les collections anciennes — photographies, gravures, journaux et autres — sont une inestimable source de documentation. Procédez à des recherches tant chez les particuliers que dans le musée ou la bibliothèque municipale. Les documents seront repris au banc-titre (*voir p. 114*), les films et diapositives transférés comme indiqué (*p. 120*). Dans la majorité des cas, ces travaux de reprise et de transfert vidéo devront être effectués sur place : un musée ne laisse jamais sortir ses collections. Les cassettes contenant ces documents serviront ultérieurement de source de première génération (master vidéo) pour leur incorporation par montage dans les divers programmes à venir. Il est indispensable que chacune de ces cassettes vidéo soit soigneusement référencée et cataloguée, avec une liste précise de chaque sujet traité et leur repérage au compteur. C'est ce qui permettra, lorsque le besoin s'en fera sentir, un accès plus rapide aux documents "bruts" et évitera une trop fréquente manipulation des bandes.

Conservation des vidéocassettes. Lorsqu'elles sont stockées dans les conditions optimales d'environnement, les bandes magnétiques se conservent pratiquement indéfiniment. Faites sauter la languette de sécurité (VHS) ou déplacez le curseur rouge (8 mm) de chaque cassette afin d'empêcher l'effacement accidentel à la lecture. Placez les cassettes debout, dans leur boîtier individuel. Les conditions de conservation optimales sont : humidité relative comprise entre 35 et 45 % ; température voisine de 15-20 °C. Tous les deux ans environ, il faut procéder à un bobinage/rebobinage complet de la bande, de manière à maintenir sa tension et empêcher le collage des spires. La couleur et la qualité sonore ne sont pas affectées par la lumière. Les champs magnétiques (moteur, haut-parleur, etc.) sont, au contraire, à éviter absolument. C'est très probablement dans la vidéothèque d'un musée ou d'une bibliothèque municipale que vos archives seront le mieux protégées pour l'avenir (stockage, gestion, sécurité des documents).

DANS LE MONDE DES AFFAIRES

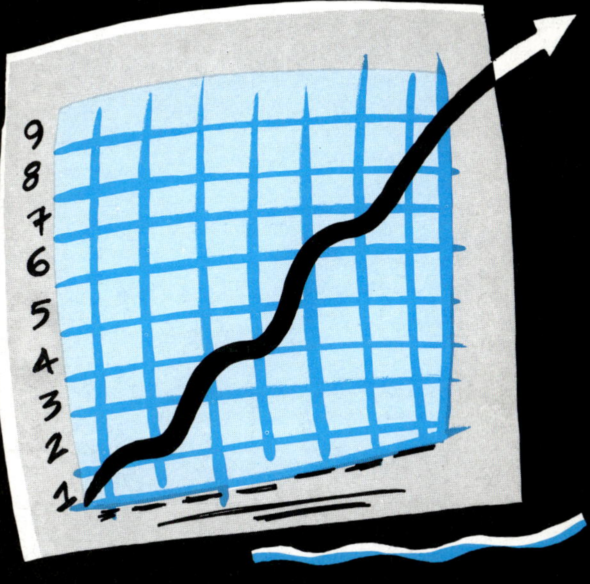

Une simple présentation vidéo peut jouer un rôle puissant pour la promotion de votre activité professionnelle et de votre entreprise. En utilisant vos équipements vidéo pour ces usages, vous les rentabilisez en partie. Lorsque vous aurez acquis une bonne technique de production (y compris l'éclairage, le maniement de la caméra et le montage), vous pourrez mettre votre compétence au service de la présentation et de la promotion de vos activités professionnelles, tant pour l'usage interne que vers l'extérieur. Un bon programme vidéo peut favoriser une vente immobilière, par exemple. Ce chapitre montre comment.

VENTE IMMOBILIÈRE

La vidéo peut vous aider à vendre, louer ou échanger votre maison ou appartement. Pour être efficace, votre programme doit prendre l'aspect d'un convivial "tour du propriétaire". Visez une durée maximum de 15 minutes.

Le planning est la condition prioritaire. Établissez un scénario et un plan de tournage qui fassent visiter les lieux dans un ordre logique. Mettez en valeur les avantages de la résidence : dimensions et nombre des pièces (cuisine et salle de bain sont très importants), capacité du garage, jardin, etc. Pour le tournage, tenez compte de l'heure à laquelle la pièce est bien éclairée par la lumière du jour. Prévoyez plusieurs jours de tournage et faites figurer la famille et l'animal familier afin d'évoquer le confort du foyer. Faites usage d'éclairage de complément pour les lieux normalement sombres, tels l'entrée, le garage et la cave.
Un travelling sans heurts autour d'une pièce ou le long d'un corridor valorise formidablement la présentation (*voir p. 144*).

Préparez chaque pièce à l'avance afin de pouvoir tourner avant que la lumière naturelle ne baisse. Débutez par une vue générale situant le local, puis prenez plusieurs vues de détail. Panoramiquez sur la cheminée (avec un bon feu de bois) ou servez-vous de l'encadrement d'une porte ou d'une fenêtre. N'oubliez pas le contrechamp révélant les parties non présentées sur la vue d'ensemble. Le générateur de caractères peut indiquer, par exemple, les dimensions de chaque pièce. Voici des indications sur le storyboard :

- Présentez l'environnement extérieur, par exemple en suivant une voiture s'arrêtant devant la maison.
- Vues d'ensemble des éléments extérieurs (jardin, garage, patio, piscine, etc.).
- Prenez les vues les plus larges possibles du bâtiment lui-même. Quelques zooms avant pour mettre en valeur les détails architecturaux intéressants.

Préparez le tournage en cherchant les meilleurs angles, les détails révélateurs et l'éclairage naturel le plus favorable. Prenez des vues plongeantes depuis le balcon ou la loggia.

Décorez votre home avec des fleurs que vous placerez en premier plan. Des enfants en train de jouer tranquillement donnent la sensation de "foyer confortable".

Rendez le patio attrayant : plantes, chaises longues, propreté absolue.

Un animal familier se prélassant ajoute un climat chaleureux et amical.

Une personne montant l'escalier invite le spectateur à visiter le premier étage.

Montrez la cuisine "habitée" : par exemple quelqu'un en train de faire de la pâtisserie.

• Si possible : travelling avant pour pénétrer dans la maison ou dans une pièce.

• Vues de chaque pièce, y compris panoramique lent et contrechamp. Evoquez la douceur du foyer par des personnages (enfants en train de jouer) ou l'animal familier au repos.

• Détails des décorations, installations spécifiques, penderies, etc.

• Suivez quelqu'un en train de monter l'escalier menant à l'étage : c'est un bon moyen de poursuivre la visite.

Traitez les pièces de l'étage comme vous l'avez fait pour celles du rez-de-chaussée. Faites admirer la belle vue que l'on a sur les environs et le jardin.

• Il est souhaitable d'évoquer, par une séquence à part, la proximité des magasins, d'un arrêt de bus ou de car, bref, tout ce qui montre l'excellente situation de la résidence dans l'environnement social et urbain.

• Vous pouvez terminer le vidéogramme par un travelling ou un zoom arrière sur la façade, en incrustant dans l'image l'adresse, le prix, la disponibilité du lieu, etc.

Le commentaire, enregistré indépendamment, doit souligner les avantages de la résidence, en particulier les caractéristiques qui n'ont pu être montrées (chauffage central, protection contre le vol, etc.). Une musique agréable — plutôt du classique — illustre le début et la conclusion du vidéogramme.

COMMENT VENDRE SES PRODUITS

La vidéo est une aide efficace dans la promotion des ventes. La souplesse du médium est telle qu'il peut être mis au service de la vente directe, de la présentation en vitrine ou sur le comptoir, sur les stands d'une exposition ou d'une foire commerciale. Un programme bien conçu, réalisé et présenté a un formidable impact. Il doit s'adresser à un groupe bien "ciblé" : représentants, revendeurs ou consommateurs.

Commencez par préparer un planning de tournage avec établissement d'un storyboard. Aidez-vous pour cela de photographies du produit ou du service à promouvoir. Il est souvent utile de préparer un "brouillon" en vidéo à partir de dessins et photos, afin de faire une première évaluation de la continuité du programme et de son efficacité auprès des collègues, par exemple. La sonorisation est un élément à ne pas négliger : une musique bien choisie crée un climat favorable et aide à maintenir l'attention. L'écriture du commentaire

VENTE DIRECTE

Le programme destiné à promouvoir la vente directe d'un produit ou d'un service doit être court : 10 minutes maximum. Il sera présenté dans une salle d'attente, le magasin ou le bureau. On peut faire des copies à l'usage des clients ou des revendeurs. Illustrez votre programme d'une musique — créant le climat et le rythme appropriés au sujet. Faites éventuellement figurer le court témoignage d'utilisateurs satisfaits. Adaptez les prises de vues à la nature du thème traité. Un paysagiste, par exemple, n'opérera que par très beau temps avec vues générales et plans plus rapprochés sur les éléments les plus marquants. Dans les métiers du vêtement, on attachera la plus grande importance à l'éclairage, afin de bien mettre en valeur les couleurs et la texture des tissus. Les informations d'ordre technique (par exemple l'intérêt des double-vitrages pour l'isolation thermique et acoustique) peuvent être mieux transmises par l'emploi de graphismes colorés ou d'animations simples (*voir p. 146*).

VIDÉO PORTABLE

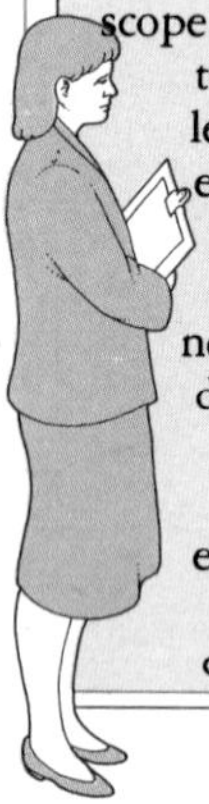

L'utilisation d'un combiné magnétoscope moniteur léger permet de présenter l'information directement chez le client. Une durée de 10 minutes est un maximum : votre interlocuteur n'a pas de temps à perdre.

La musique n'est peut-être pas nécessaire, mais il est utile de faire dire le commentaire par un comédien ou par une personne ayant l'habitude du public. Les textes et graphiques doivent avoir un aspect très professionnel. Ils expliquent clairement les avantages du produit et servent à lier entre elles les images "réelles". Des graphiques comparatifs témoigneront des meilleures performances de vos produits par rapport à ceux de la concurrence. Soyez prêt à fournir les documents écrits, reprenant les principaux arguments et présentant les mêmes graphiques que le vidéogramme. Si votre produit intéresse, on vous les demandera.

Veillez à être concis et clair : soulignez votre argumentation avec force, sans y mêler de détails redondants ou superflus.

est un facteur déterminant, si toutefois les images ne suffisent pas. Utilisez des phrases simples que tous peuvent comprendre. Dans le cas d'un programme grand public, évitez les détails techniques, mais sans simplifier exagérément. Partez d'un scénario de base que vous adapterez si nécessaire à diverses catégories de spectateurs. La méthode permet d'utiliser les mêmes éléments visuels — filmés en même temps — mais montés et commentés spécifiquement pour le type de public visé.

Si votre budget le permet, faites dire le texte par un comédien professionnel ; mais si vous vous en sentez capable, enregistrez-le vous-même : cela donne au vidéogramme un caractère plus personnel et convaincant. Même face à un concurrent disposant d'un gros budget publicitaire, la vidéo peut améliorer notablement vos résultats, mais à bien moindre frais.

LA VIDÉO DANS LE MAGASIN

Ce type de programme s'adresse directement à la clientèle fréquentant votre magasin ou une surface de vente. Demandez à vos vendeurs de présenter le programme aux heures favorables de la journée. Il est également possible d'utiliser un système "self service" que le client intéressé met en marche lui-même, ou encore un appareil automatique de projection continue. Le programme doit être le plus attrayant possible et attirer un maximum de spectateurs. Prévoyez-le de très courte durée : 5mn, peut-être moins. Une agréable musique, bien diffusée, attire les gens, mais elle peut nuire à la compréhension du commentaire (et gêner le personnel du magasin).

N'oubliez pas toutefois que le produit dont vous faites la promotion a toujours priorité sur les éléments visuels ou sonores "décoratifs". Un programme comprenant des volets, fondus enchaînés, titres incrustés bien lisibles, etc. prend immédiatement un aspect professionnel plus persuasif.

ANIMATION AUDIOVISUELLE DANS LES EXPOSITIONS

La participation à une exposition, foire commerciale, congrès, etc. met à votre disposition une audience "potentielle", formée selon les cas de professionnels, de spécialistes ou de grand public. Préparez si nécessaire — comme il a été indiqué ci-dessus — des programmes spécifiquement adaptés à chaque audience.

Il vaut mieux présenter le programme à l'extérieur du stand : ce qui attire une audience plus nombreuse et moins gênante qu'à l'intérieur. Au besoin, prévoyez une projection indépendante dans une salle fermée pour la clientèle "ciblée". Les matériels de projection se louent à une société de services AV : ce qui vous libère de toute contrainte. La projection grand écran (téléprojecteur) peut s'assimiler à un véritable spectacle. La promotion est encore plus efficace avec l'aide d'un démonstrateur professionnel dont vous louerez les talents pour l'exposition : il saura attirer la foule et mettre en valeur vos produits.

LA COMMUNICATION DANS L'ENTREPRISE

Le camescope est un outil de prédilection pour quiconque est "dans les affaires", qu'il s'agisse d'une grande société ou d'une PME. Il sert à :

• Améliorer la communication entre les personnes trop occupées ou géographiquement trop éloignées pour se rencontrer physiquement.

• Distribuer les informations : interviews, séminaires ou conférence, rapports de voyages d'affaires. Les informations enregistrées sont mises en forme, copiées et distribuées sous forme de cassette à tous ceux qui ont "à connaître".

• Rapports d'activité et formation spécifique. Recenser les produits et services offerts.

La distribution de l'information par la vidéo — dans et en dehors de l'entreprise — s'effectue à des niveaux et pour des besoins différents. Un patron peut faire établir un vidéogramme "type", qui sera par exemple actualisé pour répondre aux besoins des responsables (bilan d'activité), de l'accueil dans l'entreprise ou la définition de nouveaux projets.

Une présentation directe des "faits" à la caméra est plus informative et réaliste qu'un programme à scénario écrit. La forme interview est très efficace. Voici quelques indications générales :

• Éclairage simple et naturel, permettant la relaxation.
• Microphone sur pied ou support de table.
• Préparez et répétez l'interview avant de l'enregistrer.
• Si vous êtes l'intervenant, soyez détendu et confiant : confortablement assis, un verre d'eau à portée de la main.
• Dirigez le tournage autant que nécessaire, mais permettez à l'opérateur du camescope d'être, lui aussi, créatif.
• Reprenez toute séquence qui ne vous satisfait pas.
• Accompagnez votre exposé de dessins, graphiques, photos nécessaires. A monter en insertion dans la bande master.

L'interview vidéo offre d'autres intérêts : par exemple le vidéo-portrait d'un candidat à un poste précis permet au décideur de se faire une opinion sur celui-ci avant de l'avoir rencontré en personne. Il peut aussi présenter un nouveau responsable à ses futurs collègues et collaborateurs et préciser ses responsabilités. Une série d'interviews — recueillies à tous les niveaux de responsabilité dans l'entreprises — constituera un "vidéo-magazine" (trimestriel par exemple) facilitant les relations humaines et animant l'esprit d'équipe.

Autre sujet idéal pour la vidéo : le rapport sur l'évolution d'un projet ou l'avancement de nouveaux bâtiments. Ces images sont facilement intégrées dans le réseau de communication de l'entreprise ; elles économisent temps et argent en réduisant le nombre des déplacements et des réunions de travail.

Vous marquerez les étapes du développement des projets à long terme en les enregistrant à intervalles déterminés : jour, semaine ou mois. Pour bien montrer la progression, prenez soin de toujours filmer selon des points de vue identiques qui permettent la comparaison. Repérez ces points de station de façon permanente sur le sol.

Puisque ce genre de programme est uniquement factuel et documentaire, utilisez un style vidéographique dépouillé. Évitez les mouvements de caméra élaborés : en particulier les zoomings. Un générateur de caractères est ici très utile pour l'insertion dans les images des informations de date, lieu, statistiques ou toute autre information significative. Enregistrez un commentaire direct à la prise de vues à l'aide du microphone incorporé : il sera toujours possible, si nécessaire, de le remplacer par un com-

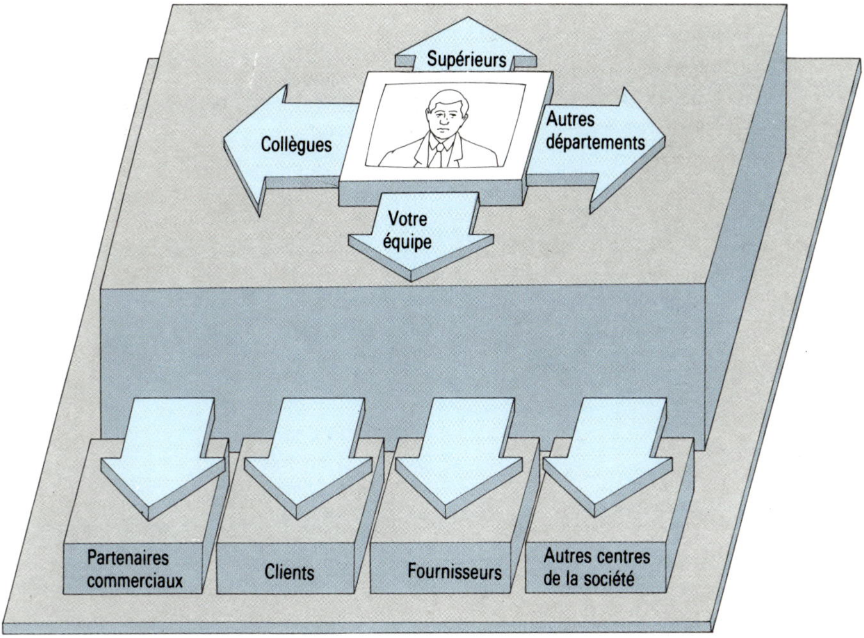

La vidéo facilite la communication à tous les niveaux de l'entreprise. Elle élargit votre domaine d'action si vous la transmettez à vos employés, clients ou fournisseurs.

mentaire définitif avec ou sans mixage sonore au moment du montage définitif.

Les collaborateurs itinérants (commerciaux, représentants, etc.) peuvent filmer des rapports réalistes concernant l'activité des sites qu'ils visitent ou sur l'environnement technique ou commercial rencontré. En ces matières, la vidéo peut apporter des renseignements extrêmement précieux, par exemple sur les réactions de la clientèle, les critiques des utilisateurs, la présentation des produits dans les vitrines des revendeurs. La méthode est particulièrement fructueuse pour tout ce qui concerne les efforts déployés par la concurrence : si vous n'utilisez pas encore la vidéo à cette fin, espérons que votre principal concurrent n'y a pas déjà pensé !

AVANT LA CONFÉRENCE

N'oubliez pas de :

- Prendre préalablement connaissance du programme et des horaires des interventions. Faire une inspection des lieux afin de déterminer la position des caméras, les conditions d'éclairage (peut-être la nécessité d'un éclairage de complément), l'acoustique de la salle et l'emplacement des micros.
- Vérifier si les exposés doivent être enregistrés à partir des microphones "résidents" de sonorisation de la salle ou à partir de votre propre équipement son. Si possible, faites un contrôle préalable de la qualité d'enregistrement sonore (parasites, effet Larsen, etc.).
- Prendre une réserve suffisante de cassettes et alimenter le camescope sur secteur (les batteries ne donnent pas une autonomie suffisante).

FORMATION ET SÉCURITÉ

Un programme vidéo de formation peut informer sans ennuyer. Il donne la priorité aux notions essentielles et incite le spectateur à la réflexion personnelle.

La vidéo connaît d'importantes applications améliorant les performances de l'entreprise, par exemple dans les domaines de la formation, de la sécurité et des méthodes de travail. Procédez à des recherches approfondies, en prenant éventuellement conseil auprès d'organismes agréés (instituts de normalisation, cercles de qualité, conseillers d'entreprise, etc.). Tout programme doit être basé sur un scénario élaboré.

" *On sait à quel point une pièce de théâtre peut captiver l'attention du public et créer dans la mémoire une impression durable... On sait moins le rôle que l'art dramatique peut jouer en tant qu'outil d'enseignement... Une fois que vous avez vu sur scène un personnage se comporter comme un imbécile, une sonnerie retentit dans votre tête à chaque fois que vous êtes en passe de commettre la même erreur.* "

ANTONY JAY, RÉALISATEUR ET SCÉNARISTE

FORMATION

La vidéo est utilisée pour démontrer le bon emploi des machines ou les procédures spécifiques à certaines tâches. Elle améliore les performances et favorise l'esprit d'équipe. Une bonne approche consiste à exposer d'abord les principes de base de la fonction. A une hôtesse d'accueil par exemple, il explique d'abord comment bien recevoir les visiteurs, avant de lui montrer l'ergonomie du système de communication.

Une autre façon est de montrer et de détailler chaque phase du travail dans l'ordre chronologique. Insister bien entendu sur les points fondamentaux : ordre dans lequel les diverses commandes sont activées, précautions à prendre, etc.

Une forme plus élaborée du programme de formation implique de diviser celui-ci en "leçons" séparées (accompagnées d'un document écrit). Chacune d'elles doit avoir été apprise, assimilée et appliquée pratiquement avant d'aborder la suivante. On prévoit généralement un test de connaissance à la fin de chaque chapitre.

Un type de programme moins direct, mais également efficace, rappelle des connaissances de base ou décrit la nature d'un produit. Une cassette traitant de la construction des routes, des immeubles ou des ponts intéressera les travailleurs du bâtiment, tandis qu'un programme expliquant les étapes successives de la fabrication d'un produit fournira d'excellentes informations de base aux personnels de vente.

MÉTHODES DE TRAVAIL

Il s'agit ici de mettre en évidence les procédures qui permettent d'augmenter le rendement du travail, tout en facilitant la tâche de l'exécutant. Se voir soi-même à son poste de travail permet de souligner les erreurs. Cela demande cependant beaucoup de tact dans la mise en œuvre : c'est au sujet de découvrir ce qu'il peut faire pour améliorer son travail, sans lui imposer des règles strictes qu'il ne pourra pas ou qu'il n'aura pas envie de suivre.

D'une manière plus générale, l'enregistrement "impersonnel" de l'activité d'un atelier ou d'un service met souvent en évidence des améliorations profitables à tous. Dans un atelier d'emballage, par exemple, la vidéo est parfaitement capable de montrer l'énergie gaspillée en pas et en gestes inutiles. Elle servira de prétexte à une discussion de groupe permettant de dégager des améliorations immédiates des méthodes.

L'enregistrement de discussions ou réunions de travail révèle bien souvent les insuffisances ou les qualités de tel ou tel participant. Il est particulièrement intéressant d'observer le dialogue en "psychodrame" de personnes jouant les rôles du vendeur et du client : quels sont les arguments développés par l'un et pourquoi l'autre ne se laisse-t-il pas convaincre ? La négociation, l'entretien, la vente et l'achat, les relations avec la clientèle, comment recevoir un client insatisfait, etc. sont autant d'aspects qui méritent d'être analysés. C'est en analysant son comportement "de l'extérieur" et les conséquences qui en découlent que chacun peut améliorer ses propres performances.

SÉCURITÉ

Les programmes vidéo sont très utilisés pour sensibiliser les personnels aux problèmes de sécurité. Le vidéogramme le plus efficace est celui qui montre de vrais accidents ou évités de justesse : c'est le message le plus aisément compris par les personnes concernées. Il faut naturellement mettre les événements en scène très soigneusement, à la manière d'un film de fiction. Pour "concerner" le spectateur, laissez-lui découvrir par lui-même certaines erreurs susceptibles de provoquer un accident. Plutôt que de simuler l'accident, créez une sorte de suspense incitant chacun à réfléchir "à ce qui aurait pu se passer".

La méthode la plus "dure", mais très efficace, consiste à interviewer des personnes qui ont été victimes d'accidents du travail et leur faire dire ce qui aurait pu être fait pour l'éviter. La sécurité, on le sait, est l'affaire de tous, mais ne crée pas toujours des comportements responsables. Cela est particulièrement vrai pour le port de vêtements, masque, lunettes, chaussures, etc. de protection que beaucoup négligent. Insistez sur les systèmes de sécurité mis en place sur les machines, quelles sont les conditions de leur efficacité ainsi que sur les procédures normalisées de mise en marche et d'arrêt. Revenez plusieurs fois sur l'importance du problème en introduisant entre les séquences des messages très forts, rédigés sous la forme de textes en grosses capitales, par exemple : "LE PORT DU CASQUE SAUVE DES VIES". Donnez encore plus d'impact à votre vidéogramme en insérant des graphiques simples rappelant les statistiques des accidents du travail relatifs à l'activité concernée.

VIDÉO FICTION

La vidéographie est une porte grande ouverte sur le domaine privilégié de la créativité : l'art de raconter des histoires par l'image et par le son. "Vidéo fiction" vous montrera comment vos idées et vos rêves peuvent se matérialiser sur l'écran. La production de vidéogrammes attrayants ou dramatiques implique un dialogue ou une narration efficaces, le choix et la direction des acteurs, la constitution enfin d'une équipe technique soudée et compétente.

ÉCRITURE DU SCÉNARIO

La fiction dramatique est certainement la forme vidéographique la plus complète et la plus valorisante. D'abord, le scénario : quels que soient la technicité déployée, la qualité des acteurs et des décors, cela ne sert à rien si vous ne partez pas d'un bon scénario. Les sujets à exploiter sont innombrables : trouver l'idée de départ est le plus difficile ; le reste n'est plus ensuite qu'une question de traitement et de développement. Les meilleures sources sont votre expérience et votre imagination. Vous pouvez cependant vous inspirer d'un fait divers recueilli dans la presse ou d'un ouvrage littéraire (en tenant compte du fait que votre œuvre ne pourra pas être présentée en public sans problème de copyright).

Mettez l'idée, les grandes lignes du déroulement de l'action dramatique sur papier. Puis écrivez un synopsis (quelques paragraphes suffiront) qui servira de base à la discussion entre collaborateurs du projet. La prochaine étape est — méthode professionnelle — l'établissement d'un "traitement" écrit. Il donne — au temps présent — la structure et le développement de l'intrigue, scène par scène. Il doit évoquer le climat et le style de narration et peut même donner des aperçus du dialogue (pas de détails techniques à cette étape). Lorsque ce nouveau document a été discuté et amendé si nécessaire, il faut vous consacrer à l'écriture du scénario. Il doit donner tous les détails de l'intrigue, décrire les décors et les actions, ainsi que le texte du dialogue de chaque personnage. N'oubliez surtout pas qu'un dialogue est fait pour être parlé : vérifiez qu'il apparaît naturel en le lisant à haute voix.

Tracer le portrait psychologique de chaque personnage est utile. Pour sembler authentique, la personnalité et le comportement d'un personnage doivent être consistants. Il évolue et réagit, sa personnalité se précise par l'action, le dialogue et ses réactions vis à vis des autres personnages et des situations. Pensez d'abord à construire votre fiction avec les images et l'action : le dialogue seul ne suffit pas.

Un vidéogramme de fiction, drame ou comédie, résulte d'un conflit. Ce conflit peut être limité à un seul personnage (psychologique), à plusieurs (émotionnel) ou concerner un groupe d'individus (social). Ces situations conflictuelles sont les bases mêmes de l'action dramatique.

En structurant votre histoire, essayez d'adopter le modèle suivant, que vous pouvez observer chaque jour dans un téléfilm ou un film cinéma. Donnez à votre personnage un motif ou un but : résoudre une énigme, rencontrer un partenaire, réussir un exploit.

- Créez le conflit ou la confrontation en plaçant des obstacles sur son chemin : criminel adroit, rival amoureux, concurrent.
- Compliquez et faites progresser les détails de l'intrigue : événements imprévisibles, fausses pistes, petites disputes entre amoureux, difficultés ou réussites financières.
- Terminez en résolvant le conflit (la fin n'est pas forcément heureuse et prévisible) : le criminel a été démasqué, le rival triomphe dans le cœur de la belle, l'homme d'affaires réussit un beau "coup".

Dans n'importe quel vidéogramme "dramatique", les premières scènes sont

---

“Dans un roman, vous pouvez commencer par le dialogue, puis décrire le décor... encore un peu de dialogue et vous parlez des vêtements... encore du dialogue. La caméra saisit tout cela en un instant... Elle est impitoyable... Le travail fondamental du scénariste est de structurer tous ces éléments.”

WILLIAM GOLDMAN, SCÉNARISTE

---

particulièrement importantes : elles vous donnent la meilleure et peut-être la seule occasion de captiver l'attention du spectateur et de le maintenir en haleine jusqu'à la résolution complète de l'intrigue. Tout le suspense et les grandes lignes de l'action doivent donc être établis dès les premières minutes (disons au cours du premier sixième de la durée totale du film). Efforcez-vous de "planter le décor", de bien faire comprendre les objectifs du personnage principal et de laisser deviner les obstacles qu'il va sans aucun doute rencontrer. Le spectateur doit se sentir personnellement concerné et en sympathie avec la "vedette" ; il souhaite voir l'action se développer et aboutir de manière positive.

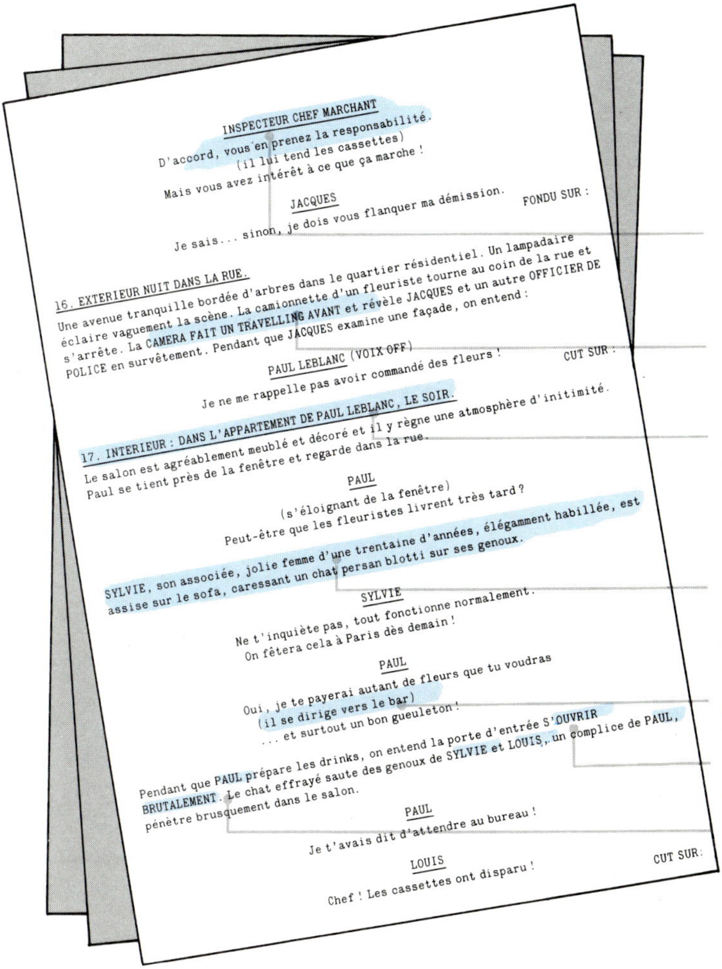

Les scénaristes professionnels utilisent un format "normalisé" pour leur texte, afin de faciliter la réalisation. En gros, une page par minute de programme.

Le dialogue est centré dans la page, le nom du personnage en lettres capitales.

Les indications techniques sont isolées et en capitales.

Un titre pour chaque nouvelle scène. Il indique son numéro, si elle se passe en extérieur (EXT) ou en intérieur (INT).

Décrire brièvement tout nouveau lieu et première apparition d'un personnage.

Jeux de scène entre parenthèses.

Sons caractéristiques en capitales.

Noms propres en capitales.

PLAN DE RÉALISATION

Le secret d'une bonne mise en scène — le passage du scénario à la réalisation — sont les préparations avant tournage. Elles ont pour objet d'assurer que la réalisation se fera selon le scénario et sans problème. La responsabilité est collective, mais chaque membre de l'équipe doit se sentir concerné.

PLAN DE TOURNAGE

Le tournage se fait rarement dans l'ordre chronologique du scénario. On tourne habituellement à la suite toutes les scènes se déroulant en un même lieu.

- La première tâche est donc de découper le scénario pour établir un plan de tournage logique. Cela implique parfois de "jongler" avec les notions de temps.
- La durée de tournage varie selon la complexité de réalisation et les exigences du scénario. Un programme commenté en extérieur peut être achevé en une journée, alors qu'une fiction dramatique élaborée, impliquant des éclairages spéciaux et des scènes dialoguées, peut demander une journée de tournage pour 3 à 5 minutes de durée écran.
- Tenez compte du temps passé à la préparation de scènes complexes (installation d'un éclairage, travelling, etc.).
- Lorsqu'il s'agit de scènes tournées en extérieur, prévoyez une marge de temps pour les "intempéries". Quel que soit le lieu de tournage, commencez toujours — pendant qu'il fait beau — par les vues les plus générales. Soyez large dans vos prévisions pour les scènes devant être tournées à un certain moment de la journée, par exemple au coucher du soleil.

LIEUX DE TOURNAGE

Plusieurs considérations d'ordre pratique :

- Il est en principe interdit de filmer en "professionnel" — sans autorisation — dans un lieu public. Quel que soit l'endroit, demandez, par courtoisie, l'autorisation aux personnes présentes qui peuvent éventuellement collaborer. Si une autorisation officielle est requise, demandez-la au moins une semaine à l'avance.
- L'orientation de l'éclairage solaire sur la scène est importante, en extérieur comme en intérieur. Une scène de rue, par exemple, peut être avantagée par une zone d'ombre. En intérieur, notez l'orientation des fenêtres et les heures d'ensoleillement du local.
- L'éclairage d'appoint n'est pas forcément nécessaire. Pour vous en assurer, procédez à un test préalable avec le camescope.
- Si vous devez utiliser des projecteurs, notez l'emplacement des prises de courant et la puissance électrique que vous pouvez prélever sans faire disjoncter le réseau. Prévoyez prises adaptées et rallonges.
- L'enregistrement du son crée souvent des problèmes en extérieur : bruit de la circulation automobiles, travaux publics, avions, foule bruyante, etc. Étudiez éventuellement la possibilité de tourner aux heures les plus tranquilles de la journée. En hiver, on ne dispose que de quelques heures d'éclairage naturel suffisant : tenez-en compte aussi pour votre plan de tournage. Même un intérieur réputé "calme" peut être trop bruyant : climatiseur, ascenseur, téléphone, etc. Étudiez la possibilité de les arrêter momentanément. Vérifiez l'acoustique du local de tournage (*voir p. 32*).

BUDGET

Lorsque l'équipe technique et la distribution ne sont composées que de bénévoles, la réalisation d'un petit vidéogramme ne coûte guère que le prix de quelques cassettes. Si vous vous attaquez à projet plus ambitieux, il y a des dépenses à prévoir, que vous devrez évaluer avec une précision suffisante pour ne pas connaître de surprise désagréable en plein milieu de la réalisation. Il faut ensuite réunir les "fonds" nécessaires avant d'entraîner l'ensemble des participants dans ce qui reste toujours une "aventure". Votre budget prévisionnel analysera, par exemple, les principales rubriques suivantes :

• **Transport :** les déplacements de l'équipe demandent deux voitures (gratuites) et de l'essence (payante).

• **Droits à payer :** beaucoup d'organismes publics exigent des droits de tournage sur le lieu. C'est le cas des aéroports, des monuments, zoos, etc. Chez le particulier, il faut au minimum régler les dépenses en électricité et téléphone.

• **Décors et costumes.** La plupart peuvent être empruntés. Prévoyez les dépenses pour les scènes comprenant boissons ou nourriture. Eventuellement : frais de décoration.

• **Matériel.** Prévoir les frais de location (éclairage par ex.) et les rechanges (lampes, filtres, etc.).

• **Cassettes :** une production de fiction — avec ses nombreuses "prises" — nécessite une consommation de bande très importante : comptez cinq fois plus de bande que la durée finale du programme.

• **Assurances.** Pour une production impliquant des déplacements, contractez une assurance pour les tiers et les dommages matériels.

ACCESSOIRES ET COSTUMES

Le style de votre vidéogramme de fiction dépend largement des accessoires, décors et costumes. Il est courant de modifier un scénario pour la simple raison que ces éléments sont difficiles ou trop chers à réunir.

• Établir la liste de tous les accessoires nécessaires. Certains sont donnés, d'autres empruntés aux membres de l'équipe.

• Définir l'habillement de chaque acteur. Les vêtements se louent, si nécessaire, chez le costumier.

• Dresser une liste détaillée de tous les accessoires et costumes prévus pour chaque scène. Si l'on doit casser quelque chose (un verre par ex.) en prévoir plusieurs exemplaires. Le régisseur est responsable de tous ces problèmes.

RÉALISATION

Lorsque ces points sont tous définis, le régisseur établit une "fiche de tournage" pour chaque jour de prise de vues. Elle indique :

• La date de tournage.
• Les numéros de scènes à tourner.
• Adresse et téléphone du lieu.
• Point de rendez-vous de l'équipe.
• La distribution.
• Heure de convocation des acteurs.
• Liste des accessoires et costumes.
• Équipement complémentaire.
• Tous problème particulier par ex. parking, terrain boueux.
• Heure prévue pour la fin de tournage.

Afin d'établir le contact avec chacun, le régisseur doit disposer d'un carnet sur lequel il aura relevé le nom, l'adresse et le numéro de téléphone de chacun des participants.

LE METTEUR EN SCÈNE

On ne commence le tournage que lorsque le scénario est définitif. Toute une série de décisions sont alors nécessaires : les décors, la distribution, la mise en images. Le choix du décor (lieu de tournage de la scène) est à la fois artistique et pragmatique. Si le scénario prévoit, par exemple, la rencontre clandestine de deux amoureux dans un bar, le lieu choisi doit être à la fois approprié et crédible, afin de refléter la vraie nature de leurs relations. La distribution d'un vidéogramme de fiction "d'amateur" est souvent composée de la famille et d'amis. Pour les rôles principaux, vous pouvez aussi faire appel (annonce dans la presse locale par exemple) à des comédiens amateurs ou professionnels débutants. Procédez éventuellement à des essais image et son pour apprécier les qualités des postulants et leur capacité à bien répondre à vos indications. Une production vidéo demande un jeu d'acteur plus sobre qu'une scène de théâtre.

Le metteur en scène est en fait concerné par tous les aspects de la réalisation : choix et modification des décors, costumes, éclairage (qui souvent déterminent le "climat" d'une scène), mouvements de caméra, etc.

Les séances de répétition sont primordiales pour les acteurs. Prenez tout le temps nécessaire pour expliquer à chacun les particularités et les motivations du personnage, le développement de l'intrigue, les relations des personnages entre eux. Procédez à une lecture des dialogues. Faites ensuite répéter chaque scène "dans le mouvement" : ce qui permet de mettre au point, outre le jeu des acteurs et le dialogue, les aspects techniques de la prise de vues.

Les décisions définitives du metteur en scène sont inscrites sur le scénario (page suivante), résumées sur le storyboard. Le plan de tournage est alors établi, avec un schéma pour chaque scène (*ci-dessous*). Les scènes ne sont pas forcément tournées dans l'ordre chronologique du scénario. Commencez par les vues d'ensemble, puis continuez par les plans rapprochés. La méthode vous permet d'assurer les raccords d'éclairage entre les différents plans de la scène. Filmez successivement tous les plans orientés dans la même direction ; puis, tous les contrechamps.

En tant que réalisateur, vous devez surtout établir et maintenir d'excellentes relations de travail avec l'équipe et les comédiens. Vos idées et vos désirs doivent être clairement exprimés aux deux parties. Soyez assez souple pour écouter les suggestions qui vous sont faites et tenez-en compte si elles sont recevables. Au moment du tournage, laissez, sans intervenir, l'équipe technique faire son travail. Intéressez-vous en priorité aux comédiens

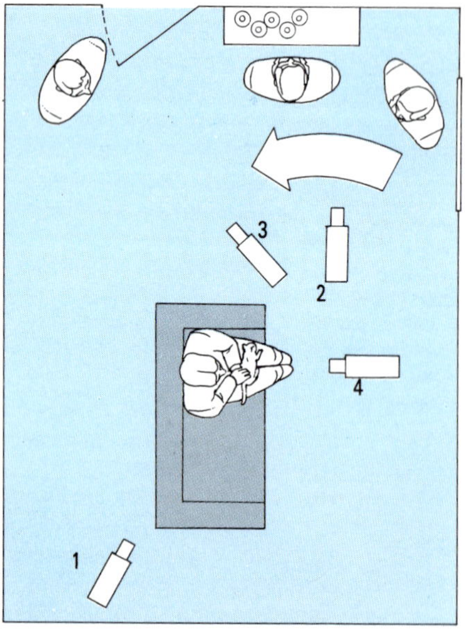

Le schéma de tournage indique les positions de caméra et l'ordre de prise de vues. Pour la continuité de l'éclairage, prenez d'abord la vue générale (1), puis le plan moyen (2), enfin les gros plans (3,4).

qui ont grand besoin de vos indications et de vos encouragements.

Répétez complètement chaque scène (action et mouvements caméra). Lorsque chacun est "bon" (pour la caméra, pour le son, etc.) demandez le silence. Les ordres sont ceux-ci : "Moteur" (l'opérateur démarre la caméra) ; après quelques secondes "Action" (on enregistre le plan) et, à la fin "Coupez". Dès le plan tourné, vérifiez en interrogeant chacun que tout s'est bien techniquement passé. En cas de doute, vérifiez immédiatement la scène filmée sur le moniteur. Vous pouvez toujours refaire une ou plusieurs autres prises. N'oubliez pas — afin de faciliter le montage — d'identifier chaque scène, plan et prise (clap, titreur).

> « *Un bon réalisateur est comme un psychiatre. Il sait à quelles réflexions vous devez aboutir, mais il vous laisse les trouver tout seul. C'est un guide plus qu'un chef.* »
>
> **ROD STEIGER, COMÉDIEN**

> « *Vous êtes bien sûr frustré de ne pas saisir les occasions comme elles viennent, spécialement avec les enfants... Cependant, combien de bons dialogues ont été gâchés par l'improvisation !* »
>
> **ALAN PARKER, RÉALISATEUR**

Cette page du scénario correspond à une scène. Elle a reçu, après répétition, des indications complémentaires de la main du metteur en scène. Chaque plan et scène sont dûment repérés par des numéros. En principe, chaque plan "déborde", afin de permettre une plus grande souplesse et une bonne continuité lors du montage final.

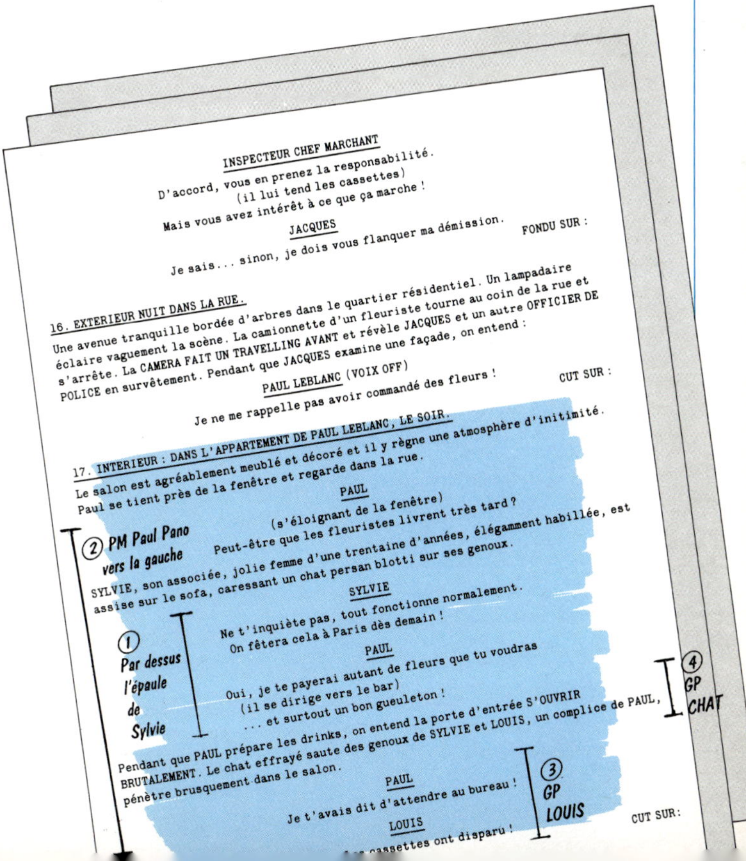

VIDÉO PERSONNELLE

En vous filmant vous-même — ce qu'on appelle l'autoscopie — vous vous verrez comme les autres vous voient. Ce chapitre "Vidéo personnelle" montre la manière dont chacun peut analyser ses propres performances, dans tous les domaines (conférence, interview, spectacle, etc.), en se préparant ainsi à la présentation en public. Vous pouvez, bien au contraire, étudier votre propre comportement dans les relations amicales, familiales ou amoureuses. Votre expérience personnelle peut enfin être mise au service d'une nouvelle génération de vidéastes.

LETTRE-VIDÉO

Plutôt que par courrier, communiquez avec vos parents ou amis éloignés à l'aide d'une "lettre-vidéo", c'est-à-dire une cassette enregistrée. Voilà une manière originale d'envoyer ses vœux ou de souhaiter un anniversaire. En la "rédigeant", pensez à ce qui peut intéresser votre correspondant. Variez le contenu en mêlant des vues existantes et des séquences spécialement tournées pour cette occasion. Un bon scénario : le tour d'horizon des événements marquants ou intéressants depuis votre dernier envoi, montés dans l'ordre chronologique. Faites-y figurer vacances, voyages, mariages et autres événements locaux ou familiaux. Conservez les situations humoristiques et les moments émouvants, mais en évitant d'être ennuyeux. Les vues prises spécialement pour la lettre-vidéo sont des "tranches de la vie" familiale ou amicale. Les scènes montrant les réunions de famille, les vacances, les enfants et les animaux familiers reçoivent habituellement l'accueil le plus enthousiaste.

Les autres thèmes susceptibles d'intéresser votre famille ou vos amis sont les nouveaux événements survenus dans votre vie ; par exemple, l'installation dans une nouvelle demeure. Introduisez une longue séquence de visite de la maison ou de l'appartement (*voir p. 174*). N'oubliez pas de prendre de nombreuses vues des massifs de fleurs, de la pelouse. Profitez-en pour prendre quelques jolis plans en mode macro de fleurs éclairées en contre-jour, mettant en évidence les formes et les couleurs.

Si vous acheté une nouvelle voiture, amusez-vous à en faire une sorte de "clip vidéo", avec des angles inusités et des effets spéciaux montés en plans courts sur une musique bien rythmée. Servez-vous, par exemple, d'un filtre "star" pour faire briller les chromes ou d'un filtre dégradé créant un arrière-plan spectaculaire.

Cherchez à lier les séquences de manière originale. Demandez par exemple à l'enfant de faire des dessins spécialement destinés à cet usage, sur lesquels vous pourrez faire apparaître des titres ou "messages" divers, écrits à la main ou composés avec le générateur de caractères.

Doublez la cassette d'un commentaire très libre, sur le ton de la conversation. Vous pouvez réunir la famille autour

Lettre-vidéo. Elle comprend des extraits de cassettes existantes et des vues spécialement tournées pour cette occasion.

d'une table et enregistrer réflexions et commentaires de chacun au fur et à mesure que défilent les scènes sur l'écran. Comme nous l'avons vu (*p. 126*), vous pouvez enregistrer le son directement sur la cassette image ou sur une bande séparée en vue d'un mixage ultérieur.

Une autre approche informelle est de filmer une conversation familiale en son direct. Il faut cependant s'arranger pour qu'une personne dirige la conversation dans un sens déterminé (ayant évidemment rapport avec le contenu des images de la lettre-vidéo) et que tout le monde ne parle pas en même temps (le dialogue serait inaudible). Ces éléments peuvent aussi servir de liaison entre séquences. Par exemple, on pose la question : "Anne, te souviens-tu quand on est allé au zoo ?" Puis l'on monte quelques "morceaux choisis", parmi les vues prises au cours de cette promenade en famille. Lorsque la conversation devient plus animée, prenez quelques plans incorporant tous les participants. N'oubliez pas non plus de filmer quelques secondes les personnes qui écoutent : ces "plans de coupe" vous seront indispensables au moment du montage, car ils permettent d'écourter les scènes trop longues et de passer d'un personnage à un autre en maintenant une bonne continuité image et son.

ENVOI DE CASSETTES A L'ÉTRANGER

- Assurez-vous que la personne à qui vous adressez la cassette pourra la lire sur son magnétoscope de salon. Il s'agit essentiellement de cassettes de format VHS. Tenez compte du système vidéo employé dans le pays concerné : en France, système SECAM, mais système en PAL dans les autres pays de l'Europe de l'Ouest. Si votre correspondant habite un pays "NTSC" (Etats-Unis, Canada, Japon), il faut faire transcoder la cassette par un spécialiste : ce qui est assez onéreux.
- Pour l'expédition, placez la cassette dans une boîte "en dur" et dans une enveloppe matelassée.

AUTOSCOPIE

Dirigez le camescope vers vous : beaucoup mieux qu'un miroir, il vous permettra de vous analyser "de l'extérieur", de juger objectivement de votre personnalité, de votre "aspect" vis-à-vis des autres, enfin de vos performances devant un "public". Que vous soyez musicien, comédien, danseur, marionnettiste, conférencier, industriel, commerçant, professeur ou animateur. L'autoscopie est également une méthode d'analyse au service de toute autre personne ayant à se produire devant une audience. Pour cette utilisation, la vidéo offre le grand avantage de la relecture immédiate. On peut répéter la prestation autant de fois que nécessaire, l'analyser, la reprendre, jusqu'à obtenir le résultat désiré.

Bien que vous fassiez cet enregistrement en privé, installez le "plateau" pour qu'il soit aussi conforme que possible à la future prestation en public. Établissez par exemple un éclairage semblable à celui de la scène ou de l'estrade sur laquelle vous devrez vous produire.

Installez le camescope sur pied face à vous : c'est dans l'axe de l'objectif que seront vos spectateurs. Choisissez un angle de prise de vues (focale courte du zoom) qui vous cadre en entier, mais en vous laissant libre de faire des mouvements.

Si vous avez besoin de contrôler un élément en gros plan (les mains pour un prestidigitateur), partagez la scène en plans plus courts pour des cadrages "serrés". Installez un téléviseur de contrôle de manière à voir en même temps votre image sur l'écran.

La qualité de l'enregistrement sonore est très importante pour l'analyse. Lors des répétitions, placez le micro externe à la place la plus favorable pour la qualité sonore, sans vous préoccuper de savoir s'il figure ou non dans le cadrage. Pour une prestation de danse ou de chanson en playback, entrez directement la musique dans le camescope, en l'écoutant simultanément par le haut-parleur (par ex. du téléviseur).

L'enregistrement étant fait, rebobinez la cassette et observez-vous attentivement sur l'écran. Lorsque vous serez satisfait de votre présentation, faites visionner la cassette par une tierce personne "de confiance", qui découvrira peut-être d'autres points à améliorer. Écoutez ses critiques constructives et tenez-en le plus grand compte.

L'autoscopie est un excellent moyen de se préparer à une intervention orale : au travail (rapport lors d'une conférence), réunion privée ("speech"), etc. Là encore, essayez de reproduire les conditions d'environnement et votre position d'intervenant : debout, assis à une table derrière un micro, etc. Cadrez en plan moyen (à partir de la taille) et utilisez un micro directionnel placé à environ 60 cm de vous. Lancez le camescope (la télécommande est ici fort utile) et enregistrez-vous, comme si vous vous adressiez à votre public.

En analysant votre intervention, observez vos "tics" (tout le monde en a), tels que gestes inconsidérés, grimaces, clignement des yeux, erreurs de prononciation, hésitations ou précautions oratoires ("heu", "j'veux dire", "comment dirais-je", etc.).

L'autoscopie est utile dans bien des circonstances de la vie. Une personne non habituée ressent toujours un "choc" en se voyant pour la première fois sur l'écran. Il n'est pas possible, comme dans un miroir, de se donner une contenance : la caméra est bien moins indulgente

Vous pouvez ainsi vous préparer à une interview factice, en demandant à un ami de vous poser des questions auxquelles vous répondrez en regardant franchement dans l'objectif. Faites-vous ensuite une "projection privée" en analysant le plus objectivement possible la qualité de vos réponses et vos réactions plus ou moins naturelles aux questions posées.

Améliorez vos performances et votre impact auprès d'une audience en vous livrant à l'auto-analyse. Toutes sortes de professions ou de circonstances de la vie rendent cet exercice très enrichissant. Vous vous présentez enfin tel que les autres vous voient et vous entendent : ce qui vous permet de progresser dans l'art de l'expression orale et gestuelle. Pour une prestation scénique (danse, théâtre, chanson, etc.) réglez le zoom sur un grand angle de champ de manière à pouvoir vous déplacer sans sortir du cadrage. Vous pouvez demander à un ami de jouer le rôle d'opérateur à la caméra. Cependant, beaucoup de camescopes actuels disposent d'une télécommande infrarouge ou à fil permettant de déclencher l'enregistrement à distance. Recréez l'atmosphère réelle en "répétant" avec le costume et le maquillage de scène.

PROMOTION PERSONNELLE

Maintenant que vous avez appris à donner la meilleure image de vous-même devant la caméra (*voir p. 194*), utilisez la vidéo pour votre propre promotion. Si vous appartenez au monde du spectacle, vous pouvez, par exemple, adresser une cassette à une agence ou autre "casting director". Une cassette peut aussi servir à trouver à un emploi... ou un conjoint.

Le vidéogramme définitif d'une prestation scénique doit être enregistré en présence d'un public, même restreint. Ses réactions ajoutent beaucoup à la crédibilité. Organisez, si besoin est, une "représentation spéciale" dans un lieu approprié.

Pour réaliser un vidéogramme de qualité, vous avez besoin du concours d'au moins un opérateur pour le camescope ; l'éclairagiste et "l'ingénieur du son" seraient également fort utiles. Vous pouvez être votre propre metteur en scène ou encore, si les moyens techniques le permettent, opérer à plusieurs caméras (*p. 136*) afin de varier les cadrages et les angles de prise de vues. Une autre manière intéressante de procéder — que l'on retrouve dans beaucoup de clips vidéo — est de filmer plusieurs fois la même prestation, mais avec différents costumes, éclairages ou décors. Il faut alors associer et alterner les scènes au montage. Si vous procédez ainsi, pensez à prendre beaucoup de plans de coupe facilitant les transitions et raccords lors du montage définitif.

Si vous possédez plusieurs cordes à votre arc, incluez les diverses facettes de votre talent dans une même cassette, en vous efforçant néanmoins — par le montage et les raccords — de donner une certaine unité à l'ensemble.

La vidéo, on le sait, facilite les rencontres sentimentales (pour vous-même ou pour un ami). Il doit s'agir alors d'un vidéo-portrait général présentant la personne sous l'aspect le plus sympathique possible. Dans l'exemple du storyboard page suivante, on a choisi de débuter le vidéogramme en feuilletant l'album de famille. La voix "off" situe la personne par son enfance, son adolescence et sa famille, précise ses origines et sa biographie au fur et à mesure que l'on tourne les pages. Intercalez des gros plans des photographies les plus significatives.

La séquence centrale de la bande sera une interview décontractée de la personne, l'interrogeant sur ses goûts et ses convictions. Les questions sont posées "hors écran" et supprimées au montage, de manière à produire une "déclaration" continue. Procédez à cette interview dans un lieu confortable (le salon semble tout indiqué) et veillez particulièrement au décor qui témoigne également de la personnalité et de l'environnement affectif du "sujet" (livres, fleurs, objets d'art, etc.). L'interview permet au sujet de parler sans ostentation de ses loisirs et autres activités physiques ou intellectuelles. Intercalez des inserts dans l'interview, le montrant justement en train de se livrer à ces activités. Si le sujet est passionné par son travail, laissez-lui l'occasion d'en dire quelques mots.

Terminez l'interview par des vues en gros plan. C'est pour le personnage le moment d'exposer très franchement quel est le profil psychologique et physique de "l'âme sœur" qu'il cherche à rencontrer. En fin de cassette, le générique indique — assez longuement pour que "l'intéressé/e" ait le temps de noter — nom, prénom, âge, adresse et numéro de téléphone. Un fond musical, ajouté en post-sonorisation contribue fortement à créer le climat et à préciser la personnalité du sujet : choisissez des musiques qu'il aime entendre ou — s'il est lui-même musicien — demandez-lui d'assurer l'illustration sonore lorsque le montage définitif sera terminé.

Vous pouvez adopter une approche analogue pour la réalisation d'une cassette vidéo recueillant des témoignages sur l'emploi d'un produit, le recours à un service, etc. Une bonne manière de procéder consiste à inclure une ou plusieurs interviews des utilisateurs (satisfaits). La publicité télévisée fait fréquemment appels aux "vidéo-témoignages" (assurances, immobilier, lessives) qui acquièrent un grand pouvoir de conviction sur les consommateurs potentiels. Il ne fait pourtant aucun doute que ces témoignages apparemment "spontanés" ont été soigneusement préparés : la "ménagère" criante de vérité est une comédienne et tout le décor environnant a été recréé. Vous pouvez, d'une manière plus simple, vous inspirer de cette méthode pour la promotion de vos propres services ou produits.

Pour ce programme de "vidéo-rencontre" le storyboard ci-dessous détaille chaque plan dans un ordre logique. La voix du sujet (souvent "hors écran") contribue largement à tracer un portrait sympathique du personnage.

LE NU ET LA VIDÉO DE CHARME

La vidéo permet d'aborder tous les genres, y compris la recherche de la beauté du corps. La pleine réussite étant une chose difficile, nous vous conseillons de ne l'aborder qu'après avoir acquis une maîtrise suffisante du procédé. Puisque vos images seront animées, c'est par la dynamique du geste que vous évoquerez mieux les belles formes naturelles du corps humain.

• C'est surtout une affaire de sensibilité et de bon goût : les angles choisis peuvent être audacieux, la matière même de la peau peut être détaillée avec réalisme, sans que les images ne soient, pour autant, équivoques. Il est évident que les qualités physiques du modèle entrent pour une part majeure dans la réussite : vous en serez le seul juge.

• Si vous désirez traduire fidèlement les proportions du corps, utilisez une longue focale du zoom : ce qui peut poser un problème si vous manquez de recul en intérieur. Avec une courte focale, vous créerez fatalement une exagération de la perspective pour les parties du corps placées au premier ou à l'arrière-plan. Le mouvement rend néanmoins ces disproportions moins évidentes qu'en photographie.

• L'emploi de l'éclairage artificiel en intérieur pose souvent un problème technique. Nous vous conseillons d'utiliser une seule source principale relativement puissante (par exemple un projecteur de 1000 watts) placée assez obliquement et un grand réflecteur passif, tel un drap ou une plaque de polystyrène blanc pour éclaircir les ombres du côté opposé. Le plus joli modelé s'obtient avec un éclairage très diffus : un velum placé devant le projecteur, plus des panneaux réflecteurs. La sensibilité d'un camescope étant très élevée, quelques bougies dans un chandelier peuvent suffire à créer un climat très romantique.

• Dans un intérieur bien éclairé par la lumière naturelle, vous pouvez opérer près d'une baie vitrée, quitte à utiliser un réflecteur pour alléger les ombres.

• Lorsque possible, il vaut mieux filmer en extérieur, dans un décor naturel de sable, de mer ou de rochers, parmi lesquels le corps féminin s'intègre harmonieusement. Il y a alors un large parti à tirer des rapports subtils qui peuvent s'établir entre les lignes courbes et sensuelles du corps et celles des éléments environnants. Les images prises par temps légèrement couvert sont généralement plus modelées et agréables que par soleil vif.

• C'est peut-être dans ce domaine que les effets spéciaux sont les plus justifiés, car ils permettent d'évoquer plutôt que de simplement "montrer", en donnant un caractère plus abstrait aux images. Nous pensons aux filtres colorés ou adoucissants, aux bonnettes prismatiques, aux trames, à la projection d'ombres ou de motifs colorés sur la peau du modèle, aux ombres chinoises sur un écran et même à l'inversion en négatif offerte par certains camescopes.

• Avant toute séance de tournage, vous devez avoir préparé un plan de travail et savoir comment vous allez opérer : rien n'est plus déprimant pour un modèle — qui peut être intimidé — d'avoir affaire à un vidéaste visiblement inexpérimenté qui passe son temps à installer un décor ou un fond, alors que toute son attention devrait être consacrée aux problèmes de composition, d'attitude, d'expression et de mouvement.

• Cette sensualité qui doit rayonner à travers vos images ne doit être due qu'à la représentation graphique des formes, des lignes et des volumes ; au modelé délicat du corps féminin qui, de tous temps, a été considéré comme la quintessence de l'harmonie et de la beauté.

NAISSANCE D'UN ENFANT

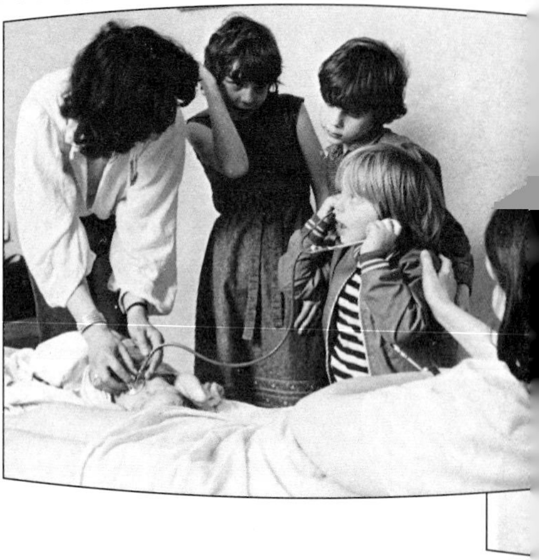

Enregistrez les réactions spontanées de la famille visitant la mère et l'enfant.

Voyez ici l'émerveillement du garçonnet écoutant battre le cœur du bébé.

La naissance prochaine d'un enfant est une merveilleuse occasion de mémoriser à jamais les étapes de la grossesse, de la mise au monde et des premiers jours de la vie du bébé. Ce témoignage mérite une place de choix dans les archives familiales.

Vous pouvez commencer votre reportage — car s'en est un — en prenant des vues évoquant les étapes de la grossesse : contrôle du poids sur la balance, préparation de la layette, décoration de la nurserie.

La vidéo peut être particulièrement utile à la future maman en lui facilitant l'exécution des exercices de préparation à l'accouchement. L'enregistrement de ces mouvements à l'aide du camescope et l'autoscopie (*p. 194*) permettent d'en contrôler la bonne exécution. Au cours de la grossesse, filmez et enregistrez — de manière très informelle — les confidences de la maman et les réactions de la famille.

Le film de la naissance demande une grande préparation. Assistez à quelques unes des séances prénatales, afin de vous rendre compte de la manière dont votre conjointe réagit psychologiquement et se prépare avec d'autres futures mamans à l'attente du bébé.

Pour illustrer votre réalisation, prenez les vues de la maternité ou clinique où l'événement aura lieu : il est peu probable que vous ayez le temps ou l'envie de le faire plus tard.

Accompagnez votre épouse lorsqu'elle passe ses visites prénatales, de manière à vous rendre compte de l'environnement, de l'éclairage et de l'acoustique des lieux. Demandez, par avance, l'autorisation de filmer la naissance du bébé, en vous enquérant de la façon dont vous devrez vous y prendre pour ne pas gêner. La salle de travail a sans doute des murs laqués et réfléchissants dont vous devrez tenir compte si vous êtes obligé d'installer un projecteur de complément. Prévoyez dans ce cas un éclairage en lumière réfléchie sur le plafond qui ne créera pas de gêne.

Il est des points forts importants à se remémorer au moment de l'accouchement :

- Priorité absolue à la santé de la mère et de l'enfant : rien ne doit interférer.
- Obéissez immédiatement à toutes les demandes du personnel médical. Ils sont responsables ; vous n'êtes qu'un spectateur.
- Faites-vous "oublier" le plus possible.
- Opérez le camescope sur batterie : un cordon d'alimentation traînant au sol peut gêner.

D'une manière générale, la salle de travail est abondamment éclairée par des tubes fluorescents répartis sur toute la surface du plafond, afin de ne pas créer d'ombres. Certains obstétriciens préfèrent cependant mettre le bébé au monde en lumière atténuée, afin de ne pas ajouter au stress de la naissance. Il est important de

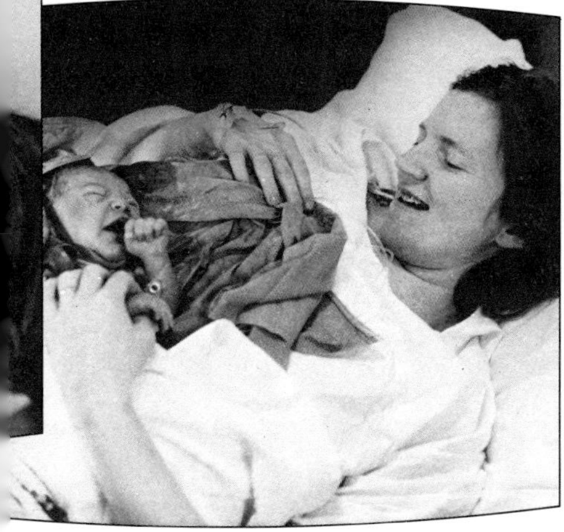

Des moments inoubliables" : lorsque la maman serre le nouveau-né sur sa poitrine. Ces tendres scènes seront montées dans la séquence pour évoquer la joie radieuse de l'instant.

noter que l'éclairage fluorescent provoque le plus souvent une dominante bleuâtre ou verdâtre visuellement désagréable. Certains camescopes disposent d'un réglage préétabli de la balance des blancs pour les tubes fluorescents (température de couleur de 4500 K) : ce n'est qu'un palliatif qui améliore le rendu des couleurs sans résoudre parfaitement le problème. Si la balance des blancs est débrayable sur votre camescope, une meilleure solution est de choisir le réglage de balance des blancs "lumière du jour" (outdoor) et d'utiliser un filtre "spécial fluorescent" de couleur magenta, par exemple un filtre *Hoya FLD.* Nous vous recommandons cependant de procéder à des essais préliminaires sous des tubes fluorescents de même "type" (car il en existe plusieurs sortes qui ne donnent pas du tout les mêmes effets). Il se peut d'ailleurs que la méthode du filtre "FLD" améliore le rendu des couleurs, même avec un camescope dont la balance des blancs n'est pas réglable manuellement (faites des essais avec et sans le filtre).

Autre phénomène lié à l'éclairage fluorescent : le scintillement que l'on a souvent sous cette lumière. Il ne peut être totalement éliminé qu'avec quelques camescopes, à obturateur à vitesse automatiquement variable, pourvus d'un détecteur particulier "anti-scintillement". Pour l'instant, seuls des appareils de marque Hitachi en sont pourvus : le scintillement est totalement supprimé, même si les tubes fluorescents sont alimentés par un courant alternatif de fréquence 60 hertz (USA, Canada, Japon), alors que votre camescope fonctionne (en Europe) à la fréquence de 50 hertz.

Lors de l'accouchement, essayez de varier les points de vues et les cadrages sur la maman et le personnel médical. Il est naturellement souhaitable de travailler camescope à la main. Si vous opérez sur pied, vous ne pourrez sans doute pas vous déplacer sans déranger aux moments les plus importants de l'événement.

Lorsque le bébé vient de naître, faites un zoom avant et enregistrez son premier cri, puis le premier contact avec la maman. Filmez les épisodes classiques (coupe du cordon ombilical, bain, pesée, emmaillotement du bébé.

La suite logique du récit concerne évidemment les visites de la famille et des amis. Installez-vous confortablement de l'autre côté du lit ou du berceau pour saisir les premières réactions des visiteurs. Intercalez des gros plan de la maman et du bébé.

Vous pourriez terminer votre relation vidéographique par les remerciements à l'équipe médicale et le départ de la maternité. C'est sans doute le moment d'inscrire, en incrustation dans les images, la date, le nom de l'enfant et son poids.

LA VIDÉO POUR LES ENFANTS

Vidéaste passionné, vous êtes maintenant en mesure de communiquer vos connaissances à la génération montante. A partir de huit ans environ, un enfant est tout à fait capable de manier le camescope. L'enfant plus âgé s'intéressera peut-être davantage aux aspects techniques, tels que la prise de son et l'éclairage. Pour les plus jeunes, un modèle simple, léger, tout automatique est le plus approprié.

A l'exception de quelques modèles "néo-professionnels", la plupart des camescopes actuels répondent à cette définition : ils sont compacts et, en mode automatique, il n'y a absolument aucun réglage technique à assurer (mise au point, balance des blancs, diaphragme).

Montrez à l'enfant comment fonctionne l'appareil et les précautions élémentaires à prendre (stabilité, réglage du viseur, etc.), la manière dont il peut cadrer l'image dans le viseur électronique, comment faire varier la focale du zoom. Faites-lui voir les premières images qu'il a enregistrées dans le viseur ou, mieux encore, sur téléviseur avec le son.

Lorsque l'enfant aura pris conscience des possibilités expressives de la vidéo et qu'il sera capable de bien se servir de l'appareil, encouragez-le à réaliser ses propres programmes. Même si les premiers résultats ne sont pas parfaits, il y a fort à parier que l'enfant — né à l'âge de l'électronique — comprendra, plus vite que certains adultes, ce qu'il doit faire pour éliminer les erreurs. Examinez ensemble les résultats sur le téléviseur, expliquez-lui les problèmes et proposez-lui des solutions simples pour les résoudre. Les enfants apprennent rapidement et vous constaterez de nouveaux progrès à chaque exercice. Sans être limitatif, nous vous indiquons ci-contre quelques thèmes vidéographiques bien adaptés à la vidéo enfantine. Il se peut d'ailleurs que les enfants en découvrent d'autres auxquels vous n'aviez pas pensé !

1 Passe-temps : demandez aux enfants de réaliser un court programme faisant la démonstration de leur habileté en bricolage ou en modèle réduit. Apprenez-leur à décrire logiquement les opérations.

2 Animaux familiers : outre les charmantes scènes d'enfants en train de jouer avec le chien ou le chat, c'est l'occasion de filmer d'autres animaux, tel le canari dans sa cage, éventuellement avec une torche d'éclairage d'appoint.

3 Interviews : impliquez les enfants, comme opérateurs et comme acteurs. Montrez-leur comment composer l'image et cadrer le sujet, ainsi que l'emploi du zoom. Insistez sur l'importance du son (micro externe si possible).

4 Jeux et sports : choisissez une activité sportive se déroulant en un seul lieu. Mettez l'accent sur les points de vue et les approches. Les patins à roulettes, le vélo sont d'excellents prétexte à l'exécution de panoramiques.

5 **Spectacle d'enfants :** reconstituez une petite scène de théâtre avec un fond uni et deux lampes placées de part et d'autre du plateau (*à gauche*). Après les vues générales, demandez des zooms avant sur les acteurs aux moments importants du spectacle. Le micro omnidirectionnel placé face à la scène donnera une bonne reproduction sonore.

6 **Raconter une histoire :** l'esprit inventif des enfants est sans limite. Laissez-les à la fois imaginer une intrigue, en écrire le déroulement et réaliser le vidéogramme.

7 **Danse :** grâce à la vidéo, les enfants peuvent apprécier leurs performances et les améliorer. Veillez tout spécialement à la bonne qualité de la musique enregistrée.

8 **A l'école :** en accord avec le maître ou le professeur, votre enfant peut être le "vidéo-reporter" de sa classe — la vie de celle-ci, la récréation, la classe de neige ou de mer — où chacun de ses camarades peut contribuer à l'écriture d'un scénario simple, supervisé d'ailleurs par le maître. Ceci est envisageable dans le cadre des "activités dirigées".

9 **Théâtre ou marionnettes :** à l'école ou en extérieur, filmez le spectacle comme un programme vidéo et non pas du seul point de vue du spectateur assis sur sa chaise. En extérieur, veillez au bruit du vent.

10 **Groupes d'enfants :** amusez-les en les interviewant à la manière du journaliste. Le tournage doit être suffisamment contrôlé pour aboutir à un montage final cohérent.

Pour ses premières armes en vidéo on a confié un camescope simplifié à ce très jeune enfant. Tout camescope léger et compact peut convenir.

RÉFÉRENCES TECHNIQUES

Bien que le fonctionnement et l'utilisation des camescopes soient très simples, il vous sera utile de connaître quelques notions techniques relatives à la vidéo. Ce chapitre donne la signification des principales caractéristiques des appareils : comment les interpréter afin de comparer, par exemple, les performances de différents camescopes. Il montre comment prendre soin de son équipement pour le mettre à l'abri des pannes. Il rappelle les différentes normes de télévision utilisées dans le monde. Enfin, un glossaire donne la définition d'un grand nombre de mots techniques et de termes de métier que vous rencontrerez en pratiquant la vidéographie et en lisant la littérature spécialisée.

CARACTÉRISTIQUES DES ÉQUIPEMENTS

Le choix d'un camescope, par comparaison entre différents modèles, demande de bien comprendre la signification des termes utilisés.

CARACTÉRISTIQUES DES OBJECTIFS

Tel objectif est, par exemple, décrit ainsi : zoom motorisé (6x) 9-54 mm f/1,4, diamètre 52 mm.

• (6x) indique l'amplitude de variation des focales ou "rapport zoom". Pour cet objectif, la focale 54 mm (position téléobjectif) est six fois plus longue que la focale 9 mm (position grand-angle).

• Le terme f/1,4 précise l'ouverture maximum de cet objectif. Les valeurs les plus habituellement rencontrées sont f/1,2, f/1,4 et f/1,6. Plus la valeur numérique est faible, plus le zoom est "lumineux"

• Diamètre 52 mm : il précise celui du filetage du zoom, permettant d'y visser un filtre. Diamètres les plus courants : 46, 49 et 52 mm.

• Si vous voulez comparer l'angle de champ donné par le zoom de votre camescope à ses différentes focales, avec les angles de champ que vous auriez avec l'objectif d'un appareil photo 24x36, il vous suffit de multiplier la focale du zoom par le facteur 4,9 (environ) si votre camescope est équipé d'un capteur 1/2 pouce, ou par le facteur 3,7 (environ), s'il est équipé d'un capteur 2/3 de pouce. Exemple : le zoom 9-54 mm d'un camescope 1/2 pouce donne sensiblement les mêmes angles de champ qu'un reflex qui serait équipé d'un zoom 44-260 mm.

CARACTÉRISTIQUES DES CAMESCOPES

• Étendue des éclairements : 10-100.000 lux". Ceci précise la gamme des intensités lumineuses pour laquelle le camescope peut donner une image. La limite inférieure — ici 10 lux — correspond à un visage situé à environ 25 cm d'une bougie : l'image est "acceptable" (plutôt que "bonne"). L'image n'atteint sa qualité maximale qu'à partir de 900 lux environ. 100.000 lux est l'éclairement que l'on a en plein soleil d'été, à midi.

• **Détecteur image.** Sur tous les camescopes, il s'agit d'un capteur "solide" de type CCD (parfois MOS). Deux "formats" : 1/2 pouce et 2/3 de pouce.

• **Rapport Signal/Bruit : 40dB.** Le "bruit" dans l'image apparaît sous la forme de "neige", surtout en cas de faible lumière. Plus la valeur en dB est élevée, plus les conditions d'observation de l'image sont agréables.

• **Définition horizontale : 270 lignes.** C'est le nombre maximum de lignes alternativement blanches et noires que l'on peut compter dans la largeur de l'image. Systèmes classiques (VHS et Video-8mm) : 250 lignes maximum. Nouveaux systèmes (S-VHS et Hi8) : 400 lignes environ. (Valeur en lecture d'une bande enregistrée.)

• **Viseur électronique.** C'est un minuscule moniteur vidéo noir et blanc dont tous les camescopes sont dotés. Généralement orientable, il permet de voir l'image pendant le tournage ou en lecture de la bande. De nombreuses informations s'y affichent en incrustation dans l'image.

• **Balance des blancs.** C'est le réglage couleur, en fonction de la qualité spectrale de la source de lumière. Automatique, ce réglage peut souvent être débrayé au profit de valeurs préétablies de température de couleur : habituellement 5 600 K (lumière du jour) et 3 200 K (lampe halogène).

• **Synchronisation : interne seulement.** le balayage vidéo d'un camescope est orchestré par une "horloge" interne. Cela pose problème lorsqu'on veut mélanger dans une régie les signaux vidéo issus de plusieurs sources. Cela n'est possible que si les appareils sont synchronisés entre eux par un dispositif "genlock" (*voir p. 137*).

• **Alimentation : 9,6 V/8 W DC.** Dans le cas cité, cela signifie que le camescope

doit être alimenté avec une batterie de tension 9,6 volts et qu'il consomme une puissance de 8 watts. Le courant étant continu (DC), l'alimentation sur secteur alternatif doit se faire par l'intermédiaire d'un adaptateur secteur (à la fois transformateur et redresseur). La durée de fonctionnement du camescope dépend de la capacité (en ampères/heure) de la batterie et de la puissance consommée par le camescope (watts). L'usage immodéré des systèmes motorisés du camescope (zoom, autofocus, etc.) diminue l'autonomie d'une batterie donnée.

• **Autofocus :** système de mise au point automatique. Deux principes sont utilisés sur les divers appareils : triangulation infrarouge et "à travers l'objectif" (TTL), par analyse "numérique" de l'image formée sur un capteur CCD spécial ou sur le capteur imageur.

• **Inversion négatif/positif.** Ce dispositif, offert par quelques camescopes, permet de "lire" les négatifs photo en positif et de créer des effets spéciaux.

• **Télécommande.** A infrarouge ou par fil, elle permet de commander à distance une ou plusieurs fonctions du camescope. De plus en plus courante aujourd'hui.

• **Dimensions et poids.** Un camescope "de poing" compact et léger est plus facile à transporter et à manipuler. L'équilibre et l'ergonomie des commandes sont des facteurs encore plus importants.

• **Standard.** Système de télévision utilisé dans le pays considéré (*voir p. 212*).

• **Format.** Cette indication se réfère à la nature et aux dimensions de la cassette utilisée. Par exemple, VHS, VHS-C, Video-8 mm.

• **SP/LP.** Beaucoup d'appareils peuvent fonctionner, au choix, à la vitesse normale de défilement de la bande (SP) ou à une vitesse deux fois plus lente (LP). La qualité image et son est toujours meilleure en mode SP.

• **Tête d'effacement flottante.** Montée sur le tambour, elle permet le mode de montage par insertion.

CARACTÉRISTIQUES AUDIO

• **Rapport Signal/Bruit audio.** Le bruit de fond est perceptible en dessous de 45 dB environ. Les systèmes VHS hi-fi, Video-8 et Hi 8 offrent un rapport S/B audio voisin de 80 dB : ce qui donne une très grande qualité de reproduction sonore.

• **Niveaux d'entrée et de sortie audio.** "Zéro dB" représente environ 0,75 V. A chaque fois que l'on baisse de —3 dB, on diminue de moitié la tension du signal. Un microphone délivre typiquement 500 microvolts (—62 dB). Pour assurer des liaisons audio entre deux appareils, il faut que les valeurs sortie/entrée soient à peu près les mêmes.

• **Réponse en fréquence : 50 Hz-15 kHz.** La restitution sonore est d'autant meilleure que la gamme est plus étendue. Sur beaucoup de camescopes, on a coupé volontairement les plus basses fréquences audio (par ex. en dessous de 200 Hz) pour éliminer les bruits des moteurs du camescope.

CARACTÉRISTIQUES DES CASSETTES

• **Autonomie de durée.** Sur une cassette VHS, la durée en mode SP est indiquée par la lettre E suivie d'un chiffre (minutes). E-180, par ex. signifie une durée de 3 heures. Pour le Video-8 (ou le Hi 8) la première lettre indique la nature de la couche magnétique (P pour particules métallique, E pour métal évaporé), le chiffre suivant le système (5 en Europe), les deux derniers chiffres, l'autonomie en minutes en mode SP. (E5-90 par exemple.)

EN CAS DE PROBLÈME

La plupart des problèmes rencontrés en vidéo sont dus à une erreur humaine ou un simple oubli, plutôt qu'à une véritable panne du matériel. Voici les problèmes les plus habituellement rencontrés, leur cause possible et les solutions à adopter.

DÉFAUTS DE L'IMAGE

• **Pas d'image.** Bouchon sur l'objectif, camescope éteint, batterie épuisée. Vérifiez.

• **Image "neigeuse", couleurs désaturées.** Éclairage insuffisant. L'augmenter si possible.

• **Hautes lumières "brûlées".** Utiliser le diaphragme manuel ou un filtre gris-neutre.

• **Points parasites sur les images en lecture.** Têtes vidéo encrassées. A nettoyer avec une cassette de nettoyage. Si le défaut persiste, faire nettoyer les têtes par un spécialiste.

• Nombreux "drop-outs" et décrochage de l'image. Bande abimée ou matériel défectueux.

• **Déformations géométriques de l'image :** le camescope est trop près d'un champ magnétique (transformateur, téléviseur, etc.).

• **Dominante colorée** : vérifiez le réglage (manuel) de balance des blancs. Ne doit pas apparaître en mode automatique.

• **Dominante verdâtre en intérieur.** Probablement due à des tubes fluorescents. Essayez, en BdB manuelle, un filtre de correction magenta.

• **La balance des blancs ne fonctionne pas.** Cela peut survenir lorsque le niveau de lumière ambiant est insuffisant : tous les camescopes ne réagissent pas sur ce point de la même manière. Essayez si possible d'accroître le niveau de l'éclairage, par exemple avec une torche vidéo. Les couleurs seront, en principe, plus fidèles sous un éclairage faible, si vous choisissez une valeur préétablie de balance des blancs : lumière du jour 5600K en extérieur ou lumière artificielle 3200K en intérieur. Un autre cas où la balance automatique des blancs ne fonctionne pas correctement : si le sujet est devant un fond très coloré (par exemple un personnage devant un mur de briques rouges) ; utilisez la valeur préétablie, si votre camescope en est pourvu. Rappelons par ailleurs que vous ne pouvez pas corriger les couleurs d'une scène éclairée par une source monochromatique, telle les lampes au sodium ou au mercure, les tubes luminescents, etc. L'emploi d'un filtre — balance des blancs en mode manuel — peut parfois améliorer légèrement le rendu des couleurs. Procédez éventuellement à des essais avec divers réglages et/ou filtres colorés.

• **Images et/ou son dégradés sur une copie.** Il y a toujours une certaine perte de qualité sur la copie. Pour la minimiser : (1) utilisez une cassette "High Grade" ; (2) évitez les copies inutiles ; (3) faites la copie en mode audio/vidéo plutôt qu'en mode "UHF" (entrée "Antenne" du magnétoscope de copie).

• **Perte de synchronisation aux points de montage.** Vérifiez que le magnétoscope enregistreur est bien équipé du mode "pause/enregistrement".

• **Barres horizontales ou "neige" sur les images.** En VHS seulement : mauvais réglage du "tracking" (ces barres sont "normales" pendant le défilement de recherche rapide).

• **Les images défilent verticalement.** Voir le réglage de synchro verticale du téléviseur (Vertical Hold).

• **L'autofocus ne fonctionne pas.** Cela dépend du système (lumière insuffisante, vitre, grillage, etc.). Adoptez la mise au point manuelle.

• **La mise au point se déplace en zoomant (en manuel).** Faites la mise au point en position téléobjectif.

DÉFAUTS DU SON

• **Bruits provoqués par le camescope.** Avec le micro intégré, ces bruits (moteurs ou de manipulation) sont transmis directemement par le boîtier : ils sont plus gênants lorsque le niveau sonore ambiant est faible. La meilleure solution est d'utiliser un microphone externe avec long cordon ou simplement un peu plus éloigné du camescope par un support fixé sur la griffe porte-accessoires.

• **Bruit de vent.** Doublez la bonnette du micro d'une autre épaisseur de mousse. Filmez d'un endroit protégé. D'assez nombreux camescopes sont pourvus d'un sélecteur sur le micro, avec position "coupe-vent". Lorsque le microphone est en position coupe-vent, un filtre supprime les plus basses fréquences — celles inférieures à 200-300 hertz — ce qui diminue sensiblement le bourdonnement dû au vent et autres bruits parasites de basse fréquence, mais sans modifier les sons "normaux" (musique, parole, etc).

• **Effet Larsen.** Survient lorsque le micro d'enregistrement est trop près du haut-parleur du téléviseur. Baissez le volume sonore.

• **Fort bruit de fond.** Peut être dû à des têtes audio encrassées.

• **Mauvaise qualité du son en copie.** Mauvaise adaptation d'impédance entre les deux appareils.

PROBLÈMES AU TOURNAGE

• **Le camescope ne fonctionne pas.** Humidité, batterie épuisée, pas de cassette dans l'appareil.

• **Autonomie batterie insuffisante.** Abus des commandes électriques, accus incomplètement chargés ou partiellement défectueux. Emportez plusieurs batteries de rechange ou une ceinture-batterie de forte capacité.

• **Pas de mode enregistrement.** Vérifiez la présence de la languette (VHS) ou la position du curseur rouge (8mm) sur la cassette.

• **Arrêt de la bande en cours d'avance ou retour rapide.** Vérifiez la mémoire compteur.

• **On ne peut éjecter la cassette.** Batterie trop épuisée.

• **Camescope en panne ou ne répondant pas aux commandes.** Tous les appareils modernes sont gérés par un microprocesseur dont la programmation peut être influencée par des interférences sur le courant d'alimentation, la présence d'électricité statique, etc. Le problème disparaît habituellement en débranchant l'alimentation, puis en la rebranchant.

• **Le camescope (en mode pause ou stop) s'éteint de lui-même après quelques minutes.** Procédure normale évitant l'usure de la bande et de la batterie.

ENTRETIEN DE L'ÉQUIPEMENT

Le matériel vidéo, relativement onéreux et fragile, doit être protégé contre les pannes éventuelles. Voici quelques conseils.

PRÉCAUTIONS GÉNÉRALES

- Protégez le matériel de la poussière, du sable, des projections d'eau et des embruns. Par temps pluvieux, utilisez une protection imperméable pour le camescope.
- Pendant le transport, protégez votre équipement des chocs et des vibrations. Le plus efficace est la mallette solide garnie de mousse plastique découpée pour loger chaque élément.
- Ne laissez jamais le matériel vidéo dans une voiture. Vous risquez non seulement de vous le faire voler, mais aussi de l'endommager si le véhicule reste longtemps au soleil.
- N'essayez pas de démonter, réparer ou nettoyer l'intérieur d'un camescope ou magnétoscope : confiez ce travail à un spécialiste.
- Vous pouvez nettoyer les parties extérieures avec un linge légèrement humide. N'utilisez aucun solvant ou détergent qui abîmerait le revêtement de surface.
- Température pour le stockage long : entre 15 °C et 25 °C. Rangez les batteries séparément.
- Toujours éteindre l'appareil lorsqu'on fixe une batterie ou qu'on branche un accessoire.
- En cas d'alimentation par une source externe, assurez-vous du voltage et de la polarité de la source : une erreur peut être fatale.

PRÉCAUTIONS CONCERNANT L'OPTIQUE

- Ne dirigez pas le camescope directement vers le soleil plus de quelques secondes : cela peut endommager le capteur imageur.
- Replacez le bouchon sur l'objectif dès que vous n'utilisez plus l'appareil.
- Un filtre UV protège efficacement la lentille antérieure du zoom. Il est, de plus, facile à nettoyer.
- Evitez de toucher à la bague de mise au point en mode autofocus : cela fatigue le moteur et consomme inutilement l'énergie de la batterie. Pour les mêmes raisons, veillez à ne pas freiner le fonctionnement de la variation de focale motorisée du zoom et ne continuez pas à presser la touche basculante "W/T" après que celui-ci ait atteint une de ses deux focales extrêmes.

PRÉCAUTIONS : CAMESCOPE

- Veillez à ne pas échauffer le camescope par la trop grande proximité d'un projecteur ou d'une torche vidéo.
- Ne laissez pas l'oculaire du viseur orienté vers le soleil : cela peut endommager l'écran.
- Nettoyez le viseur (écran et oculaire) avec un coton-tige.
- La partie la plus vulnérable d'un camescope est son logement cassette et naturellement le délicat mécanisme du tambour de têtes qui est directement exposé lorsque ce logement est ouvert. En introduisant une cassette, veillez à son orientation correcte, c'est-à-dire le volet protecteur de bande vers l'avant et l'axe des bobines en dessous. Si la cassette ne rentre pas facilement, n'insistez pas, mais examinez l'intérieur du logement pour voir s'il ne s'y trouve pas de corps étranger. Après contrôle, refaites une nouvelle tentative : si la cassette ne se positionne pas directement, c'est que votre appareil est mécaniquement endommagé. Ne cherchez pas à forcer, car vous risqueriez d'occasionner une panne beaucoup plus grave (et des frais de réparation plus élevés). Dans un tel cas, la seule solution raisonnable est de porter l'appareil chez votre revendeur qui le fera réparer par le service après-vente du représentant de la marque du camescope : faites-vous préciser ce point. Ne confiez jamais votre camescope à un

réparateur non agréé par la marque : celui-ci n'a accès ni aux pièces de rechange, ni aux informations indispensables sur les délicates procédures de dépannage.

• Ne réutilisez pas une cassette dont la bande est pliée ou déchirée : cela pourrait gravement endommager les têtes et le mécanisme tambour.

• Il est rarement nécessaire de nettoyer les têtes magnétiques si vous utilisez des bandes de qualité. Ne le faites, à l'aide d'une cassette de nettoyage, que si les images et/ou le son sont réellement affectés. Si les défauts persistent, l'appareil doit être confié au spécialiste.

PRÉCAUTIONS : CASSETTES ET BANDES

• Les appareils de contrôle des bagages sur les aéroports n'ont aucun effet sur les bandes magnétiques.

• Mettez les cassettes à l'abri du soleil direct, de la forte chaleur, des champs magnétiques, de l'humidité et de la poussière. Toujours replacer la cassette dans son étui.

• Avant de ranger une cassette partiellement utilisée, il est prudent d'avancer complètement la bande, puis de la rebobiner : cela égalise la tension.

• Rangez les cassettes, dans leur étui d'origine, en position verticale. Conditions d'environnement : température normale (20 °C), à l'abri de la poussière et de l'humidité.

PRÉCAUTIONS : BATTERIES

• La batterie n'a une durée de vie normale (de 2 à 4 ans) que si elle est correctement utilisée. Suivez les conseils du fabricant pour la recharge et le stockage. La surcharge est particulièrement dommageable.

• Veillez à ne pas créer de court-circuit entre les deux pôles d'une batterie.

• Les batteries nicad peuvent être stockées à l'état chargé ou déchargé. Les recharger complètement une journée avant l'emploi.

• Une batterie "morte" n'est pas réparable. Ne la jetez jamais au feu (risque d'explosion).

PRÉCAUTIONS : LAMPES ÉLECTRIQUES

• Évitez d'utiliser les projecteurs dans une atmosphère humide. Une goutte d'eau sur la lampe halogène la fait exploser.

• Ne touchez pas une lampe halogène directement avec les doigts (mais avec des gants de coton ou un morceau de papier) : les traces graisseuses diminuent sa durée de vie.

PROTECTION DES ÉQUIPEMENTS

• Assurez votre équipement vidéo contre le vol et les dommages matériels.

• Notez soigneusement les numéros d'identification de chaque élément. Posez une étiquette dissimulée le mieux possible portant vos références.

• En voyage, portez toujours le camescope et accessoires en bagage à main. Pour la douane, ayez toujours une photocopie des factures d'achat sur vous.

LES STANDARDS INTERNATIONAUX

Plusieurs standards vidéo sont utilisés à travers le monde. Ainsi est-il impossible de lire ou de visionner directement une cassette enregistrée selon un standard sur un appareil (magnétoscope, téléviseur) conçu pour un autre standard. La carte de la page suivante indique la distribution globale des différents standards dans le monde. Nous pouvons cependant simplifier ce problème en ne traitant ici que de la compatibilité du camescope ayant servi à l'enregistrement de l'image et des sons avec les autres appareils nécessaires à la copie (magnétoscope) ou à la visualisation/écoute des cassettes (téléviseur).

Deux normes de balayage vidéo au monde : 625 lignes et 525 lignes.

- Les pays européens (et d'autres pays au monde) utilisent le courant électrique alternatif de fréquence 50 hertz. Dans tous ces pays, les appareils fonctionnent selon cette fréquence, chaque image vidéo comportant 625 lignes de balayage.
- Les Etats-Unis, le Canada, le Japon, le Mexique et quelques autres pays sont alimentés par un courant secteur alternatif de 60 hertz. Dans ces pays, les appareils fonctionnent selon cette fréquence de 60 Hz, chaque image vidéo comportant 525 lignes de balayage.

Trois standards de télévision couleur : PAL, SECAM et NTSC. A quelques exceptions près (voir la carte) la situation est celle-ci :

- La France, les pays de l'Europe de l'Est et quelques nations africaines utilisent le procédé SECAM 625 lignes, 50 Hz.
- Les autres pays "625/50" utilisent le procédé PAL.
- Presque tous les pays alimentés en courant secteur 60 Hz utilisent le procédé NTSC (525/60).

Compatibilité des standards. En France, la plupart des camescopes de format VHS (VHS-C) fonctionnent en 625/SECAM. Ils se branchent directement sur le magnétoscope de salon et le téléviseur. Tous les camescopes Video-8 fonctionnent en 625/PAL. Pour lire ou copier les cassettes, on doit utiliser soit un appareil bi-standard SECAM/PAL, soit - si l'appareil "récepteur" est SECAM - placer un transcodeur PAL/SECAM entre le camescope et l'appareil. En France, tous les téléviseurs couleur modernes sont bi-standard PAL/SECAM et fonctionnent indifféremment dans l'un ou l'autre standard.

- Il y a en revanche une forte incompatibilité entre un camescope 625 lignes (PAL ou SECAM) et tout appareil NTSC, donc prévu pour le 525/60. Il faut utiliser téléviseur ou magnétoscope acceptant les trois standards.
- De même, les cassettes tournées avec un camescope 525/NTSC ne peuvent être lues sur un appareil 625/50 PAL ou SECAM. A moins qu'ils ne soient, eux aussi "tri-standard".
- Les camescopes de "nouveau format", soit S-VHS (et S-VHS-C), soit Hi8, sont eux aussi différenciés par la norme 525/60 ou 625/50. Les camescopes 625 "Eurosysteme" sortent le signal vidéo sous la forme "luminance et chrominance" séparées ou "Y/C". Ils fonctionnent aussi en 625/PAL "normal" (sortie vidéo composite) lorsqu'on utilise — au lieu d'une cassette S-VHS ou Hi8 — une cassette VHS ou Video-8. On commence à voir cependant (en France seulement) des camescopes S-VHS-C pouvant lire et enregistrer des cassettes en mode VHS VHS-C) SECAM. Dans les pays 60 Hz, les camescopes de nouveau système peuvent lire et enregistrer les cassettes en mode "Y/C", mais aussi en mode 525/NTSC.

Conseils lors de l'achat d'un camescope à l'étranger. D'une manière générale, n'achetez que si l'appareil est de même "fréquence secteur" que le pays que vous habitez. Pour l'emploi en France ou en Europe ce sera forcément un appareil 625/50 PAL. Si vous habitez le Canada ou les USA (ou autre pays 60 Hz), n'achetez qu'un appareil 525/60.

625/50 PAL

625/50 SECAM

525/60 NTSC

525/60 PAL

525/60 SECAM

Les différents standards vidéo utilisés au monde sont indiqués sur la carte ci-dessus. Les plus utilisés sont d'une part les 625/50 PAL ou SECAM (pratiquement compatibles entre eux), d'autre part le 525/60 NTSC. Deux curieuses exceptions : le 525/60 PAL (Brésil) et le 525/60 SECAM (Colombie). Notons aussi que le procédé SECAM utilisé en Europe de l'Est et quelques pays d'Afrique est différent de celui utilisé en France, mais cela ne concerne que les émissions télévisées : le camescope reste compatible en lecture sur le téléviseur.

Peut-on lire une cassette enregistrée en PAL sur un appareil prévu pour le SECAM ? La réponse est oui : sans transcodeur vous aurez une image noir et blanc. Mêmes conséquences si la cassette a été enregistrée en SECAM et qu'elle est lue en PAL. Dans les deux cas, on peut facilement "transcoder" pour passer d'un standard à l'autre et disposer d'une image normalement colorée.

Conclusion : au cours des prochaines années les notions de standard à l'intérieur du système 625/50 vont disparaître. Lorsqu'on lit le signal vidéo en mode Y/C, un camescope ou un magnétoscope de salon de format S-VHS ou de format Hi8 ne sont ni SECAM ni PAL ; le signal rentre directement dans le téléviseur sous cette forme Y/C (prise "S-Video ou prise péritel à 21 broches), sans passer par le "tuner" de l'appareil. Pour obtenir la qualité maximale, il faut néanmoins utiliser un téléviseur de dernière génération, possédant ces entrées spéciales pour le Y/C et dont l'écran restitue la définition horizontale de 400 lignes enregistrée par le camescope. On trouve dans le commerce des convertisseurs permettant, par exemple, de lire une cassette en mode Y/C, avec un téléviseur d'ancienne génération (entrée du signal en RVB, par la prise péritel).

GLOSSAIRE

ANALYSE HÉLICOÏDALE. Le signal vidéo est enregistré sur des pistes très obliques (quelques degrés).

ANGLE DE CHAMP : angle embrassé par le zoom, selon sa focale, dans la diagonale de l'image. Il varie de 40-50° sur la plus courte focale, à 8-10° sur la plus longue.

ANGLE "NEUTRE". Point de vue qui ne fixe pas la direction d'un sujet mobile de manière précise : de face ou de dos. Permet de franchir la ligne d'action en conservant une certaine continuité.

AVERTISSEMENT "HUMIDITÉ". Il signale la présence de condensation dans le camescope.

BALANCE DES BLANCS (BdB). Dispositif électronique du camescope assurant une reproduction correcte des couleurs, sous différents types de sources de lumière. La BdB, automatique, peut souvent être débrayée au profit de valeurs pré-établies (Extérieur/5600K et Intérieur/3200K).

BANC-TITRE. Installation du camescope sur support stable pour la reprise de documents plans.

BONNETTE D'APPROCHE. Système optique convergent vissé sur le zoom, permettant de s'approcher davantage du sujet, sans passer en mode "macro".

BRUIT. Interférence avec le signal (vidéo ou audio). Par ex. : bourdonnement sonore ou "neige" sur les images.

CAPTEUR IMAGEUR. Composant électronique photosensible chargé de l'analyse de l'image formée par l'objectif. Il est de type CCD (parfois MOS).

CASSETTE "PRÉTRAQUÉE". Cassette sur laquelle on a déjà enregistré un signal vidéo (mire ou noir vidéo) : cela permet le montage par insertion.

CEINTURE-BATTERIE. Les éléments nicad sont répartis dans une ceinture. Sa capacité étant beaucoup plus importante qu'une batterie normale, on dispose ainsi d'une grande autonomie de tournage.

COMMENTAIRE. Texte de narration spécialement écrit pour accompagner "hors écran" les images montées.

COMPATIBILITÉ. Possibilité de lire ou de copier une cassette sur un téléviseur ou un magnétoscope.

COMPLÉMENT OPTIQUE. Accessoire se vissant à l'avant du zoom. En général, convertisseur de focale "grand-angle" ou "téléobjectif".

CONTINUITÉ. Tous les éléments visuels et sonores qui lient agréablement et sans heurts les différents plans d'un montage vidéo (éclairage, direction du mouvement, du regard, vêtements, etc.).

CONTRASTE. Différence de luminance de la scène ou de l'image entre la zone la plus claire (hautes lumières) et la zone la plus sombre (ombres).

CONTRECHAMP. Plan pris selon une direction opposée au plan précédent (du même côté de la ligne d'action).

CONTRÔLE AUTOMATIQUE DE GAIN (CAG) : un système automatique règle le niveau (audio ou vidéo) à l'enregistrement.

CONVERTISSEUR HF. Modulateur permettant d'entrer la vidéo et l'audio par la prise antenne du téléviseur.

DÉROULEMENT D'UN TITRE (SCROLL). Le texte composé avec un générateur de caractères défile de bas en haut ou de haut en bas de l'écran.

DERUSHAGE. Relèvement par écrit de tous les plans d'une cassette et leur durée (à l'aide du compteur). Étape préparatoire au montage.

DOUBLAGE AUDIO : n'est possible que lorsqu'on dispose d'une piste audio indépendante des pistes vidéo (VHS par exemple).

ESPACE ARRIÈRE. Retour en arrière de la bande (d'une trentaine d'images) pour permettre l'assemblage des plans sans parasites. Le principe est utilisé dans tous les camescopes et les magnétoscopes de salon dotés de la fonction "pause/enregistrement" (donc utilisables pour le montage).

FILL-IN. Lumière "de remplissage" destinée à abaisser le contraste en éclaircissant les ombres. Elle s'obtient avec une source de lumière diffuse (réflecteur ou diffuseur).

FILTRE. Matériau transparent (verre, plastique ou gélatine) ayant pour propriété de modifier la lumière qui le traverse. Filtres correcteurs et filtres pour effets spéciaux.

FILTRE GRIS-NEUTRE. Filtre gris qui réduit la quantité de lumière entrant dans le camescope sans modifier les couleurs. Nécessaire en cas de sujet extrêmement lumineux (champ de neige au soleil, par ex.).

FILTRE POLARISEUR. Filtre (gris clair) ayant la propriété d'éliminer ou d'atténuer les reflets sur les surfaces non métalliques. Augmente la densité du ciel bleu.

FILTRE ULTRAVIOLET (UV). Transparent et incolore, il est surtout utile pour la protection de l'objectif du camescope (chocs, pluie, poussière).

FLUORESCENT (ÉCLAIRAGE, TUBE). Ce type d'éclairage à spectre partiellement discontinu, donne rarement des couleurs parfaites (dominante verdâtre). La correction par filtre (magenta) est parfois possible.

FONDU. Augmentation ou diminution progressive de la luminosité de l'image au profit d'un "écran" noir ou blanc.

FORMAT. Désigne habituellement la cassette et sa bande magnétique. Exemples : VHS, VHS-C, Video-8, Hi8, etc.

FORMAT TÉLÉVISION : le rapport entre la largeur et la hauteur de l'image est de 4 :3.

GÉNÉRATEUR DE CARACTÈRES. Dispositif incorporé au camescope ou indépendant, permettant de composer et d'incruster des titres dans les images réelles.

GÉNÉRATEUR D'EFFETS SPÉCIAUX. Dispositif (un coffret) modifiant le signal vidéo et permettant de réaliser des effets électroniques tels que fondus, volets, incrustations, fonds de couleur, etc.

GENLOCK. Synchronisation d'un appareil vidéo sur un générateur externe. Ce dispositif n'existe que sur les équipements professionnels.

GRAND-ANGLE. Position du zoom sur une des plus courtes focales. L'angle

embrassé est vaste ; la profondeur de champ étendue.

GRIFFE PORTE-ACCESSOIRES : placée au sommet de certains camescopes, elle permet la fixation d'une petite torche vidéo ou d'un micro externe.

HAUTES LUMIÈRES. Les zones les plus lumineuses de l'image.

IMAGE "BRULÉE". Forte surexposition des hautes lumières de la scène : aucun détail, couleurs délavées.

INCRUSTATION. Superposition d'un texte - ou autre graphisme - dans les images.

INSERT. Plan monté par insertion à l'intérieur d'une séquence déjà montée.

IRIS. Ouverture variable du diaphragme.

LAMPE HALOGÈNE. Type de lampe à incandescence utilisée en particulier dans les torches et projecteurs vidéo. La température de couleur est de 3200 K.

LIGNE D'ACTION. Ligne imaginaire représentant la direction d'un mouvement du sujet mobile. La position et la direction du mouvement sont inversées si l'on filme depuis l'autre côté de cette ligne.

LONGUEUR FOCALE (OU FOCALE). Distance du centre optique de l'objectif au capteur image, lorsque la mise au point est faite sur l'infini. En pratique, courte focale est synonyme de "grand-angle" et longue focale de "téléobjectif". Un zoom est un objectif à longueur focale variable.

LUMIÈRE "CLÉ". Source principale éclairant le sujet.

LUMIÈRE DIFFUSE. Type d'éclairage direct obtenu en plaçant un matériau translucide devant la source. Contraste d'éclairage réduit et ombres adoucies.

LUMIÈRE RÉFLÉCHIE. Forme d'éclairage indirect. La source (soleil, projecteur) est dirigée sur une surface claire qui réfléchit une lumière plus diffuse sur le sujet.

LUMINANCE. Intensité lumineuse du sujet ou de l'image. Également : partie du signal vidéo traduisant les niveaux de lumière (noir et blanc). **LUX.** Unité de mesure de l'éclairement (lumière reçue par la surface éclairée).

MAGNÉTOSCOPE DE MONTAGE. Magnétoscope (de salon ou spécialisé) doté de la fonction "pause/enregistrement", permettant donc le montage par assemblage. L'insertion est souvent possible.

MICROPHONE CANON. Microphone très directif, permettant de capter les sons à plus grande distance.

MICROPHONE CARDIOÏDE. Microphone indépendant de type directionnel.

MICROPHONE EXTERNE : tout microphone que l'on peut connecter au camescope (par l'entrée "MIC"). Il peut être fixé au camescope (griffe) ou monté à l'extrémité d'un cordon.

MICROPHONE OMNIDIRECTIONNEL. Recueille les sons avec la même intensité dans toutes

les directions de l'espace. Il n'est pas nécessaire de le diriger vers la source.

MONITEUR. Un téléviseur utilisé pour visualiser l'image caméra ou lire une cassette est un moniteur. Le mot téléviseur fait référence à la réception des émissions télévisées.

MONOPODE. Support camescope à une seule branche. Moins encombrant qu'un trépied.

MONTAGE "A LA CAMÉRA". Filmer une scène de telle sorte que les plans successivement enregistrés forment une séquence cohérente.

MONTAGE BANDE A BANDE. Montage par copie successive (en assemblage) de plans d'une cassette enregistrée placée dans un appareil lecteur, sur une cassette placée dans un appareil enregistreur.

MONTAGE PAR ASSEMBLAGE : les plans sont successivement recopiés sur une cassette vierge, les uns à la suite des autres.

MONTAGE PAR INSERTION. Remplacer des images (et des sons) déjà enregistrés sur une cassette par une nouvelle séquence (sans perte de synchronisation).

NTSC. Standard de télévision couleur utilisé dans les pays où la fréquence du secteur électrique est 60 Hz. Le balayage vidéo comprend 525 lignes par image.

OUVERTURE : valeur numérique du diaphragme. Exprimée sous la forme f/n (f/8, par exemple).

PAL. Standard de télévision couleur utilisé dans de nombreux pays "50Hz". La conversion SECAM/PAL ou PAL/SECAM ne demande qu'un simple transcodeur.

PANORAMIQUE. Mouvement du camescope selon un arc horizontal.

PERCHE. Tige-support permettant de placer le micro à proximité de la source sonore (mais en dehors du cadre).

PLAN. Elément unitaire d'une séquence, avant ou après montage.

PLAN DE COUPE. Plan, généralement rapproché, permettant d'assurer la liaison entre deux autres plans d'une séquence ou de préciser un détail.

PLATE-FORME. Partie d'un trépied permettant d'orienter l'axe de prise de vues dans les deux directions : horizontale et verticale.

POINT DE MONTAGE "PROPRE". Sans aucun parasite ni décrochage d'image entre les deux plans.

PORTÉE D'UN MICROPHONE. Distance maximum jusqu'à laquelle le son recueilli est de qualité satisfaisante.

POSITION MACRO. Avec la plupart des zooms, les vues très rapprochées demandent de déplacer un curseur de l'objectif sur la plage macro. La mise au point est généralement manuelle (autofocus débrayé).

POST-SONORISATION. Opération du montage final permettant de mélanger différents éléments sonores (y compris le son direct enregistré en

même temps que les images) grâce à une table de mixage, afin d'obtenir une seule piste audio, synchronisée avec le vidéogramme.

PRÉ-MISE AU POINT. Faire la mise au point (autofocus débrayé) sur une distance choisie : là où passera un sujet mobile.

PRISE. Ce qui est enregistré à chaque fois que l'on déclenche et que l'on arrête le camescope.

PROFONDEUR DE CHAMP. Zone en profondeur de la scène pour laquelle les éléments sont nets. Elle dépend de la focale, de l'ouverture et de la distance de mise au point.

PUPITRE DE MÉLANGE. Appareil permettant de combiner des signaux audio provenant de différentes sources pour faire un seul signal audio.

RÉGIE (ou MÉLANGEUR VIDÉO). Permet le mélange de signaux vidéo synchronisés entre eux, provenant de plusieurs sources. Un grand nombre d'effets sont généralement possibles.

SECAM. Standard français de télévision couleur (625 lignes, 50 hertz).

SENS DU REGARD. Dans une scène à deux personnages, il faut que d'un plan à l'autre, la personne "A" semble regarder la personne "B" (continuité).

SÉQUENCE. Suite de plans "montés".

SON AMBIANT : fond sonore normal sur le lieu de tournage.

STANDARD (VIDÉO OU "DE TÉLÉVISION). Voir NTSC, PAL, SECAM.

STORYBOARD. Représentation graphique du plan de tournage d'un vidéogramme. Chaque scène ou plan est représenté par un dessin et un texte explicatif : comme une bande dessinée.

SUIVI DE MISE AU POINT. Correction manuelle de la mise au point dans le cas d'un sujet en éloignement ou en rapprochement.

TABLE OU PUPITRE DE MONTAGE. Appareil que l'on place entre le camescope (lecteur) et le magnétoscope (enregistreur) et permettant de fixer les points de montage avec précision. La plupart mémorisent plusieurs plans qui sont ensuite montés automatiquement (après "contrôle" dit "preview").

TAMBOUR DE TÊTES. Pièce mécanique tournante, portant les têtes d'enregistrement lecture vidéo, parfois audio.

TEMPÉRATURE DE COULEUR. Mesure, exprimée en kelvin (K) de la distribution spectrale d'une source. Valeurs standard : Jour/5600 K et Torche vidéo/3200 K.

TÉLÉCINÉMA. Appareil (professionnel) permettant de convertir un film cinéma en images de télévision.

TÉLÉCOMMANDE. Boîtier permettant de commander à distance une ou plusieurs fonctions d'un appareil vidéo. On distingue la télécommande "sans fil" (infrarouge) et la

télécommande "filaire" (se branchant sur la prise de télécommande de l'appareil).

TÉLÉOBJECTIF. Position du zoom sur les plus longues focales (l'angle de champ et la profondeur de champ sont restreints).

TÊTES D'ENREGISTREMENT/ LECTURE. Elles transforment les signaux électriques en flux magnétique à l'enregistrement ; fonction inverse en lecture.

TORCHE VIDÉO. Eclairage portable, généralement alimenté sur batterie. Un petit modèle peut se fixer sur la griffe porte-accessoires du camescope.

TOUCHE DE CONTRE-JOUR. Elle permet d'augmenter l'ouverture du diaphragme automatique lorsque le sujet principal se présente dans un environnement beaucoup plus lumineux.

TRAVELLING. Mouvement de caméra : lorsque le camescope se déplace par rapport à la scène.

TUNGSTÈNE. Nom générique des sources d'éclairage utilisant les lampes électriques à incandescence.

VHS (Video Home System). Développé autrefois par Matsushita/JVC (1976), ce "format" est universellement utilisé pour les magnétoscopes de salon et certains camescopes (de format VHS et VHS-C). A évolué en 1989 pour devenir S-VHS et S-VHS-C.

VIDÉO-8. Également appelé "8mm", surtout utilisé pour les camescopes. La version améliorée (1990) s'appelle "Hi8".

VOIX "OFF". La personne qui parle n'apparaît pas sur l'image. Commentaire par exemple.

VOLET ou COUPE-FLUX. Surface de métal (noirci) permettant de délimiter le faisceau émis par un projecteur.

VOLET. Effet spécial avec lequel une image est remplacée par une autre image. Plus généralement par un fond coloré. Il existe de très nombreux types de volets.

ZOOM. L'objectif habituel (et généralement inamovible) de la plupart des camescopes. Sa longueur focale varie d'une courte focale (grand-angle ou "wide") à une longue focale (téléobjectif ou "télé").

ZOOMING. Faire varier la focale du zoom pendant l'enregistrement. Zoom avant : d'une courte vers une longue focale. Zoom arrière : d'une longue vers une courte focale pendant l'enregistrement.

INDEX

Les chiffres en gras indiquent les renvois principaux.

A

B

C

D

REMERCIEMENTS

Crédits photos
g = à gauche ; *d* = à droite ; *h* = en haut ; *c* = au centre ; *b* = en bas

16/17 John Foley ; 19*h* John Cleare/Mountain Camera ; 19*c* John Bulmer/Susan Griggs Agency ; 19*b* John Bulmer ; 20/24 Roland Lewis ; 27 John Bulmer ; 35*h* Rosenfeld/Zefa Picture Library ; 35*b* Spike Powell ; 38/39 Spike Powell; 43/44*h* John Bulmer ; 44*b* Jonathan Bigg ; 45/47 John Bulmer ; 48/49 Tony Stone Associates ; 50/55 John Bulmer ; 56/57*g* J. Alex Langley/Aspect Picture Library ; 57*d* John Gilbert/Aspect Picture Library ; 58/59 John Bulmer ; 63 Roland Lewis ; 66 Spike Powell ; 68 Peter Rauter ; 69 Teasy/Zefa Picture Library ; 70/71 John Bulmer ; 74/76 Camera Press ; 78/79 Ian Bradshaw ; 82 Ted Spiegel/The John Hillelson Agency ; 83*g* University of Kent ; 83*d* Anthea Sieveking/Vision International ; 84 Peter Miller/The Image Bank ; 85*h* P. Steel/Stockmarket-Zefa Picture Library ; 85*bg* G & J Fotoservice/The Image Bank ; 85*bd* Camilla Jessel ; 86*h* Spectrum Colour Library ; 86*bg* L. Rhodes/Daily Telegraph Colour Library ; 86*bd* Tony Stone Associates ; 87*hg* J. Alex Langley/Aspect Picture Library ; 87*hd* Robert Harding Picture Library ; 87*b* Spectrum Colour Library ; 88/89 Jon Hoffmann ; 90 Tony Stone Associates ; 90/91 B. McAllister/The Image Bank ; 91 Zefa Picture Library ; 94*g* Bezard/Zefa Picture Library ; 94*d* Havlicek/Zefa Picture Libary ; 95*g* John Kelly/The Image Bank ; 95*b* Braennahage/Zefa Picture Library ; 98/99*h* Peter Underwood ; 99*c* Peter Frey/The Image Bank ; 99*b* Ian Brasdshaw ; 101 Harding Picture Library ; 103*g* Franz J. Camenzind/Planet Earth Pictures ; 103*d* Jonathan Scott/Planet Earth Pictures ; 104*h* Guido Alberto Rossi/The Image Bank ; 104*b*/105 John Bulmer ; 106 Sony/PCL ; 107/110*h* Kalt/Zefa Picture Library ; 110*b* Roger Phillips ; 113*h* John Bigg ; 113*c* & *b* Roger Phillips ; 115 The Bridgeman Art Library ; 117 John Bulmer ; 118/119*g* Tony Stone Associates ; 119*d* J. Alex Langley/Aspect Picture Library ; 122/123 de *g* à *d* John Bulmer, Jon Hoffmann, John Bulmer, Jon Hoffmann, John Bulmer, Jon Hoffmann, John Bulmer ; 130/135 John Bulmer ; 136 Colorsport ; 136/137 Tony Stone Associates ; 137 Steve Powell/All Sport ; 139*h* Robert Ellis ; 139*cg* P. Steel/Stockmarket-Zefa Picture Library ; 139*cd* John Bulmer ; 139*bg* Peter Underwood, *inc.* John Bulmer ; 139*bd* John Bulmer, *inc.* Spike Powell ;142/143 Robert Ellis ; 146*h* The Communication Studio ; 146*c* T.B.S. Colour Slides, Brighton ; 146*b* The Communication Studio ; 148*h* John Bulmer ; 148*ch* Camilla Jessel ; 148*cb* Robert Ellis ; 148*b* John Bulmer ; 149*h* John Bulmer ; 149*ch* Franz J. Camenzind/Planet Earth Pictures ; 149*cb* & *b*/157 John Bulmer ; 159 de *h* en *b* The British Tourist Authority, Spectrum Colour Library, J. Allan Cash, Spectrum Colour Library, J. Allan Cash ; 160/1161 Roger Phillips ; 165 Chris Jones ; 169*h* Syndication International ; 169*c* Dominique Gutekunst/Gamma/Frank Spooner Pictures ; 169*b* Rex Features ; 170 Homer Sykes ; 171*g* Tony Latham ; 171*d* John Cole/Network ; 180 John Sturrock/Network ; 192*h* John Bulmer ; 192 *c* & *b* Spike Powell ; 193*h* The British Tourist Authority ; 193*c* Roland Lewis ; 193*b* Spike Powell ; 195*hg* Sarah Ainslie ; 195*hd* Alice Fursdon ; 195*b* Sarah Ainslie ; 199 Pictor ; 200/201*g* Syndication International ; 200/201*d* Daisy Hayes ; 202 Barbara Kreye/The Image Bank ; 203 John Bulmer.

Remerciements aux fournisseurs
Nous souhaitons remercier les sociétés qui nous ont prêté les équipements suivants :
p.19 : Vêtements par Olympus Sport.
p.110 : Générateur de caractères JVC
pp. 130-1 : Vêtements Simpson ; microphone Lion Audio.
pp. 134-5 : Vêtements Simpson
p.203 : camescope Sony

Citations "Tips from the Top"
Nous remercions vivement les éditeurs et personnes qui nous ont autorisé à utiliser les extraits suivants :
p. 28 : Avec l'autorisation de Charles Stewart.
pp. 45, 60, 132 : Extraits de *A Man with a Camera* par Nestor Almendros. © Nestor Almendros 1980, 1982.
p. 103 : Avec l'autorisation de Maurice R. Tibbles.
p. 122 : Alfred Hitchcock, extrait de *The Filmgoer's Book of Quotes,* par Leslie Halliwell, Grafton Books, A Division of the Collins Publishing Group, London, 1973.
p. 124 : David Lynch, extrait de *The Elephant Man : The Book of the Film,* par Joy Kuhn, Virgin Books, W. H. Allen, London, 1980.
p. 142 : Lol Creme, extrait du *Telegraph Sunday Magazine,* 9 Juillet 1983.
p. 154 : Ed Murrow, extrait de la British Broadcasting Corporation, 1955. Avec l'autorisation de Ed. Murrow Estate.
p. 180 : Avec l'autorisation de Antony Jay, Video Arts Ltd.
p. 195 : William Goldman, extrait de *The Craft of the Screenwriter,* par John Brady, Simon and Schuster (Touchstone Edition), New York, 1982. Avec l'autorisation de William Goldman.
p. 189 : Rod Steiger , extrait de *The Moving Picture Book,* Copyright © 1975 par William Kuhns, Pflaum, Dayton, Ohio, 1975.
p. 189 : Alan Parker, extrait de *Observer Magazine,* par Ray Connolly, 30 May 1982.